Villengärten 1830–1930

Geschichte, Bestand, Gefährdung

Anke Borgmeyer, Detlef Knipping und Iris Lauterbach (Hrsg.)

Villengärten 1830–1930

Geschichte, Bestand, Gefährdung

Symposium am 5. und 6. Mai 2017 in München,
veranstaltet vom Bayerischen Landesamt für Denkmalpflege
und dem Zentralinstitut für Kunstgeschichte
in Zusammenarbeit mit der Arbeitsgruppe Gartendenkmalpflege
der Vereinigung der Landesdenkmalpfleger

SCHNELL + STEINER

Inhalte – Projekte – Dokumentationen · Schriftenreihe des Bayerischen Landesamtes für Denkmalpflege · Nr. 21
Herausgegeben von Generalkonservator Prof. Dipl.-Ing. Architekt Mathias Pfeil

Umschlagabbildung vorne: Villa Waldberta in Feldafing (Foto: BLfD, Michael Forstner, 2019)
Umschlagabbildung hinten: Villa Waldberta, Parkbank von Karl Kiefer, Ausschnitt
(Foto: BLfD, Anke Borgmeyer, 2008)
Titelbild (S. 2): Johann Jakob Dorner, Villa Almeida in Starnberg, Gemälde um 1840
(aus: Schober 1998, S. 25)

Bayerisches Landesamt für Denkmalpflege (BLfD)
Hofgraben 4, 80539 München
www.blfd.bayern.de

Konzept: Dr. Anke Borgmeyer, Dr. Detlef Knipping, Prof. Dr. Iris Lauterbach
Redaktion: Susanne Böning-Weis M.A.
Redaktionelle Mitarbeit: Dr. Doris Ebner, Dr. Andrea Fronhöfer
Umschlaggestaltung: Susanne Scherff
Satz, Layout, Bildbearbeitung: Susanne Scherff
Bildbearbeitung: David Winckelmann
Druck: mediaprint solutions GmbH, 33100 Paderborn

Verlag Schnell & Steiner GmbH
Leibnizstr. 13, 93055 Regensburg

ISBN 978-3-7954-3592-9

Die Deutsche Nationalbibliothek verzeichnet diese Publikation
in der Deutschen Nationalbibliografie;
detaillierte bibliografische Angaben sind im Internet unter
http://dnb.d-nb.de abrufbar.

Inhalt

Feldafing, Blick vom Turm der Villa Waldberta über den Starnberger See mit Alpenpanorama
(Foto: Florian Schröter, Mai 2017)

Vorwort

Mit diesem Band der Schriftenreihe „Inhalte – Projekte – Dokumentationen“ wendet sich das Bayerische Landesamt für Denkmalpflege den historischen Villengärten zu, einer Denkmalgattung, die als gestaltete Freifläche einen hohen städtebaulichen, landschaftsprägenden und häufig auch gartenkünstlerischen Wert hat, aber in unserer schnelllebigen Zeit durchaus Begehrlichkeiten weckt. Nicht zuletzt die vehemente Entwicklung der Grundstückspreise hat mit dazu beigetragen, dass Villengärten zunehmend durch Parzellierungen und Bebauungen bedroht sind. Dieses Problem zum Anlass nehmend hat das Bayerische Landesamt für Denkmalpflege zusammen mit dem Zentralinstitut für Kunstgeschichte und der Arbeitsgruppe Gartendenkmalpflege der Vereinigung der Landesdenkmalpfleger im Mai 2017 eine Tagung zum Thema Villengärten initiiert, deren Beiträge nun in diesem Band versammelt sind.

Es freut mich sehr, dass wir mit dieser Publikation gemeinsam dazu beitragen, die Belange der Gartendenkmalpflege und Gartenkunstgeschichte in das öffentliche Bewusstsein zu tragen. Von der Inventarisation und der gartenhistorischen Forschung werden wichtige Grundlagen geschaffen, um die öffentliche Wahrnehmung historischer Villengärten zu steigern. Doch kann Denkmalpflege nur im Dialog mit Eigentümern und Partnern erfolgreich sein. Neben den dauerhaften Kernaufgaben der Inventarisation und der denkmalfachlichen Beratung kann auch das „Kommunale Denkmalkonzept“ als neues Planungsinstrument der Denkmalpflege helfen, die Wertigkeiten historischer Gärten und Grünflächen zu vermitteln. Fließen die Belange des Denkmalschutzes und der städtebaulichen Denkmalpflege in die Bebauungsplanung ein, so kann auch die kommunale Planungshoheit eine wichtige Unterstützung zum Erhalt des so bedeutenden und zugleich bedrohten Kulturguts in Bayern leisten.

Abschließend danke ich allen, die zum Gelingen dieser Publikation beigetragen haben: zuallererst den Initiatoren Frau Dr. Anke Borgmeyer, Herrn Dr. Detlef Knipping und Frau Prof. Dr. Iris Lauterbach, die die Tagung und die vorliegende Publikation mit großem Engagement vorangebracht haben. Zu danken ist darüber hinaus dem Publikationsreferat unter der fachkundigen Leitung von Frau Dr. Andrea Fronhöfer, Frau Susanne Scherff für das gelungene Layout, dem Fotografen Herrn Michael Forstner und nicht zuletzt Frau Susanne Böning-Weis M. A., die in bewährter Qualität die Texte redigiert hat.

Prof. Dipl.-Ing. Architekt Mathias Pfeil
Generalkonservator

Exkursionsgruppe im Park der Villa Waldberta
(Foto: Florian Schröter, Mai 2017)

Anke Borgmeyer, Detlef Knipping und Iris Lauterbach

Villengärten erforschen und bewahren. Eine Einführung

Der vorliegende Band geht auf die Tagung „Villengärten 1830–1930: Geschichte, Bestand, Gefährdung" zurück, die am 5. und 6. Mai 2017 vom Bayerischen Landesamt für Denkmalpflege und dem Zentralinstitut für Kunstgeschichte in Zusammenarbeit mit der Arbeitsgruppe Gartendenkmalpflege der Vereinigung der Landesdenkmalpfleger veranstaltet wurde. Exemplarisch behandeln die Beiträge Geschichte und Bedeutung sowie Bewahrung, Wiedergewinnung und Gefährdung von Villengärten aus ganz Deutschland aus dem Zeitraum von etwa 1830 bis 1930. Aus der Perspektive der gartenhistorischen Forschung, der Inventarisation und der denkmalpflegerischen Praxis versuchen die folgenden Beiträge das Bewusstsein für den historischen Rang von Villengärten und ihren Denkmalwert zu wecken und zu steigern.

Bis heute gehört zum repräsentativen privaten Wohnen ein Garten oder Park. Villengärten sind zudem prägende Elemente historischer Kulturlandschaften, ob in Berlin-Wannsee und Potsdam, in Baden-Baden, im Taunus, am Starnberger See oder im Murnauer Land. Sie sind jedoch durch steigende Grundstückspreise und bauliche Nachverdichtung sowie durch die Unkenntnis ihrer Geschichte und historischen Bedeutung gefährdet.

Weder die Überlegung, dass Gärten das Stadtbild bereichern und das Stadtklima verbessern, noch die Klage über die Zerstörung von Gärten sind neu. Bereits in den Leitlinien für den städtebaulichen Generalplan zur Weiterentwicklung Münchens aus dem Jahr 1810 war die Anlage von Gärten gefordert worden, „welche durch Ausdünstung der Erde, der aromatischen Kräuter und des Blüthenduftes zur Luftverbesserung wesentlich beitragen"[1] – eine Erkenntnis, die im Jahr 2020, in Zeiten extremer Feinstaubbelastung der Großstädte, nichts von ihrer Aktualität verloren hat. In München prangerte schon im frühen 20. Jahrhundert Stadtbaurat Hans Grässel die „größtmögliche rentierliche Ausnützung für Geschäftszwecke"[2] an, der historische Privatgärten zum Opfer fielen.

Das gewünschte Image und die Realität klaffen häufig auseinander. Versteht sich die bayerische Landeshauptstadt München als eine wegen ihres Erholungswerts lebenswerte und grüne Stadt, so kam 2018 eine Untersuchung zu dem Schluss: „München ist nicht nur die teuerste, sondern auch die steinigste unter den 50 größten deutschen Städten. Nirgendwo sonst ist ein so großer Anteil des Stadtgebiets bebaut, betoniert oder asphaltiert."[3] Und auch die fortschreitende Parzellierung historischer Villengrundstücke in privilegierter Lage am Starnberger See zeigt, wie kurzsichtig so die Grundlage der Attraktivität nach und nach verspielt wird.

In den Publikationen Gerhard Schobers ist die Villen- und Gartenkultur des Starnberger Sees im 19. und frühen 20. Jahrhundert zwar präsent.[4] Weitere gartenhistorische Forschung ist aber erforderlich, um das Verständnis für den historischen Rang der Villengärten und ihren Stellenwert im urbanen Gefüge oder in der Landschaft zu wecken.

Der Fokus der Tagung wurde zunächst auf die Problematik der schwindenden Villengärten am Starnberger See gelegt, um dann mit weiteren Beiträgen aus ganz Deutschland den Blick zu weiten und zu verdeutlichen, dass bundesweit mit ähnlichen Problemen zu kämpfen ist.

Der Beitrag von Anke Borgmeyer und Detlef Knipping (München) stellt die Besonderheit der Kulturlandschaft um den Starnberger See mit seinen Villengärten vor und umreißt die rechtlichen Grundlagen für die Erfassung historischer Garten- und Parkanlagen als Baudenkmäler in Bayern. Naturraum, Kulturlandschaft und gestaltete Gartenanlagen bedingen sich um den Starnberger See häufig gegenseitig und lassen sich oftmals nur schwer voneinander abgrenzen. Am Beispiel des zonierten Landschaftsgartens wird gezeigt, dass auch die Übergänge zum kultivierten, aber ungestalteten Naturraum Denkmaleigenschaft besitzen können, wenn sie Teil des gartenkünstlerischen Konzepts sind.

Iris Lauterbach (München) schlägt mit ihrem Beitrag das noch wenig erforschte Kapitel der Geschichte der privaten Gartenkultur in München für den Zeitraum von 1800 bis 1930 auf. Das Verhältnis privater Villengärten zum öffentlichen Stadtraum und zum öffentlichen Grün, die Gründung der Bayerischen Gartenbaugesellschaft und die Münchner Gartenstildebatte der 1920er Jahre werden thematisiert. Die genannten Beispiele reichen vom historistischen Villengarten bis zum „bodenständigen" Garten Alwin Seiferts.

Der Geschichte der Pflanzenverwendung widmet sich mit dem Schwerpunkt auf Villengärten der Region um den Starnberger See der Beitrag von Swantje Duthweiler (Freising-Weihenstephan). Im Überblick wird ein Bogen gespannt vom Landschaftsgarten des frühen 19. Jahrhunderts bis zu den Reformgärten des frühen 20. Jahrhunderts.

In einem nachdenklichen Beitrag stellt Rainer Schomann (Hannover) beispielhaft am Schicksal dreier Villengärten die kontinuierliche Erosion der denkmalgeschützten Gärten vor. Er sieht im Villengarten das am meisten gefährdete Gartendenkmal und fokussiert bei der Suche nach den Ursachen

1 Bauer, Richard (Hrsg.): *Stadt und Vorstadt. Münchner Architekturen, Situationen und Szenen 1895–1935 Der Norden und Nordwesten*, München 1990, S. 11.

2 Grässel, Hans: *Pavillons, Gärten und Grabdenkmale*, in: München und seine Bauten, hrsg. vom Bayerischen Architekten- und Ingenieurverein, München 1912, hier S. 445.

3 Frankfurter Allgemeine Zeitung, 25.10.2018.

4 Schober, Gerhard: *Frühe Villen und Landhäuser am Starnberger See. Zur Erinnerung an eine Kulturlandschaft*, Waakirchen-Schaftlach 1998; ders.: *Die Gautinger Villenkolonie*, Passau 2014.

darauf, dass die heutige Gesellschaft sich weitgehend von den damaligen Formen bürgerlicher Repräsentation und Lebenskultur verabschiedet hat.

Torsten Volkmann (Zossen-Wünsdorf) thematisiert, wie wichtig für eine erfolgreiche Wiederherstellung einer denkmalgeschützten Parkanlage die Vermittlung von Inhalten und Planungsprozessen sowie die Kommunikation aller Beteiligten auf Augenhöhe ist, vor allem dann, wenn das gesellschaftliche Interesse am gartenkulturellen Erbe in einer Region schon deutlich abgenommen hat. Am Beispiel der Restaurierungsgeschichte des Parks der Villa Henckel in Potsdam werden das Zusammenspiel zwischen den verschiedenen Projektbeteiligten einschließlich der Bevölkerung und die Rolle einer klugen Moderation für ein erfolgreiches Projektmanagement erörtert.

Der Beitrag von Gesine Sturm (Berlin) zeigt anhand der Berliner Villenkolonie Grunewald (ab 1889) exemplarisch die Entwicklung eines repräsentativen Wohnviertels in einer Großstadt von der Entstehung über den ersten Niedergang der kulturellen Vielfalt in der NS-Zeit bis hin zu den Verlusten durch Nachverdichtung und schließlich Neuparzellierung ab den 1950er und 1960er Jahren für die Wohnraumbeschaffung in einem immer dichter bevölkerten Berlin. Erste Unterschutzstellungen in den 1980er Jahren führten zu einem neuen Umgang mit den erhaltenen Teilen der Villenkolonie; Beispiele aus Inventarisation und Praxis vertiefen den Blick auf die Entscheidungsprozesse mit mehreren Beteiligten und unterschiedlichen Zielsetzungen, aus denen die Denkmalpflege nicht immer erfolgreich hervorgeht.

Wenzel Bratner (Wiesbaden) stellt in seinem Beitrag zu Villengebäuden am Taunushang Beispiele der Veränderungsgeschichte wie des gelungenen Erhalts vor und leitet daraus die denkmalpflegerische Beobachtung ab, dass insbesondere in Gegenden mit hohen Bodenrichtwerten die Gefahr der Parzellierung und Bebauung der Villengärten zwar besonders hoch ist, aber nur dort eine wohlhabende Klientel existiert, die sich große Villengärten leisten kann.

Heike Tenzer (Halle) stellt drei wenig bekannte Gärten der Reformzeit aus Sachsen-Anhalt vor. Die skizzierten Entwicklungen und die Einordnung der Gärten in ihren gartenkünstlerischen und historischen Kontext machen deutlich, dass trotz eines begonnenen Substanz- und Bildverlustes die geschichtliche und wissenschaftliche Bedeutung der Anlagen ungebrochen ist.

Volkmar Eidloth und Petra Martin (Esslingen) verdeutlichen mit ihrem Beitrag über die Villengärten in Baden-Baden die enge Verzahnung mit der umgebenden Kulturlandschaft. Sie begründen mit diesem schon in der Entstehungszeit der Anlagen mitgedachten Ansatz die Aufforderung, die Erforschung und den Erhalt solcher Viertel als eine gemeinsame Aufgabe der städtebaulichen Denkmalpflege und der Gartendenkmalpflege zu sehen. Denn schon geringe Eingriffe und Nachverdichtungen schmälern die historisch städtebaulichen Qualitäten. Die hier vorgestellte „zweigleisige" Erfassungsmethode geht vom Einzelobjekt in die Fläche und wurde in der Bauleitplanung der Stadt berücksichtigt.

Zweifellos ist der Veränderungsdruck auf die Villengärten durch gewandelte gesellschaftliche Repräsentationsvorstellungen, vor allem aber durch die in den letzten Jahren hochschnellenden Grundstückspreise größer geworden. Die Beiträge aus den verschiedenen Bundesländern machen deutlich, dass die Erhaltung mit dem „richtigen" Eigentümer bzw. Bauherrn, mit dem Erkennen und Vermitteln der Denkmalwerte eines Gartens, dem Werben um Partner und dem Nutzen der rechtlichen Möglichkeiten bis hin zum kommunalen Bebauungsplan gelingen kann. Den hohen Denkmalwert historischer Gärten gilt es dabei in der Öffentlichkeit immer wieder aufs Neue zu vermitteln.

Anke Borgmeyer und Detlef Knipping

Recht, Raum und Landschaft

Zur Definition und Abgrenzung von Gartendenkmal, Naturraum und Kulturlandschaft am Starnberger See[1]

Die Kulturlandschaft des Starnberger Sees, ihre Besonderheit, die sowohl Fremde als auch Einheimische anzieht und so beeindruckt, setzt sich zusammen aus bedeutender Villenarchitektur des 19. und frühen 20. Jahrhunderts sowie aus Park- und Gartenanlagen innerhalb einer einmaligen Naturlandschaft. Diese besteht aus einem schmalen, langgestreckten See vor einer traumhaften Bergkulisse, mit überschaubaren Ufern, die in Sichtbeziehung zueinander stehen (Abb. 1). Aber es sind ausgerechnet die prägenden und charakteristischen Park- und Gartenanlagen, die durch steigende Grundstückspreise, bauliche Nachverdichtung und auch durch Unkenntnis ihrer Geschichte und historischen Bedeutung zunehmend gefährdet sind. Mit diesem Beitrag sollen einige Besonderheiten dieser Kulturlandschaft am Starnberger See vorgestellt sowie das für die Inventarisierung und denkmalpflegerische Praxis schwierige Thema der Definition und Abgrenzung von Gartendenkmal, Naturraum und Kulturlandschaft angesprochen werden.

Die bauliche Entwicklung am Starnberger See

Die „Kulturlandschaft Starnberger See" ist mehrfach und ausführlich in den Publikationen von Gerhard Schober beschrieben und gewürdigt worden. Schober konnte dabei auch auf seine reichen Ortskenntnisse und Erfahrungen als Kreisheimatpfleger zurückgreifen. Der folgende kurze Überblick zur baulichen Entwicklung am Starnberger See ist ein Extrakt aus Schobers Publikationen zu diesem Thema.[2]

1 Für die ersten Teile dieses Beitrags zeichnet Anke Borgmeyer, für den Teil „Landschaft und Garten" Detlef Knipping verantwortlich.

2 Schober 1989; Schober 1998; Schober 2005.

Abb. 1. Starnberger See mit Alpenblick (Foto: BLfD-Luftbilddokumentation, Klaus Leidorf, Archiv-Nr. 8132/001, 1Ds23138, 2008)

Abb. 2. Schlosspark Feldafing mit Roseninsel
(Foto: BLfD-Luftbilddokumentation, Klaus Leidorf, Archiv-Nr. 8132/001, 5DB03444, 2006)

Die baulichen Wurzeln am See sind im 16. Jahrhundert zu finden. Schon damals hing die Erbauung von Schlössern und Hofmarken auch mit dem Bestreben zusammen, für den herzoglichen Hof ein angemessenes Ambiente zu schaffen. Aber erst mit der steigenden Natursehnsucht wuchs seit dem frühen 19. Jahrhundert die Bautätigkeit am See stetig an: erste Landhäuser entstanden vor allem ab 1820/30, ebenso Künstlerkolonien, die zeitweise wesentlich das gesellschaftliche Leben am See mit prägten. Die Grundstücke direkt am See waren die begehrtesten. Die sich wie Perlen an einer Schnur am Seeufer aufreihenden Schlösser und ersten Villen steigerten wiederum die Attraktivität für Touristen und Sommerfrischler. Mit dem Bau der Eisenbahn nach Starnberg 1854 und der Rückkehr des Königs nach Schloss Berg 1850, und mit ihm auch des Münchner Hofes, kam es zu einem regelrechten Bauboom. Kernorte der Entwicklung wurden demnach Berg und auch Feldafing, wo eine große Schlossanlage geplant war, die jedoch nach dem Tode Max II. (1864) nicht fertiggestellt wurde. Nahezu vollendet war jedoch schon die große, dazugehörige Parkanlage nach den Plänen von Peter Joseph Lenné (1789–1866), die Vorbild und Maßstab für viele größere Parkanlagen um den See wurde (Abb. 2). Die Verlängerung der Bahnstrecke 1865 nach Weilheim, Kochel und Garmisch machte vor allem das Westufer attraktiv. Es entstanden nun vornehmlich Sommerhäuser für das großbürgerliche München, ab 1880 folgten schließlich auch Mittelständler mit großbürgerlichen Ambitionen. Der Höhepunkt der baulichen Entwicklung lag eindeutig vor dem Ersten Weltkrieg und zeigt einen Querschnitt durch die Münchner Architektur des 19. und frühen 20. Jahrhunderts.

Schon relativ bald, wohl noch vor Mitte des 19. Jahrhunderts, wurde damit begonnen, die ausgedehnten Gärten, vor allem die attraktivsten Lagen unten am Ufer, zu teilen und zu bebauen. Die ersten Anlagen hatten hier bis zu mehreren hundert Metern Uferstreifen besetzt, etwa die Villa Knorr in Niederpöcking, 1853 von Arnold Zenetti errichtet. Für viele, vor allem für die späteren Bauwilligen und Mittelständler, blieben schließlich nur noch die Grundstücke in zweiter und dritter Reihe, die aber nicht mehr so ausgedehnt waren, wie die der ersten Villen und Landhäuser am Seeufer.

Charakteristika der Garten- und Parkanlagen um den Starnberger See

Obwohl Entwicklung und Veränderung über die Seelandschaft hinweggegangen sind, rhythmisiert das Grün heute noch die Uferlandschaft, trennt die Siedlungsräume und bildet einen natürlichen Rahmen um die Villenbebauung. Die Charakteristika der Garten- und Parkanlagen um den Starnberger See wurzeln zum Teil tief in der Anfangszeit der Villenbebauung. Sie vermitteln bis heute die Idee und Verwirklichung eines übergeordneten und verbindenden Konzepts, das seine gartentheoretischen Anfänge im 18. Jahrhundert hat: Der Garten soll mit seiner jeweiligen landschaftlichen Umgebung eins werden, mit ihr verschmelzen; Kunst- und Naturraum gehen ineinander über. Diesem Ideal einer weiten Parklandschaft verpflichtet, betten sich die Villen und Wohnhäuser mit ihren Gärten und Parks in die Landschaft ein und integrieren die bereits vorhandene Natur und Topographie. Anfangs waren weder Zäune noch Einfriedungen üblich, alles sollte ineinander übergehen. So auch noch in der ab 1897

Abb. 3. Feldafing, Villenkolonie am Höhenberg
(Foto: BLfD-Luftbilddokumentation, Otto Braasch, Archiv-Nr. 8132/096, Dia 4606-23, 1986)

entstandenen Villenkolonie am Höhenberg in Feldafing, die mit ihren großzügig angelegten Gärten eine zusammenhängende und geschlossene Parkanlage bildete. Bis heute lassen sich diese Strukturen noch erahnen, deren Grundlage ein Teil des ehemaligen Feldafinger Schlossparks nach den Entwürfen Peter Joseph Lennés war, der durch die Heilmann'sche Immobiliengesellschaft in Baugrundstücke parzelliert und zur repräsentativen Bebauung verkauft wurde (Abb. 3).

Der sich durchziehende Grundgedanke in den Gestaltungen der Villengärten und Parkanlagen spiegelt häufig die gewollte und gezeigte ästhetische Auseinandersetzung zwischen Kunst und Natur. Analog den Gestaltungen adeliger Park- und Gartenanlagen sowie anderer Vorbilder dieser Zeit, wurden strenge, noch ganz barock empfundene, geometrische Partien mit lockerer, „naturnah" gestalteter Parklandschaft kombiniert. Die räumliche Verbindung zwischen Villa und Garten

Abb. 4. Feldafing, Villa Waldberta
(Foto: BLfD-Luftbilddokumentation, Otto Braasch, Archiv-Nr. 8132/096, Dia 4606-15, 1936)

Abb. 5. Feldafing, Villa Waldberta
(Foto: BLfD, Anke Borgmeyer, 2008)

eine auf den See ausgerichtete Bühne für die Villa konzipiert, die gleichzeitig durch diese Lage intensiv in Sichtbeziehung mit dem gegenüberliegenden Seeufer und der Alpenkette tritt (Abb. 5). Der mit Schwarz-Kiefern bepflanzte Scheitel des Höhenbergs zur stärkeren Akzentuierung der Horizontlinie geht noch auf die Planungen Lennés zurück und bildet hier den idealen Hintergrund für die Kulissenwirkung der Villa. Der Park mit seiner Ausstattung ist gut erhalten und wurde im Zuge der Sanierung und Umnutzung der Villa zu einem internationalen Künstlerhaus der Stadt München ab 1982 wiederhergestellt.[3] Schmückende Elemente, wie die Steinbank von Karl Kiefer (Abb. 6), ein Muschelbrunnen, die Anlage einer Grotte und eines Alpinums sind typisch für die repräsentative Inszenierung von Gartenanlagen dieser Zeitstellung. Im Bereich zur Straße ist – wie in den meisten größeren Anlagen – eine ausreichende Fläche für den Obst- und Gemüseanbau vorgesehen – ganz im Sinne der Lenné-Meyer'schen Schule, die das Prinzip vertrat, „das Schöne mit dem Nützlichen" zu verbinden. Die dazugehörigen Nebengebäude sind ebenso erhalten und vermitteln bis heute den funktionalen und baulichen Zusammenhang zwischen Villa, Park und Gärtnerei (Abb. 7).

Der dem Pleasureground-Gedanken verpflichtete, landschaftliche Villengarten war noch bis weit in das 20. Jahrhundert üblich. In den späteren, kleineren Anlagen versuchte man dieses Prinzip in komprimierter Form unterzubringen, bis hin zu den in schablonenhafter Erstarrung verharrenden, räumlich immer begrenzter werdenden Villengärten, die letztendlich die Reform der Gartenkunst hervorriefen.

stellten Terrassenanlagen und zugeordnete Gartenparterres dar. Die Wege, die in der Nähe des Hauses noch offensichtlich als verbindende Struktur zu erkennen sind, verlaufen dann scheinbar natürlich in den umgebenden Landschaftspark und führen den Besucher in das Erlebnis der „Natur". Auch Brunnen, Laubengänge und Pavillons ergänzen häufig die Gestaltung der Parkanlagen. Nebengebäude – wie Gewächshäuser, Gärtnerwohnungen, Remisen etc. – sind üblich, vor allem bei großen Anlagen. Seegrundstücke sind mit Boots- und Badehaus ausgestattet.

Diese Zonierung von einem künstlich gepflegten Areal um das Haus über Garten, Park und Landschaft in die Natur wurde in abgeschwächter Form auch in der Villa Waldberta (Feldafing, Höhenbergstraße 31) umgesetzt, die zudem weitere Charakteristika der Starnberger Villengartenlandschaft zeigt, wie etwa die Einbindung natürlicher Topographien, die Integration bereits vorhandener Vegetation und die Verwendung fremdländischer Pflanzenarten zur Steigerung der malerischen Wirkung (Abb. 4). Der Garten der Villa Waldberta ist von späteren Parzellierungen, Veränderungen und baulichen Nachverdichtungen verschont geblieben. Er entspricht noch heute den Ausmaßen, die er seit dem Grundzukauf unter dem zweiten Besitzer ab 1903 hatte, auch wenn die heutige Bepflanzung gegenüber der ursprünglichen Idee deutlich vereinfacht ist. Die Villa wurde 1901/02 in einen Teil des sogenannten Lennéparks, also des ehemaligen Schlossparks in Feldafing gesetzt. Die natürliche Hangkante nutzend wurde hier

Abb. 6. Villa Waldberta, Parkbank von Karl Kiefer
(Foto: BLfD, Anke Borgmeyer, 2008)

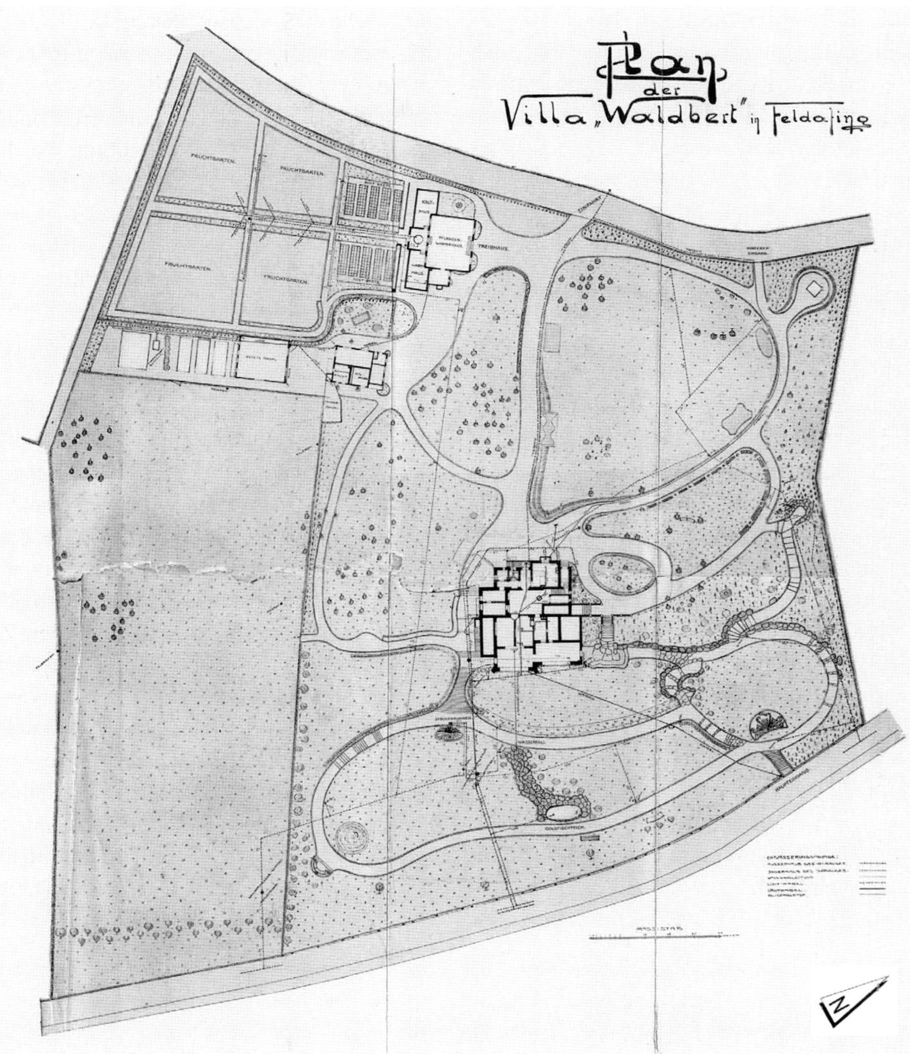

Abb. 7.
Villa Waldberta, Plan von 1928 (aus: MAUER/WOLF 2003)

Denkmalpflege als Teil eines partnerschaftlichen Systems

Die Kulturlandschaft um den Starnberger See stellt für die Denkmalbehörden aufgrund der bereits stattgefundenen Veränderungen ein sehr heterogenes Gebiet dar. Haben die Teilungen der großen Garten- und Parkgrundstücke im 19. und frühen 20. Jahrhundert aus heutiger fachlicher Sicht durchaus weitere Gartendenkmäler entstehen lassen, sind die Grundstücksteilungen und Nachverdichtungen vor allem seit den städtebaulichen Entwicklungen der 1960er Jahre als Verluste und Entwertungen zu verstehen.

Villengärten, wie die von der Villa Waldberta, stehen für die spezielle Gartenlandschaft am Starnberger See und sind schon seit der Ersterfassung der Denkmalliste nach 1973 zusammen mit der Villa in der Denkmalliste eingetragen. Darüber hinaus gibt es denkmalgeschützte Villen, deren Gärten oder Parks noch nicht erfasst und untersucht sind. Gründe hierfür liegen zum Teil in einer früheren Priorisierung der Architektur, die dem dazugehörigen Garten nicht die nötige fachliche Aufmerksamkeit schenkte, aber auch in der häufig unscharfen Abgrenzung zwischen Naturraum und Gartendenkmal. Probleme der Zugänglichkeit und akuter Handlungsbedarf, der eine Nachqualifizierung des Gartens bei Besitzerwechsel, Erbfall oder anstehenden Baumaßnahmen notwendig macht, sind die Schwierigkeiten, vor denen wir heute stehen.

Eine besondere Herausforderung stellen die Anwesen dar, die zwar eine denkmalgeschützte Villa haben, aber deren umgebende Grünflächen keine historisch-gestalterischen Qualitäten aufweisen, oder bei denen weder für Haus noch Garten Denkmaleigenschaft festgestellt werden kann, da sie komplett überformt, verändert oder erneuert worden sind. Solche Bauten und Anlagen gibt es viele. Sie sind häufig später, oft durch Abtrennungen von größeren Anlagen entstanden, bilden aber gerade in der Masse und aufgrund ihrer topographischen Gestaltung einen wichtigen Bestandteil des Systems dieser Kulturlandschaft. Sie verschwinden als erstes, wenn Nachverdichtungen und Verbauung von Restflächen

3 Vgl. MAUER/WOLF 2003.

anstehen. Manch ein Villenbesitzer kann sein Haus nur rentabel halten, wenn er einen Teil des Gartens als Baugrundstück verkauft. Sollte die Entwicklung in den Gemeinden um den Starnberger See so weitergehen wie bisher, werden nur die in der Denkmalliste verzeichneten Bau- und Gartendenkmäler wie abgenagte Fragmente aus einem völlig veränderten Umfeld herausstechen. Sie werden aber nicht in der Lage sein, für das große Ganze – also für die großartige Kulturlandschaft des Starnberger Sees – Zeugnis abzulegen.

Denkmalpflege – das wissen wir – funktioniert nur innerhalb eines partnerschaftlichen Systems, in dem es mehrere und unterschiedliche Mittel und Möglichkeiten sowie rechtliche Instrumentarien für Schutz und Erhalt von Kulturgut gibt. Was kann hier die staatliche Denkmalpflege tun? Welcher Handlungsspielraum steht zur Verfügung? Zunächst gilt es, weitere Villengärten zu untersuchen, die noch nicht in der Denkmalliste verzeichnet sind. Bei der Nacherfassung setzt das Bayerische Landesamt für Denkmalpflege auch auf Kooperationen, da – ohne eigenes Gartenreferat ausgestattet – überwiegend nur akut und im Einzelfall gehandelt werden kann. Aktuell (2017/18) ist ein gemeinsamer Workshop mit der Hochschule Weihenstephan-Triesdorf, Fakultät Landschaftsarchitektur, mit den beiden Professorinnen Frau Amrei Mosbauer und Frau Swantje Duthweiler initiiert, der eine Erfassung ausgesuchter Villengärten mit Studenten vorsieht.

Was macht einen denkmalgeschützten Garten aus? Was sind seine Denkmalwerte und Bedeutungskriterien? Nach dem Bayerischen Denkmalschutzgesetz (BayDSchG) gelten Gartenanlagen, die die Voraussetzungen der Denkmalwürdigkeit und Denkmalfähigkeit nach Art. 1 Abs. 1 BayDSchG erfüllen als Baudenkmal. Neben den im Art. 1 Abs. 1 BayDSchG genannten Bedeutungskriterien, von denen bei Garten- und Parkanlagen überwiegend die historische und künstlerische, aber durchaus auch die städtebauliche Bedeutung festgestellt wird, müssen Indizien für eine historische und bewusste gestalterische Konzeption vorhanden sein. Als Merkmale zählen beispielsweise dazu: Form und Bodenrelief; die Bäume und Pflanzen, ihre Zusammensetzung und Größe, ihre Farbwirkungen und ihre Anordnung im Raum, aber auch die Einbindungen landschaftlicher Vorgaben in das gestalterische Konzept, was u. a. auch am Starnberger See ein Leitmotiv ist. Hinzu kommen oft Baulichkeiten (Gartenhäuschen, Pavillon, Brunnen etc.) oder sonstige Ausstattungselemente (Sitzplätze, Bildwerke/Gartenfiguren etc.), die Wegeführungen, bewegtes oder ruhendes (den Himmel spiegelndes) Wasser.[4] Das alles sind raumbildende Elemente, die eventuell Blicke und Sichtbeziehungen ermöglichen, oder in Bezug bzw. Wechselwirkung mit dem Gebäude stehen. Substanz und Bedeutung bedingen sich gegenseitig, hingegen spielt weder der Pflegezustand noch der Alterungsgrad eine Rolle.

Diskussionsstoff bietet die Tatsache, dass die Bezeichnung „Villa“ im 19. und 20. Jahrhundert üblicherweise ein freistehendes, herrschaftliches Wohngebäude meint, zu dem in der Regel eine umgebende, im besten Fall gestaltete Freifläche – ein Garten oder Park – gehört. Es reicht allerdings nicht aus, der Garten einer denkmalgeschützten Villa zu sein, um als Teil des Baudenkmals gelten zu können. Das Bayerische Denkmalschutzgesetz und die Rechtsprechung unterscheiden

Abb. 8. Feldafing, Villa Carl (Foto: BLfD, Anke Borgmeyer, 2017)

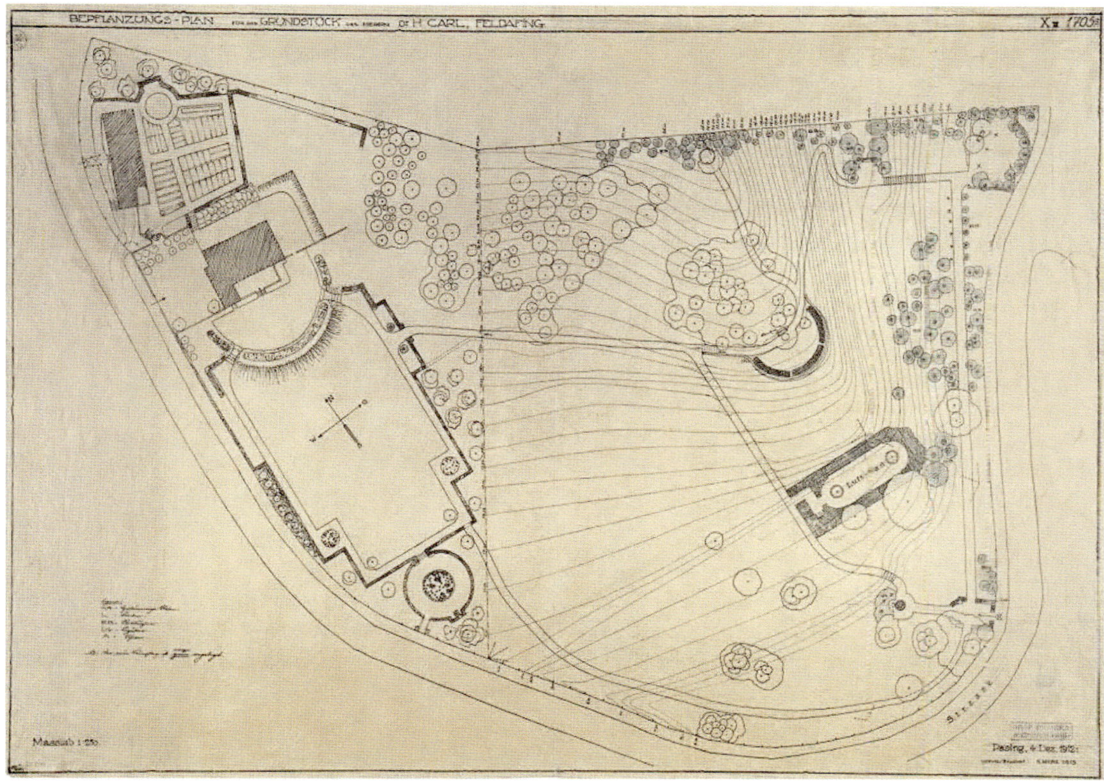

Abb. 9. Villa Carl, Bepflanzungsplan von 1912/13 („Bepflanzungs-Plan für das Grundstück des Herrn Dr. H. Carl, Feldafing, Prof. Richard Riemerschmid Pasing, 4. Dez. 1912: vervollständigt: 8. März 1913", Architekturmuseum der TU München)

hier. Besonders hochkarätige Gartenanlagen, die einer eigenen Interpretation zugänglich sind, können durchaus für sich genommen ein Einzelbaudenkmal sein (siehe oben). Die meisten Villengärten erfüllen in der Regel nicht die Voraussetzungen des Art. 1 Abs. 1 BayDSchG, um als Einzelbaudenkmal zu gelten. Sie können aber dennoch Teil eines Baudenkmals sein, wenn gewisse Vorrausetzungen erfüllt sind. Dazu zählt, dass eine inhaltliche Verbindung gegeben sein muss, wie etwa die zeitgleiche Entstehung und ein direkter gestalterischer Bezug zum Haus (auf das Gebäude abgestimmte Gestaltung). Haus und Garten bilden somit zusammen ein Baudenkmal.[5] Vergleichbar ist dies etwa mit Nebengebäuden oder Ausstattungen, die zum Charakter des Baudenkmals beitragen und es in seiner Bedeutung unterstützen, jedoch ohne den Bezugsfall keine Denkmaleigenschaft für sich aufweisen, da sie keiner eigenen Interpretation zugänglich sind.

Eine einfache Rasenfläche mit umgrenzender Thujenhecke und Maschendrahtzaun sowie ohne Bezug und Wechselwirkung zur Villa reicht demnach nicht aus, um einen Nachtrag in die Denkmalliste begründen zu können. Dies sehen in der Regel auch diverse Gerichtsurteile so, die sich mit dem Thema auseinandersetzen mussten.[6] Es wurde deutlich gemacht, dass es bei der Feststellung einer Denkmaleigenschaft im Wesentlichen auf Quantität und Qualität der historischen Gestaltung eines Villengartens ankommt. Zum Vergleich: Auch einfache Hofflächen oder komplett erneuerte Nebengebäude einer bäuerlichen Hofanlage können aus diesem Grund nicht in die Bayerische Denkmalliste aufgenommen werden, auch wenn sie zum Bautyp Bauernhof dazugehören. Trotzdem wäre der Erhalt auch dieser umgebenden Freiflächen – eben auch für die Wirkung einer denkmalgeschützten Villa – wünschens- und erstrebenswert. Hierfür gibt uns das Bayerische Denkmalschutzgesetz durchaus Möglichkeiten, auch ungestaltete oder banalisierte Freiflächen um eine denkmalgeschützte Villa von Bebauung freizuhalten. Im Art. 6 Abs. 1 BayDSchG wird der sog. Nähefall behandelt:„... Der Erlaubnis bedarf auch, wer in der Nähe von Baudenkmälern Anlagen errichten, verändern oder beseitigen will, wenn sich dies auf Bestand oder Erscheinungsbild eines der Baudenkmäler auswirken kann. ..."[7]

Der kulturlandschaftliche Aspekt ist im Bayerischen Denkmalschutzgesetz nicht als Bedeutungskriterium verankert. So ist die staatliche Denkmalpflege besonders bei parzellenübergreifendem, flächenhaftem Schutz für Grün- und

4 Vgl. hierzu auch *Bayerisches Denkmalschutzgesetz. Kommentar* 2016, S. 117 f.

5 Ergänzend OVG Nordrhein-Westfalen 1985: „Zur Substanz eines Baudenkmals rechnen aus dessen Umgebung die Flächen, die durch gestalterische Elemente einbezogen sind und dadurch an der spezifischen Aussage des Denkmals in geschichtlicher, künstlerischer oder städtebaulicher Hinsicht teilhaben. Nicht dagegen gehören zur Substanz eines Denkmals die Flächen seiner Umgebung, deren Bedeutung für das Denkmal darin bestehen, dass sie von einer Bebauung oder sonstigen Veränderung freibleiben, um das Erscheinungsbild des Denkmals nicht zu beeinträchtigen."

6 Vgl. OVG Nordrhein-Westfalen 2006; OVG Schleswig-Holstein 2009; VG Dresden 2013.

7 *Bayerisches Denkmalschutzgesetz. Kommentar* 2016, S. 3.

Freiflächen auf externe Partner angewiesen. Vor Ort sind das vor allem die Gemeinden, die mit den Mitteln der Bauleitplanung, des Bebauungsplans oder einer Gestaltungssatzung Erhaltungsmöglichkeiten haben. Hinzu kommen als mögliche Partner auch Naturschutz und weitere Träger öffentlicher Belange. Die Eigentümer sind natürlich vorrangig; sie sind sozusagen die „Denkmalpfleger vor Ort". Umso wichtiger ist es, immer wieder auf die Werte und Besonderheiten der historischen Park- und Gartenanlagen sowie der Kulturlandschaft insgesamt am Starnberger See hinzuweisen sowie klar die Zuständigkeiten und Verantwortungen zu benennen. Eine Möglichkeit hierzu bietet das Kommunale Denkmalkonzept (KDK) des Bayerischen Landesamtes für Denkmalpflege, ein flexibles Instrument, mit dem in enger Zusammenarbeit mit den Kommunen und Bürgern historische Ortskerne und Strukturen gemeinsam geschützt, gestaltet und entwickelt werden können.[8]

Das heißt aber auch, dass Denkmalschutz ohne die Kommunen und Eigentümer nahezu nicht möglich ist, und das ist auch bei eingetragenen Gartendenkmalen der Fall. Ein aktuelles Beispiel (2017/18) am Starnberger See ist die drohende Bebauung des Gartens der Villa Carl in Feldafing (Abb. 8). Hier soll der östliche Teil der Gartenanlage für einen Wohnhausneubau abgetrennt werden. Die Entwürfe zu Villa, Nebengebäuden und Garten stammen aus der Hand des schon zu seinen Lebzeiten sehr bedeutenden Architekten und Designers Richard Riemerschmid (1868–1957), der mit dieser Parkanlage aus Nutzgarten, geometrischem und naturhaftem Garten 1912/13 einen der schönsten Reformgärten am Starnberger See schuf. Das Anwesen Carl gehört – ebenso wie die Villa Waldberta – zur Villenkolonie am Höhenberg, die aufgrund ihrer Hanglage eine entsprechende Fernsicht und Fernwirkung am See hat. Ähnlich wie bei der Villa Waldberta sind hier auch Teile des ehemaligen Feldafinger Schlossparks in die Gartengestaltung integriert worden. Diese zeichnet sich durch eine Kombination von drei aufeinander abgestimmten Gartenbereiche aus: einem Nutzgarten nördlich des Hauses gelegen, einem axial auf das Wohnhaus ausgerichteten architektonisch-geometrischen Gartenbereich mit Hecken, Stauden- und Rosenbeeten sowie einem östlich sich ausdehnenden naturhaft gestalteten landschaftlichen Gartenteil mit Aussichtspunkten, Sitzplätzen und Sichtachsen (Abb. 9). Gerade an diesem Beispiel lässt sich aufgrund des überlieferten Bepflanzungsplans sehr gut erkennen, wie auch der Naturraum als sanft gestalteter Gartenbereich Teil des Gesamtkonzepts ist und nicht als Baulandreserve vorgehalten wurde.

Landschaft und Garten

Der berühmteste bayerische Gartenkünstler Friedrich Ludwig von Sckell schrieb zu der Frage der Neuanlage eines Gartens in der Landschaft in seinem einflussreichen Traktat von 1818 „Beiträge zur bildenden Gartenkunst": „[Der Gartenkünstler] muss alles, was die Natur sowohl im Innern, als Äußern bereits aufgestellt hat, mit der strengsten Aufmerksamkeit aufsuchen, prüfen und genau erwägen, was er für seine Anlage mit oder ohne Zusätze benützen und anwenden kann; … Er vermeide daher sorgfältig das zu voreilige Zerstören und Fällen der bestehenden Bäume; er verbinde vielmehr mit diesen und andern Naturparthien seine eigenen Schöpfungen."[9]

Die fließenden Übergänge von der Landschaft in den Park und Garten gehören zu den wesentlichen Theoremen des Landschaftsgartens. Anstelle von Sckell hätte man genauso John Dalrymple aus den 1750er Jahren zitieren können, der davon spricht, dass das Ziel des Landschaftsgartens in dem „Gleiten in kleinen Schritten von der höchsten Großartigkeit der Kunst zu der höchsten Großartigkeit der Natur" besteht.[10]

Abb. 10. Starnberg, Villa Almeida (Foto: Christoph Steurer, Wackersberg)

Abb. 11. Unbekannt, Villa Almeida, Lithographie, um 1835/40 (aus: Schober 1998, S. 37)

Diese Zonierung des Landschaftsgartens ist ein Charakteristikum der Landschaftsgärten des 19. Jahrhunderts am Starnberger See. Sie bildet für die Denkmalerfassung eine Herausforderung. Aufgrund der fließenden Einbindung in den umgebenden Raum stellt sich die denkmalrechtliche Frage, wo der Landschaftsgarten denn endet und die Landschaft beginnt oder anders gesagt, wo die künstlerische Gestaltung aufhört und die kultivierte Natur anfängt.

Einer der Villengärten, die eine solche Herausforderung gestellt haben, war der Garten der Villa Almeida in Starnberg (Abb. 10). Die Villa ist im Auftrag der Gemahlin des Prinzen Carl von Bayern, der Freifrau Anne Sophie von Bayrstorff im Jahr 1832 erbaut worden. Durch Erbfall und die Ehe der Tochter Sophie mit dem kaiserlich brasilianischen Kammerherrn Paulo Visconde d'Almeida kam sie in den Besitz dieser Linie, die namensgebend für die Villa blieb. Der Architekt

8 Bayerisches Landesamt für Denkmalpflege 2017.

9 Sckell 1818, S. 49.

10 Dalrymple um 1750 (S. 22: „Perhaps it is not too bold to say, that such a garden, sliding by easy steps from the highest magnificence of art into the highest magnificence of nature would be perfect."), zit. nach Wimmer 2014, S. 177.

Abb. 12. G. Durand, Villa Almeida, Aquarell, um 1840 (aus: Schober 1998, S. 24)

Abb. 13. Max Kuhn, Blick über die Au auf Starnberg, Aquarell, um 1855/60; im Hintergrund die Villa Almeida (aus: SCHOBER 1998, S. 26)

der Villa war der Klenze-Schüler und spätere Leiter der Münchner Lokalbaukommission Franz Xaver Eichheim.[11] Schon die Zeitgenossen beschrieben das klassizistische Gebäude als die „Perle“ der Villenbauten am Starnberger See.[12] Ihre Lage auf der Anhöhe über dem Starnberger See – wie hier auf einer Fotografie um 1900 (Abb. 14) zu sehen – erinnert nicht von ungefähr an die von Plinius beschriebenen römischen Villen, die wegen des weiten Ausblicks bevorzugt in Hanglage errichtet waren.[13] Für den Bau der Villa musste die Kuppe des Georgsbichls gekappt werden. Übernommen und umgestaltet wurde der wohl bereits von dem Vorbesitzer gestaltete Englische Garten, der sich beidseits der Villa auf dem Höhenrücken von Norden nach Süden erstreckt.[14] Auf der Renovationskarte des Steuerkatasters von 1863 ist die Anlage differenziert wiedergeben (Abb. 15). Auf einer Achse liegen im Osten die Villa und im Westen das Gesindehaus, im Süden befindet sich etwas abseitiger das Gewächshaus. Östlich der Villa ist der geometrisch gestaltete Blumengarten

Abb. 14. Starnberg, Villa Almeida, Fotografie um 1900 (aus: SCHOBER 1998, S. 41)

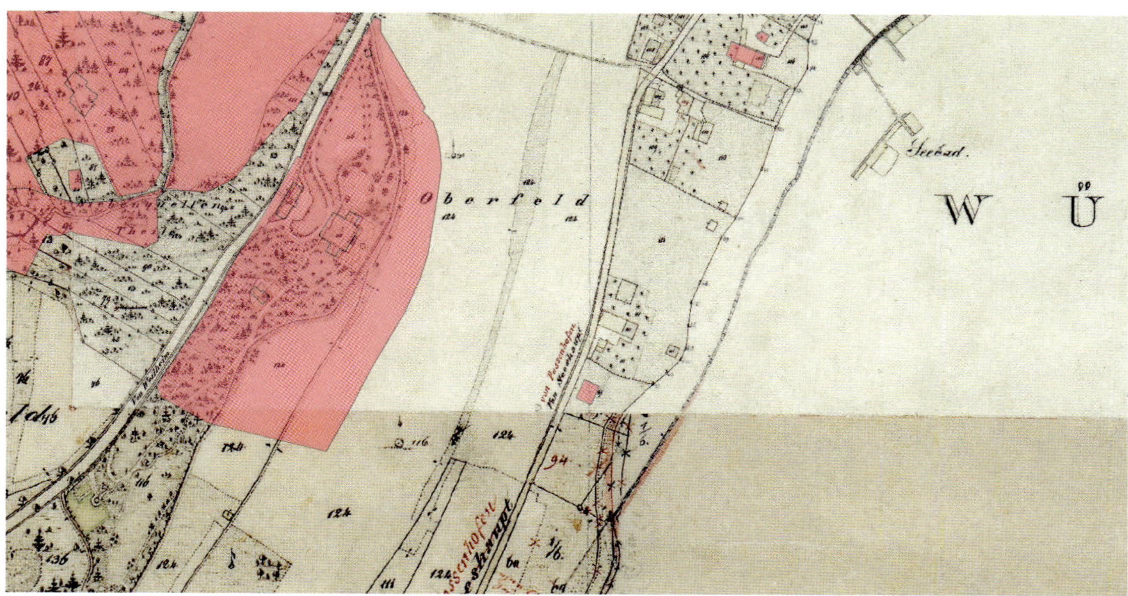

Abb. 15. Starnberg, Renovation von 1863 mit Denkmalkartierung (Auszug aus dem Fachinformationssystem (FIS), Stand: 04.05.2017, Geobasisdaten: Bayerische Vermessungsverwaltung 2019, Bearbeitung: BLfD)

Abb. 16. Starnberg, Luftbild mit Denkmalkartierung (Auszug aus dem FIS, Stand: 04.05.2017, Geobasisdaten: Bayerische Vermessungsverwaltung 2019, Bearbeitung: BLfD)

mit Brunnen wiedergegeben, der Park ist von schleifenförmigen Wegen geprägt. Von Norden nach Süden nimmt die Baumdichte aus Buchen und Tannen zu. Im äußersten Süden ist ein Obstgarten angelegt. Der gesamte Garten ist umzäunt. Östlich dieses Englischen Gartens – den Hang hinunter – schließen Wiesenflächen an, die keine weitere Gestaltung zeigen. Dieses Bild bestätigen auch die zeitgenössischen Ansichten der Villa Almeida.[15] Das Gemälde von Johann Jakob Dorner (siehe S. 8) stützt sich auf eine anonyme Lithographie von 1835/40 (Abb. 11). Topographisch genauer sind die Aquarelle von Durand und Kuhn, letzteres zeigt im Übrigen anschaulich die dominante Trias von Wittelsbacher-Schloss, Pfarrkirche und Villa in Starnberg (Abb. 12, 13).

Den heute noch von der Bebauung freien Teil der Wiesenflächen hatte das Landesamt als zugehörig zum Park als Denkmal kartiert (Abb. 15–18). Als das Bayerische Landesamt für Denkmalpflege eine Anfrage erhielt, warum denn diese Freifläche Denkmaleigenschaft besäße, da Teile bebaut

11 Vgl. Schober 1998, S. 35 ff. und Schober 2012, S. 236 ff.

12 Föringer 1845, S. 14.

13 Vgl. Wimmer 1989, S. 5 ff.

14 Vgl. Schober 1998, S. 35.

15 Vgl. zu den zeitgenössischen Ansichten Schober 1998, S. 24 ff. und 37 ff.

Abb. 17, 18. Starnberg, Villa Almeida, Garten (Fotos: BLfD, Detlef Knipping)

werden sollten, war zunächst bei der Recherche überraschend, dass keine dieser Freiflächen zur Erbauungszeit der Villa der Bauherrin gehörte.

Dennoch sind gerade diese Freiflächen für den Wirkungsraum der Villa vom Hügel zum See und vom See zum Hügel besonders wichtig. Dies sah bereits der Architekt Franz Xaver Eichheim so, wie er in seinem Artikel in der Allgemeinen Bauzeitung von 1837 mehrfach zu seinem prominenten Bauprojekt hervorhob. „Nach dieser schönsten Aussicht [sc. zum See und den Bergen] hin hat das Landhaus die Fassade [sic] ... Hier liegt der deutsche Lago maggiore …, der ... sich ... in feenartigem Reichthum vor dem trunkenen Auge ausgebreitet. Wohl hauptsächlich um solcher Aussicht willen hat die kunstsinnige und naturliebende Dame diesen Punkt zur Erbauung eines Sommeraufenthaltes gewählt …"[16] Wie wichtig der freie Blick vom Seeufer aus war, zeigt auch die Bemerkung des Architekten zur vorgelagerten Hangstützmauer der Villa, die „mit der Hausfasade [sic] parallel steht, und … in der geometrischen Ansicht vom See aus derselben gleichsam als Fuß oder Unterbau dient."[17] Diese architektonische Konzeption der Hangstützmauer, der der Villa – ähnlich wie Jahre später beim Pompeianum – quasi ein Sockelgeschoss verleiht und diese noch imposanter macht, dokumentiert anschaulich auch der von Eichheim gezeichnete Schnitt und Fassadenriss (Abb. 19, 20).

Dass die Freiflächen für den Villenbau von vornherein eine hohe Bedeutung besaßen, bestätigte die Archivalienrecherche schließlich doch, da deutlich wurde, dass – vermutlich in Reaktion auf die zunehmende bauliche Nachverdichtung im Grüngürtel um den Starnberger See – die Familie, etwa zwei Jahrzehnte nach der Erbauung der Villa, die östlich des Englischen Gartens gelegenen Freiflächen durch einen Mittelsmann, den Medizinalrat Dr. Michael Hastreiter hatte erwerben lassen.[18] Damit war auch eigentumsrechtlich der

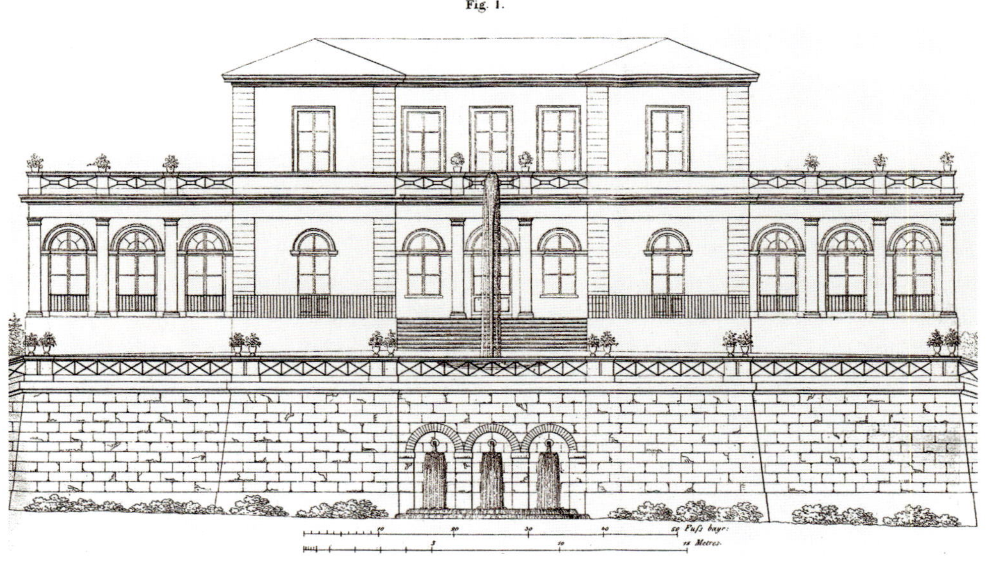

Abb. 19. F. X. Eichheim, Starnberg, Villa Almeida, Fassade, 1837 (aus: *Allgemeine Bauzeitung*, 1837, Tafel CXXXVI, Ausschnitt)

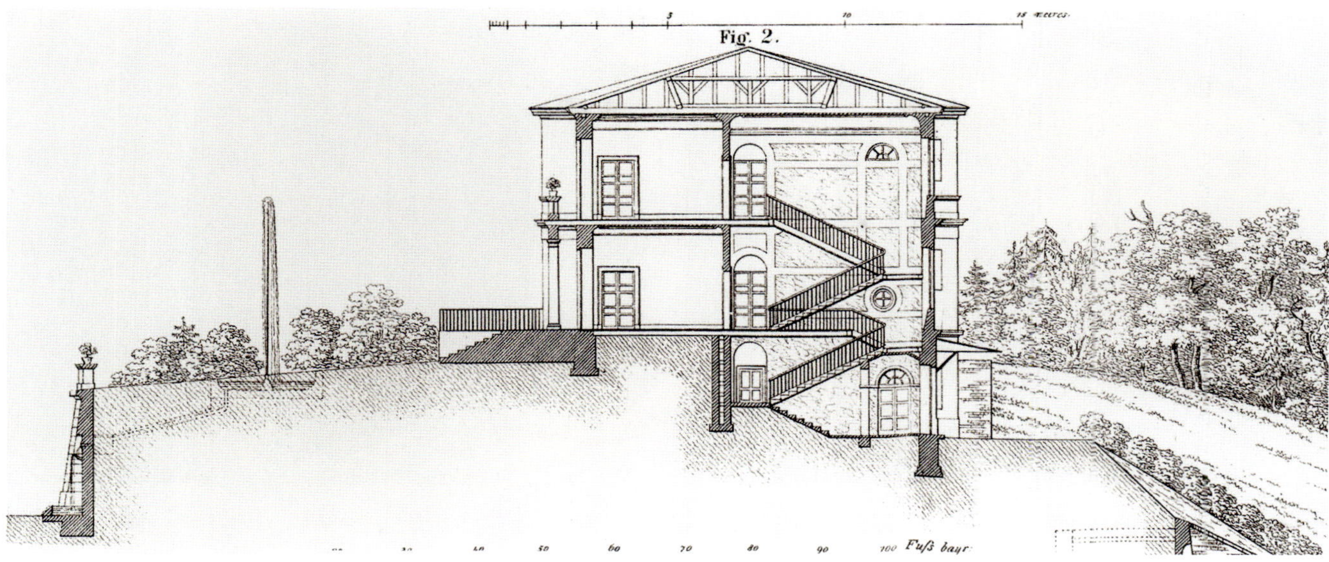

Abb. 20. F. X. Eichheim, Starnberg, Villa Almeida, Querschnitt, 1837 (aus: *Allgemeine Bauzeitung*, 1837, Tafel CXXXVI, Ausschnitt)

Nachweis erbracht, dass die Freiflächen mit zur ursprünglichen Konzeption der Villa gehört haben, einem Konzept des zonierten Landschaftsgartens mit fließenden Übergängen. Sie reichten von den die Villa auf Fernsicht freistellenden Grünflächen über den geometrischen Blumengarten bis hin zum Englischen Garten auf der Anhöhe, der nach Süden fließend in die benachbarte Waldzone übergeht.

Heute ist die östliche Freifläche stark reduziert, der Englische Garten im Süden verändert. Aber ein Teil der Freifläche im Osten, die in der Zeit um 1900 eine neue Fassung durch eine Baumreihe auf dem östlichen Parzellenrand erhielt, hat sich erhalten (Abb. 17, 18). Die Kartierung zeigt den als Gartendenkmal erfassten Bereich (Abb. 15).

Die fließenden Übergänge von der gestalteten Natur zur kultivierten Landschaft blieben ein Phänomen der Landschaftsgärten des 19. Jahrhunderts. Um dies zu illustrieren, sei ein Beispiel der Zeit um 1900 vorgestellt. Einer der gut erhaltenen und gepflegten Gärten am Starnberger See ist derjenige der Villa Siegle in Ammerland. Die Villa liegt direkt am Ostufer des Starnberger Sees und gehörte dem Stuttgarter Farbenindustriellen und Geheimrat Dr. Gustav von Siegle (Abb. 21). Die Baugeschichte der Villa ist komplex. Den Nukleus bildet ein kleines Landhaus, das 1879 erworben wurde und von Emanuel von Seidl in mehreren Schritten, 1884, 1892 und schließlich 1910 umgebaut und erweitert wurde.[19] Das späthistoristische Gebäude ist von Formen des Schweizer Landhausstils geprägt. Zur Villa gehört ein großer späthistoristischer Landschaftsgarten, der im Jahr 1910 mit einem Gartenpavillon und später 1929 mit einer Almhütte des 17. Jahrhunderts ausgestattet wurde (Abb. 22, 23). An der Uferzone sind zwei Bootshäuser mit malerischen Kleinsthäfen angelegt (Abb. 28). Die Wegeführung des Parks ist – für diese späte Entwicklungsphase typisch – deutlich an der Nützlichkeit orientiert und hat die Schleifenform reduziert, wie hier an einer Planzeichnung erkennbar (Abb. 24). Mehrere gärtnerisch oder architektonisch gerahmte Points de vue ermöglichen Blickperspektiven in den Garten, auf die Villa und aus dem Garten

16 *Allgemeine Bauzeitung*, 1837, S. 222.
17 *Allgemeine Bauzeitung*, 1837, S. 223.
18 Vgl. Staatsarchiv München, Kataster 21004-21010. Für die Archivalienrecherche danke ich sehr herzlich Herrn Lorenz Schröter, Bayerisches Landesamt für Denkmalpflege.
19 Vgl. Staatsarchiv München, Bpl. WOR 1910/247; Kunstmann 1993, S. 134 ff. und Schober 1998, S. 405 f.

Abb. 21. Ammerland, Villa Siegle (Foto: BLfD, Detlef Knipping)

Abb. 22. Ammerland, Villa Siegle, Pavillon (Foto: BLfD, Detlef Knipping)

Abb. 23. Ammerland, Villa Siegle, Almhütte (Foto: BLfD, Detlef Knipping)

auf den See (Abb. 29). Den Landschaftspark dominieren Varietäten von Solitärbäumen und Baumgruppen, vor allem Buchen, die sich nach Osten und Süden verdichten und nahtlos in einen reinen Nutzwald aus Buchen und Fichten fortsetzen (Abb. 26, 27). Da dieser Übergang, das sich Integrieren des Landschaftsgartens in die Landschaft, und die Verwendung des Nutzwaldes als dunkler, den Garten abschließender Hintergrund, konzeptionell bedeutend ist, sind in der Denkmalkartierung Teile des Nutzwaldes mit eingeschlossen worden (Abb. 25). Auch hier wird wieder deutlich, dass sich gestaltete und ungestaltete Bereiche einander bedingen. Selbst die ungestaltete Wiese oder der ungestaltete Nutzwald können Denkmaleigenschaft besitzen, wenn sie Teil eines gartenkünstlerischen Konzepts sind.

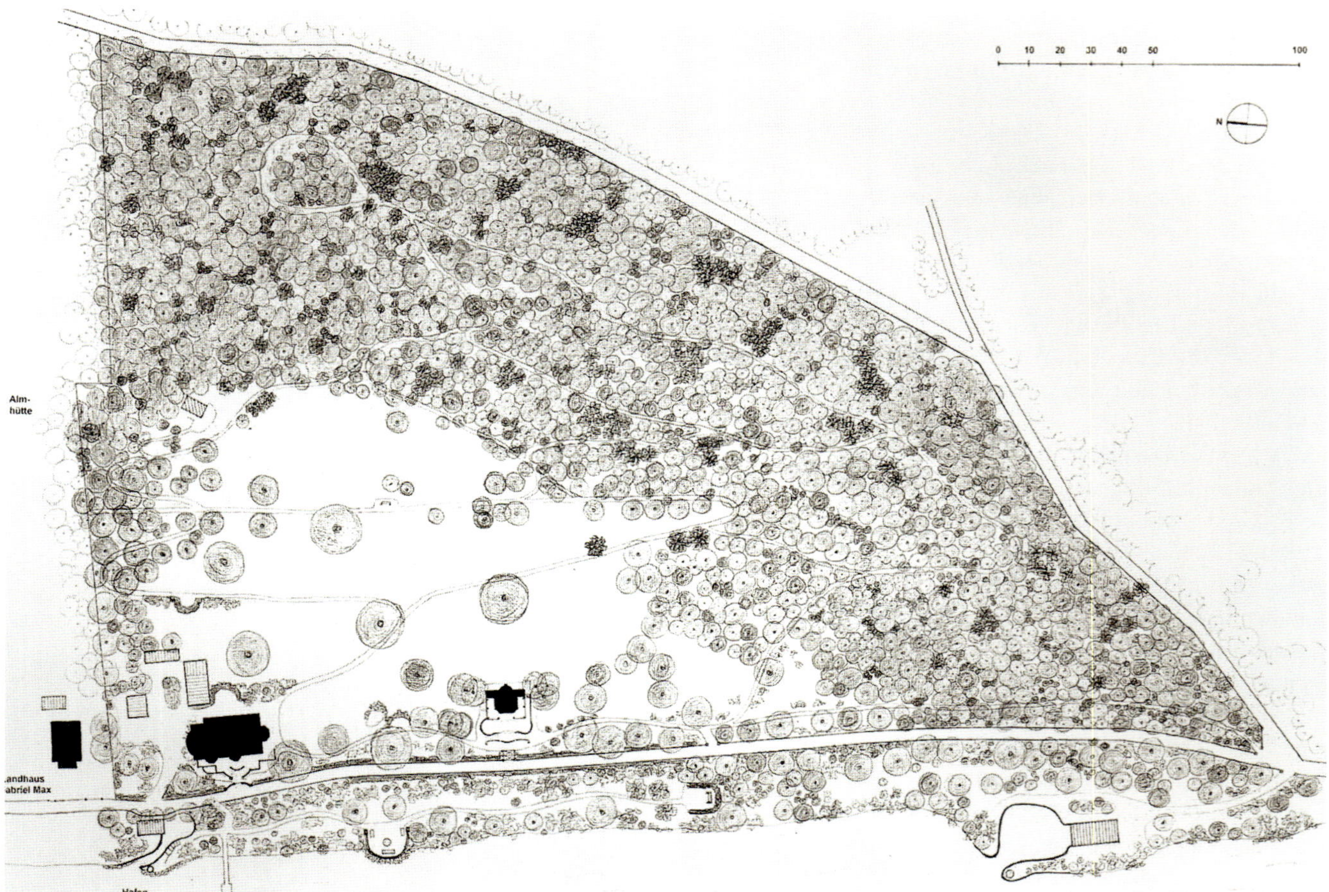

Abb. 24. Ammerland, Villa Siegle, Parkanlage, Planzeichnung (aus: Schober 1998, S. 406)

Abb. 25. Ammerland, Villa Siegle, Luftbild mit Denkmalkartierung (Auszug aus dem FIS, Stand: 04.05.2017, Geobasisdaten: Bayerische Vermessungsverwaltung 2019, Bearbeitung BLfD)

Abb. 26. Ammerland, Villa Siegle, Garten nach Norden (Foto: BLfD, Detlef Knipping)

Abb. 27. Ammerland, Villa Siegle, Garten nach Osten (Foto: BLfD, Detlef Knipping)

Abb. 28. Ammerland, Villa Siegle, Hafen (Foto: BLfD, Detlef Knipping)

Abb. 29. Ammerland, Villa Siegle, Point de vue (Foto: BLfD, Detlef Knipping)

Literatur

Bayerisches Denkmalschutzgesetz. Kommentar 2016 – *Bayerisches Denkmalschutzgesetz. Kommentar,* bearb. von Wolfgang Eberl, Dieter Martin, Jörg Spennemann, mit einer fachlichen Einführung von Michael Petzet, 7., überarbeitete und aktualisierte Auflage, Stuttgart 2016

Bayerisches Landesamt für Denkmalpflege 2017 – Bayerisches Landesamt für Denkmalpflege (Hrsg.): *Das Kommunale Denkmalkonzept*, München 2017 (Denkmalpflege Themen, Nr. 8)

Dalrymple um 1750 – Dalrymple, John: *An Essay on Landscape Gardening,* Manuskript um 1750, hrsg. von Bolton Corney, Greenwich 1823

Föringer 1845 – Föringer, Heinrich Konrad: *Der Würmsee und seine Uferorte. Eine historisch-topgraphische Skizze*, München 1845

Kunstmann 1993 – Kunstmann, Joanna Waltraud: *Emanuel von Seidl (1856–1919). Die Villen und Landhäuser*, München 1993

Mauer/Wolf 2003 – Mauer, Markus/Wolf, Markus: *Die Villa Waldberta in Feldafing. Pflege- und Entwicklungskonzeption für einen Landschaftsgarten der Jahrhundertwende*, Diplomarbeit FH Weihenstephan, Fachbereich Landschaftsarchitektur, 2003 (Manuskript)

Schober 1989 – Schober, Gerhard: *Landkreis Starnberg. Ensembles, Baudenkmäler archäologische Geländedenkmäler*, München/Zürich 1989 (Denkmäler in Bayern, Bd. I.21)

Schober 1998 – Schober, Gerhard: *Frühe Villen und Landhäuser am Starnberger See. Zur Erinnerung an eine Kulturlandschaft*, Waakirchen-Schaftlach 1998

Schober 2005 – Schober, Gerhard: *Schlösser im Fünfseenland. Bayerische Adelssitze rund um den Starnberger See und den Ammersee*, Waakirchen 2005

Schober 2012 – Schober, Gerhard: *Siedlungs- und Baugeschichte von Starnberg, Teil 1* (Starnberger Stadtgeschichte, hrsg. von Stadt Starnberg, Bd. 9,1), Starnberg 2012

Sckell 1818 – Sckell, Friedrich Ludwig von: *Beiträge zur bildenden Gartenkunst für angehende Gartenkünstler und Gartenliebhaber*, München 1818

Wimmer 1989 – Wimmer, Clemens Alexander: *Geschichte der Gartentheorie*, Darmstadt 1989

Wimmer 2014 – Wimmer, Clemens Alexander: *Lustwald, Beet und Rosenhügel. Geschichte der Pflanzenverwendung in der Gartenkunst*, Weimar 2014 (2. Auflage 2018)

Iris Lauterbach

Stadt, Land, Fluss: Private Gartenkultur und Villengärten in München, 1800–1930

Eine übergreifende Geschichte der Gartenkunst in der Stadt München ist noch zu schreiben. Das Augenmerk der Forschung lag bisher auf den Gärten des Hofes und dem öffentlichen Grün. Private Gärten hingegen fanden nur vereinzelt Beachtung.[1] Der folgende Beitrag versucht daher, einen Einblick in die Geschichte der privaten Münchner Gartenkultur am Beispiel der Villengärten im Zeitraum von 1800 bis 1930 zu geben. Mit Villa oder Landhaus ist hier das freistehende Wohnhaus von repräsentativem Anspruch gemeint, zu dem als wesentlicher Bestandteil ein Garten gehört. In der Gestaltung der Villengärten lässt sich oftmals der Wunsch einer Inszenierung von Elementen der städtischen und landschaftlichen Topografie – „Stadt, Land, Fluss" – erkennen.

Nicht nur am Starnberger See, auch in München wurden – und werden auch in jüngster Zeit – viele der historischen Anlagen selbst wegen der „größtmöglichen rentierlichen Ausnützung für Geschäftszwecke"[2] der Gewinnoptimierung im Immobiliengeschäft geopfert – eine Entwicklung, die bereits um 1900 von Jakob Heilmann und Hans Grässel beklagt wurde.

„Außer dem Nutzen auch eine belobenswürdige Zierde": Stadtbild und private Gärten

Seit dem 16. Jahrhundert zeichneten sich viele große deutsche Handelsstädte und Freie Reichsstädte durch eine hochentwickelte bürgerliche Gartenkultur aus: Breslau, Leipzig oder Hamburg ebenso wie Frankfurt, Augsburg oder Nürnberg. Nach dem Ende des Dreißigjährigen Krieges wurde Flora zur neuen lokalpatriotischen Identifikationsfigur, die eine erfolgreiche Stadtregierung und ein prosperierendes Gemeinwesen repräsentieren konnte. In der Residenzstadt München fanden vor allem die Hofgärten Bewunderung. Gartenhöfe nach italienischem Vorbild gehörten zum Residenzkomplex des

1 Siehe Rambaldi 1902; Siegmund 2015.
2 Grässel 1912, S. 445.

Abb. 1. Peter Jakob Horemans, das Sommerpalais des Johann Georg von Hörwarth zu Hohenberg vor dem Sendlingertor in München, Gemälde, 1749 (Münchner Stadtmuseum, Sammlung Graphik und Gemälde GM 43/57)

16. Jahrhunderts. Der Hofgarten lag am Rande der Stadt, zunächst östlich der Neuveste, und wurde im frühen 17. Jahrhundert auf das Geviert nördlich der unter Herzog Maximilian I. erneuerten und vergrößerten Residenz verlegt. Die Stadthäuser wohlhabender Bürger verfügten häufig über einen Hof, nur selten über einen größeren Garten wie das Radspieler-Haus.[3] Die begrenzten Flächen der barocken Bastionen und Ravelins wurden seit dem 18. Jahrhundert für die Anlage von Gärten genutzt.[4] Noch im 19. Jahrhundert lehnten sich in zwar klimatisch günstiger Situation, aber beengter Lage zahlreiche Glashäuser an die Stadtmauer.[5]

Wie in den meisten mitteleuropäischen Städten der Frühen Neuzeit stand auch in München der nötige Freiraum für die Anlage ansehnlicherer Gärten vor allem außerhalb der Befestigung zur Verfügung. Dort weisen die Münchner Stadtpläne – angefangen bei Tobias Volckmer (1613) – Hopfengärten und Krautäcker nach.[6] In den Kapiteln „Von den Vorstädten, Alleen, Gärten, und Spaziergängen" und „Von Grund und Boden um München" beschreibt Lorenz Westenrieder 1782 die durch „anmutige Baumalleen" erschlossenen „Vorstädte", in deren Wirtsgärten sich der Bürger nach dem Spaziergang an seinem Lieblingsgetränk – „Bier [ist] sein bester Trank" – laben konnte.[7] Westenrieder lobt die in den Jahrzehnten zuvor angelegten „Privat- und Küchengärten um die Stadt, [...] worinn außer dem Nutzen, auch für eine belobenswürdige Zierde gesorgt worden" sei.[8] Blickt man auf Peter Jakob Horemans' Ansichten des Sommerpalais und der Lust- und Nutzgärten des Johann Georg von Hörwarth zu Hohenberg im Festungsgelände, nahe dem Sendlingertor (1749) (Abb. 1),[9] so wachsen freilich Zweifel an Westenrieders idyllischer Gartenvision. Private Lustgärten, Obstanger und Gemüsebeete vor den Wallanlagen und in den Vorstädten waren durch meterhohe Zäune vor dem Einblick Neugieriger und vor Dieben geschützt. Die meisten Wege verliefen eng und eingekastelt zwischen Bretterzäunen. Erst nachdem der Reformer Benjamin Thompson (1753–1814), Graf Rumford, 1784 in bayerische Dienste eingetreten war, veranlasste er die Einebnung der Wallanlagen, mit denen auch die Zäune nach und nach verschwanden.[10] Die erste einheitlich geplante Siedlung jenseits der Festungswerke, seit 1797 als „Schönfeld" bezeichnet, entstand auf Rumfords Initiative nördlich des Hofgartens und säumte den Englischen Garten. Hinter niedrigen Wohnhäusern in offener Bauweise erstreckten sich Gärten von regelmäßigem Zuschnitt, vermutlich Nutzgärten ohne künstlerischen Anspruch, denn „zum Pittoresken" des Englischen Gartens trugen sie in keiner Weise bei.[11]

„[...] gewann selbst der Privat-Mann Liebe zur schönen Garten-Cultur": Private Gärten im frühen 19. Jahrhundert

Eine kategoriale Wende nicht nur in der höfischen und öffentlichen, sondern auch der privaten Münchner Gartenkultur ist auf Friedrich Ludwig von Sckell (1750–1823, 1808 geadelt) zurückzuführen.[12] Als Hofgärtner Kurfürst Karl Theodors seit den 1780er Jahren zunächst nur für ausgewählte Projekte in Bayern und München verantwortlich, war Sckell von 1804 an bayerischer Hofgartenintendant und übertrug, nach kurpfälzischem Vorbild, Ideen der Verschönerung von Stadt und Land durch die Gartenkunst auf München und Bayern. Als Hofgartenintendant und als Mitglied der Münchner Stadtplanungskommission prägte er die höfischen Anlagen und den in kurfürstlichem Auftrag entstandenen großen Volksgarten – den Englischen Garten – sowie die Stadterweiterungen im zweiten Jahrzehnt des 19. Jahrhunderts.[13] Sckells Lehrbuch „Beiträge zur bildenden Gartenkunst" (erste Auflage 1818, zweite, erweiterte Auflage 1825) geht über die Darstellung großer Schlossgärten weit hinaus und hebt die Bedeutung der öffentlichen und privaten Gärten für das Stadtbild hervor. Das an „angehende Gartenkünstler" gerichtete Buch enthält gut verständliche praktische Anweisungen und Anleitungen zur Pflanzenverwendung und trug damit zur Verbreitung und Förderung der Gartenkunst in der Bevölkerung bei.

Carl August Sckell (1793–1840), Neffe des älteren Sckell und seit 1823 sein Nachfolger im Amt des Hofgartenintendanten, fasste 1825 die Münchner Situation einige Jahrzehnte zuvor zusammen und kam zu einem anderen Schluss als Westenrieder: „Leider stund damals hier noch die Garten-Cultur auf einer sehr niedern Stufe; Klima, Boden und Lage schienen diese Hauptstadt, gegenwärtig die Bewunderung des Auslandes, zu einem ewigen Stillstande in der Garten-Cultur, bestimmt zu haben."[14] In einem Gutachten von 1801 über den Zustand und die Möglichkeiten der Gartenkunst in München trotz schlechter Voraussetzungen – „Klima, Boden und Lage" – habe sich Friedrich Ludwig Sckell auf die Gehölzverwendung in privaten Gärten berufen: „Bei seiner Wanderung um diese Hauptstadt fand er zufällig in einem Privatgärtchen einen schön blühenden Acazien-Baum (*Robinia Pseudo-acacia*), vielleicht der einzige damals in München. Sckell hielt diese Erscheinung als eine gute Vorbedeutung fest [...]."[15] Die gegen starke Schwankungen im Stadtklima vergleichsweise resistente Robinie wird im öffentlichen Münchner Stadtraum seither tatsächlich häufig verwendet.

Wie Carl August Sckell rückblickend feststellte, war das Bemühen um die Verbreitung des Wissens zur Gartenkunst und Pflanzenverwendung ein großes Verdienst seines Vorgängers: „Der wohlthätige Einfluß dieses Verfahrens äußerte sich bald auch im Privat-Leben. Es wurden Samen und Erzeugnisse an Privaten mitgetheilt, wodurch selbe nun allgemein geworden sind. [...] Bald ward die Hauptstadt Baierns nicht mehr von reitzlosen und leeren Auen und Wiesen umgeben; vom Beispiele des Monarchen angefeuert gewann selbst der Privat-Mann Liebe zur schönen Garten-Cultur."[16] Friedrich Ludwig von Sckell selbst betont: „Gärten sind daher allen Ständen unentbehrlich nöthig und nützlich. [...] Der Bürger preiset sich glücklich, wenn er seine Wohnung mit einem Gärtchen umringen und in seiner freundlichen Laube, von wohlriechendem Geisblatte überhängt, unter Rosen, die er selbst pflanzte, einige Stunden im Kreise der Seinigen durchleben kann."[17] Neben diesem biedermeierlichen Ideal des städtischen oder vorstädtischen Hausgartens als einem privaten Rückzugs- und Aufenthaltsort der Familie führt Sckell „Pflanzungen bei Landhäusern"[18] auf, die dem Städter den Genuss der schönen Natur ermöglichen sollen. In Sckells Generalplan für München (1812)

Abb. 2. Benntich, Kronprinzenpalais (Palais Törring) am Karolinenplatz, Gemälde, um 1835 (Stadtmuseum München, Sammlung Graphik und Gemälde, GM-P11238)

liegen die mit Gemüsebeeten oder landschaftlich gestalteten Gärtchen der neuen, frei stehenden „Landhäuser" auf dem ehemaligen Festungsgelände zwischen dem Karls- und dem Sendlinger Tor von der öffentlichen Promenade abgewandt auf der Rückseite der Gebäude. Die Nähe des Stadtbachs wäre für die Gärten, die „nach den wünschen und bedürfnißen, der Bewohner, angelegt werden" sollten, wichtig gewesen.[19]

Für die Maxvorstadt, das erste Stadterweiterungsprojekt nach der Niederlegung der Befestigung Münchens, wurden 1807 Bauregeln vorgegeben, also schon bevor Sckell 1808 als der wichtigste Planer dieses Projektes hervortrat. Straßenbaukommissar Dominikus von Schwaiger hatte für die erste das Terrain erschließende Straße, die Max-Joseph-Straße, Villenbauten in offener Bauweise gefordert sowie einen großzügigen Zuschnitt der Grundstücke, um die Anlage ansehnlicher Gärten zu ermöglichen. Vorgeschrieben waren Vorgärten gleicher Tiefe, entlang der Straße von filigranen Staketenzäunen eingefasst; die zuvor üblichen dichten Bretterzäune waren hier verboten. Der Blick auf die „Landhäuser" und ihre schönen Gärten sollte vom Stadtraum aus möglich sein – eine Vorgabe, die für viele spätere städtebauliche Projekte in München vorbildlich werden sollte.[20] Die von dem Architekten Carl von Fischer gemeinsam mit Sckell seit 1809 angelegte Siedlung behielt in Teilen bis ins frühe 20. Jahrhundert – in gewissen Bereichen noch heute – den Charakter einer Villen- und Gartenvorstadt (Abb. 2–7). Die Architektur der Villen war vom Grün der landschaftlich angelegten Gärten hinterfangen, die von der Straße her zumindest teilweise einzusehen waren. Die Interpretation der Maxvorstadt als Park mit Solitärbauten, die Schaffung eines durchgehenden städtischen Grünraums durch die Öffnung privater Gärten zu den öffentlichen Straßen und Alleen hin lässt sich letztlich als ein Erbe der von Paris ausgehenden urbanistischen Neuerungen des späten 18. Jahrhunderts interpretieren.[21]

1828 unternahm der englische Gartenkenner John Claudius Loudon (1783–1843) eine Reise in verschiedene deutsche Staaten, um sich über das Gartenwesen zu informieren. Die Aufzeichnungen seines Aufenthalts in Bayern publizierte er 1833 in der Zeitschrift „The Gardener's Magazine"

3 Das historische Gartengelände des Radspieler-Hauses in der Hackenstraße wurde 2014 durch den Einbau einer Tiefgarage beeinträchtigt.
4 Siehe Lehmbruch 1987; Mosbauer/Valentien 199[illegible]; Wanetschek 2005; Huber 2015.
5 Siehe Huber 2000, Abb. 13, 14.
6 Siehe Schiermeier 2003.
7 Westenrieder 1782, S. 38–49, Zitat S. 298.
8 Ebd., S. 48 f.
9 Weidner 2014, Kat. 4.1.
10 Lehmbruch 1987, S. 12 ff.; Weidner 2014, Kap. 11.
11 Siehe Lehmbruch 2002, Zitat S. 331; Bauer 1993.
12 Hallbaum 1927; Hannwacker 1992; Lauterbach 2002.
13 Lehmbruch 2002.
14 Sckell 1825, S. XII f.
15 Ebd., S. XIII; zur Robinie s. a. Weidner 2014, Kat. 6 2.
16 Sckell 1825, S. XIX.
17 Ebd., S. 213.
18 Ebd., Kap. XX.
19 Lehmbruch 2002, S. 345–354, Zitat S. 351, v. a. Abb. 26, S. 352 f.; s. a. Lehmbruch 1987, S. 268–299 über die Nutzung des ehemaligen Stadtmauergeländes.
20 Lehmbruch 2002. S. 333–342, hier S. 334; s. a. Abb. bei Köppelmann/Pedarnig 2016, passim.
21 Lauterbach 2002, S. 221–243.

Abb. 3. Maxvorstadt, Blick nach Norden, Luftbild 1930 (Stadtarchiv München, DE-1992-FS-HB-II-a-0106)

Abb. 4. Karolinenplatz gegen Westen, links Palais Lotzbeck, Foto 1890 (Stadtarchiv München, DE-1992-FS-NL-KV-0617)

Abb. 5. Nordseite der Brienner Straße gegen Westen, in der Mitte das Photoatelier Joseph Albert im Palais Métivier (1930–45 „Braunes Haus"), Foto wahrscheinlich Joseph Albert, 1874 (Stadtarchiv München, DE-1992-FS-NL-WEIN-0106)

Abb. 6. Palais Barlow („Braunes Haus"), Brienner Straße 45, von Norden, Foto Sommer 1930 (Library of Congress, Washington D.C.)

und befand: „*Landscape-gardening* is more encouraged in Bavaria than it is in any other state of Germany."[22] In München stand Loudon im Austausch unter anderen mit dem Hofgartenintendanten Carl August Sckell, dem Agrarreformer Joseph von Hazzi und dem Hofbankier Simon Aron Seligmann, Freiherr von Eichthal, den er aus London kannte. Beim Landhaus des Gartenliebhabers Eichthal in Ebersberg östlich Münchens hatte Carl August Sckell 1824 einen Landschaftsgarten geplant (Abb. 8). Sein ebenfalls landschaftlich gestalteter Münchner Garten in der Rumfordstraße umfasste mehrere Glashäuser und zeichnete sich durch die Kultur exquisiter Blumen und Pflanzen aus, für die in den 1860er Jahren ein Gärtner namens Schmitz zuständig war. Der angrenzende große „Anzuchtgarten" (Baumschule) mit weiteren Treibhäusern wurde im Zuge der Erweiterung der Isarvorstadt überbaut.[23] Noch 1905 äußerte Stadtgartendirektor Max Kolb rückblickend, „daß München zu Anfang des vergangenen Jahrhunderts, außer den Königlichen und Prinzlichen Gärten, nur zwei schöne Privatgärten und zwar: den von Maffei'schen in der Winterstraße, wo heute die Prinzregentenstraße angelegt ist, und den Baron von Eichthal-Garten besaß."[24]

„Niedliche Voralpe [...] in ihrem grünen Kleide": Sckells „Natur-Garten" für den Grafen Montgelas in Bogenhausen

Das Hochufer der Isar wurde schon länger als Ausflugsziel geschätzt.[25] So lobte Westenrieder den weiten Blick aus dem Osterwald-Garten vom Gasteig aus „über die Stadt, und alle Vorstädte und Kanäle und Gärten, unbeschreiblich manigfaltig, und unumschränkt".[26] Mit wenigen Ausnahmen mussten sich die meisten Gärten in oder bei München jedoch mit flachem Gelände begnügen, aus Loudons Sicht ein „natural disadvantage".[27] Die Einbeziehung und Gestaltung der Isaraue und des Isarhangs als malerische Szenerie des Landschaftsgartens ist auf Friedrich Ludwig von Sckell zurückzuführen. Ab 1805 ließ Maximilian Graf Montgelas auf dem östlichen Isarufer eine bestehende Anlage in zwei Phasen zum Landschaftsgarten umgestalten. Sckell entwarf die neuen Anlagen, die sich von der Hangkante des Isarhochufers bis hinunter ins Schwemmgebiet erstreckten. Sein Plan von 1813 ist nur in einer Umzeichnung Loudons erhalten (Abb. 9).[28] Kurz zuvor war im Zuge der Isar-Begradigung am östlichen Ufer ein Damm angelegt worden, der die Anlage schützte. Der Neubau eines Landhauses auf dem Hochufer war projektiert, wurde jedoch nicht verwirklicht.

Der „gräflich von Montgelas'sche Naturgarten zu Bogenhausen bei München" ist Gegenstand einer 1830 erschienenen Publikation von Alois Sterler: eine aufschlussreiche Quelle aus erster Hand zum Zustand des Münchner Gartenwesens wenige Jahre nach Friedrich Ludwig von Sckells Tod und mit detaillierter Aufzeichnung von Sckells Gehölz- und Pflanzenverwendung.[29] Der in königlichem Dienst stehende Botaniker Sterler hatte 1821 und 1826 die Pflanzenbestände in den Gewächshäusern des Nymphenburger Gartens in Publikationen beschrieben.[30] Auch in seinem Buch über den Garten des Grafen Montgelas liegt sein Hauptinteresse auf der ungewöhnlich umfangreichen und vielfältigen Sammlung seltener exotischer Gewächse, Obst- und Gemüsesorten, die vom Gärtner Seimel in Gewächshäusern gezogen und in verschiedenen Gartenbereichen kultiviert wurden. Die Anlage des Montgelas'schen Naturgartens löste eine schwierige Aufgabe: „[...] denn statt der ehemals hier in Bogenhausen bestandenen holperigen nakten Kieshügel und magern Weidengestrüppe, sieht nun an dem Gestade der reißenden Isar der überraschte Wandler lachende von sanften Bächen und reinlichen Wegen durchschnittene Auen; [...] kühlende Haine und malerische Gruppen heimischer sowohl, als nordamerikanischer Gehölze [laden] uns ein, sie mit freundlichem Blicke zu durchwandeln, und die Farbenpracht der Wohlgeruch athmenden Blüten, von

394 *Notes and Reflections during a Tour:* —

were it not for the description of material of which they are composed, they would be constantly washed down by the rains. So formed, they scarcely ever require either weeding or future repair.

The château of Baron Eichthal, at Ebersberg, is more remarkable for being the residence of a distinguished Bavarian patriot, who has introduced Scottish agriculture on his estate, than for its gardening. The situation, however, is of singular grandeur and beauty. The château is placed on an elevated platform, on one side of a basin, which has once been a lake, but which is now covered with fertile fields, and surrounded by hills, partially wooded, having one outlet by a valley, in the extreme distance of which is seen Hohenlinden, the site of the famous battle of that name. A plan (*fig.* 105.) for laying out a pleasure-ground in front of the château was formed, in 1824, by Charles Sckell; and, as it is instructive, as illustrating his manner, we shall submit it with its details: —

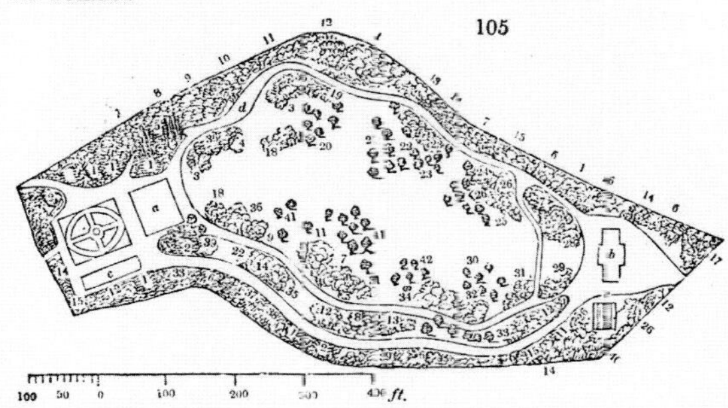

a, Dwelling-house. *b*, Stable offices. *c*, Orangery. *d*, Temple. *e*, Frames and pits.

The following numbers indicate the kinds, and the disposition, of the trees and shrubs: —

1, *Fráxinus* excélsior.
2, *A'cer* Pseùdo-*Plátanus*.
3, *Ròsa* centifòlia.
4, *Syringa* pérsica.
5, *Pópulus* itálica.
6, *Prùnus Pàdus*.
7, *A'cer Negúndo*.
8, *Pópulus* canadénsis.
9, *Spiræ'a opulifòlia*.
10, *Spiræ'a* crenàta.
11, *Syringa* vulgàris.
12, Robínia Pseùd-*Acàcia*.
13, *Pópulus* cándicans.
14, *Prùnus Mahàleb*.
15, *A'cer* dasycárpum.
16, *Æ'sculus* Hippocástanum.
17, *Pópulus* balsamífera.
18, *Ròsa* sempervìrens.
19, *Vibúrnum* ròseum.
20, Robínia inérmis.
21, Liriodéndron Tulipífera.
22, *Rhùs* Cótinus.
23, *Céltis* occidentàlis.
24, *Pỳrus* spectábilis.
25, Lonícera cærùlea.
26, Lonícera tatárica.
27, *Syringa* vulgàris flòre rùbro.
28, *Syringa* chinénsis.
29, Robínia viscòsa.
30, *Catálpa syringæfòlia*.
31, *Córnus* álba.
32, *Cratæ'gus Oxyacántha* fl. rùbro.
33, *Jùglans* cinèrea.
34, *Cýtisus Labúrnum*.
35, *Rùbus* odoràtus.
36, *Spiræ'a hypericifòlia*.
37, *U'lmus* campéstris.
38, *A'lnus* glutinòsa.
39, *A'cer platanöìdes*.
40, *Philadélphus* coronàrius.
41, *Plátanus* occidentàlis.
42, *Pópulus* álba.

The garden and grounds of Count Monteglas, at Bogenhausen, near Munich (*fig.* 106.), are partly situated on a

Abb. 8. Ebersberg, Garten des Freiherrn von Eichthal, Entwurf von Carl August Sckell, 1824 (Loudon 1833, S. 394)

Abb. 7. Garten der Frau von Barth, Karlstraße 32, Foto Georg Pettendorfer, um 1905 (Stadtarchiv München, DE-1992-FS-NL-PETT1-1541)

22 Loudon 1833, S. 385.

23 Siehe die Pläne des Eichthal-Gartens bei Wenng 1850; *Bericht über die Thätigkeit der bayerischen Gartenbau-Gesellschaft im Jahre 1863*, S. 15 f.

24 *Jahres-Bericht der Bayerischen Gartenbau-Gesellschaft* 1905, S. 47–49.

25 Zur Isar in München s. Rädlinger 2012.

26 Westenrieder 1782, S. 43.

27 Loudon 1833, S. 387. – Der Schwaiger-Garten an der Schleißheimer Straße verfügte über einen Aussichtshügel, s. Siegmund 2015, S. 93–97.

28 Sterler 1830 enthält keinen Gartenplan. Der von Loudon 1828 kopierte und 1833 publizierte Plan dürfte den von Dionysius Zischl gezeichneten Plan Sckells wiedergeben. Eine signifikante Ungenauigkeit ist zu vermerken: Ziffer d bezeichnet nicht „the river Iser", sondern den Verlauf der heutigen Montgelasstraße.

29 Sterler 1830; Gegner 2010; Rädlinger 2012, S. 75–77; Bäumler 2013; Siegmund 2015, S. 86–89, 105–112.

30 Sterler 1821/1826.

singenden Vögeln umkreiset, gießt der Empfindungen sanfteste in die Brust des gebildeten Menschen."[31]

Eine „niedliche Voralpe [...] in ihrem grünen Kleide"[32], begann dieser erste Münchner Landschaftsgarten östlich der Isar etwa auf der Höhe der Schwaige im Hirschanger und erstreckte sich im Herzogpark und entlang dem Brunnbach weiter nach Norden Richtung Oberföhring. Der von Loudon publizierte Plan Sckells zeigt einen in geruhsamen Schwüngen verlaufenden Belt Walk, dichtere Gestaltung der Isaraue mit Clumps sowie zu Füßen des Hanges, zwischen Weiher und Bachlauf, eines seiner charakteristischen Wiesentäler. Vom oberen Teil der Anlage aus boten sich Ausblicke auf die Münchner Stadtsilhouette und auf die „schöne Naturscene, welche der mit den hiesigen Anlagen zu einem erhabenen Ganzen zerschmelzende englische Garten von München, mit seinen imposanten Baummassen gewährt, die in majestätischer Pracht ihre mächtigen Wipfel bewegen."[33]

Als Panorama und als ästhetisches Dispositiv zum Erleben von Stadt und Land inszenierte Sckell die höhergelegenen Partien des Montgelas'schen Naturgartens mit ihren Blicken auf die Stadtsilhouette und die „lachende Gegend" der Isarlandschaft bis hin zur Kette der Alpengipfel (Abb. 10). „Die früher bewunderten einzelnen Ansichten und Partien verschmelzen hier in ein neues großes Bild, das außer dem Stromgebiete der Isar in einer Ausdehnung von mehreren Stunden nach Norden und Westen viele freundliche Dorfschaften aufnimmt, und von waldigten Anhöhen begrenzt wird."[34] Sterler beschreibt dies als „herrliches Tableau" und als Landschaftspanorama „im großen Halbkreise". Als Gestalter idealer Naturbilder und zugleich „Entdecker der oberbayerischen Landschaft" arbeitete Sckell hier ähnlich wie Johann Georg von Dillis. Um 1810 entstand nach Entwurf Carl von Fischers in dem ebenfalls von Sckell gestalteten Biedersteiner Garten von Königin Caroline auf einem künstlich konstruierten Hügel ein Tempel als Belvedere für die Fernsicht: Sicherlich ein Vorbild für den 1837, unter Gartendirektor Carl August Sckell, im Englischen Garten nach Entwurf Leo von Klenzes errichteten Monopteros. Dieser ist als Point de vue im ersten großen Gartentableau und als Belvedere mit Blick auf die Stadtkulisse inszeniert.[35]

Sckells künstlerische Umformung des Isartals und des Hochufers zum Landschaftsgarten hat in der Münchner Stadt- und Grünplanung eine nachhaltige Wirkungsgeschichte. Von ihr ließ sich 1854 Peter Joseph Lenné offensichtlich dazu anregen, in seinem „Schmuck- und Grenzzüge-Plan" für München das östliche Flussufer zwischen Bogenhausen und Gasteig als ein Parkband vorzusehen.[36] Sckells Münchner „Voralpe" am Bogenhausener Isarufer lässt sich in gestalterischer und konzeptueller Hinsicht auch als Vorläufer der mit dem grandiosen Blick auf das malerische Seeufer und die Alpenkette prunkenden Villengärten am Würmsee (Starnberger See) verstehen. Nach 1809 hatte Friedrich Ludwig von Sckell den Schlossgarten von Berg angelegt und betont, wie wichtig ihm die Inszenierung der Blicke auf See und Alpen war: „Schwerlich wird ein Garten in Teutschland ein so interessantes Bild aufweisen können, welches die Natur gab, und wozu Kunst Vordergründe bildete, die Wege schuf, und diese zu jenen Stellen hinleitete, wo sich diese große Natur, dieser meilenlange Wasserspiegel begränzt von hohen Alpengebürgen, in einem malerischen Licht zeiget."[37] Loudon pries diese von Carl August Sckell weiterentwickelte Gartenanlage als „very picturesque."[38] Den vorhandenen Bestand an Birken, Hainbuchen, Fichten und Tannen hatte Friedrich Ludwig von Sckell um ausländische, exotische Gehölze erheblich erweitert, um eine Abgrenzung gegenüber der Waldlandschaft zu erzielen. Auch im Wegebau war Sckell innovativ und erzielte mit Kalktuff stabile Wege selbst an den steilen Hängen des Seeufers.[39]

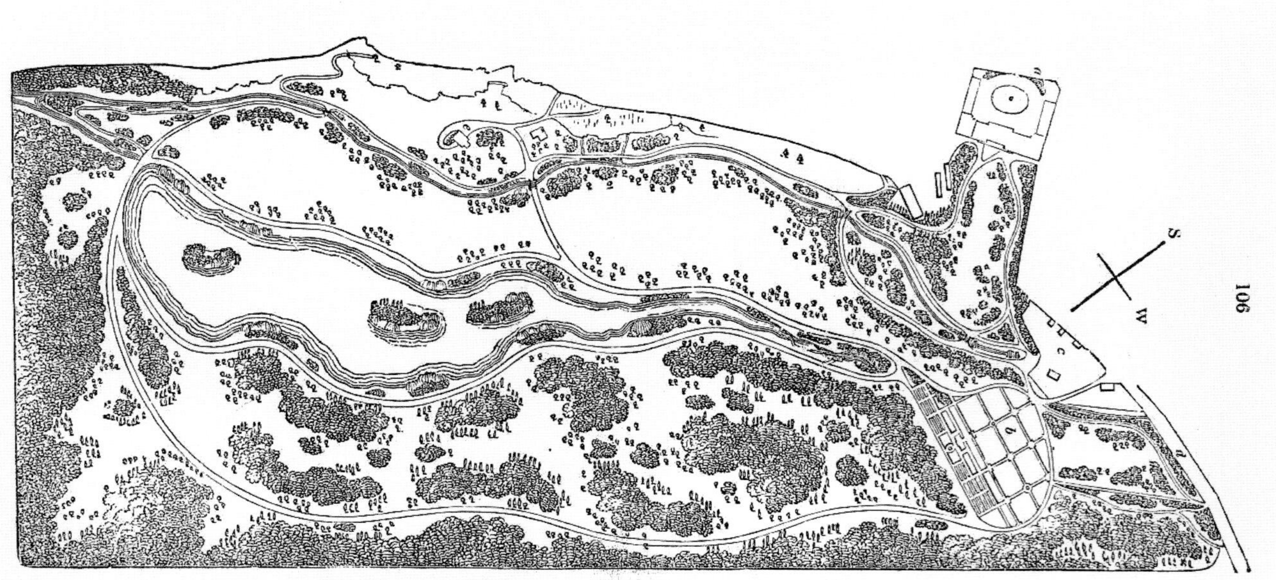

Abb. 9. Garten des Grafen Montgelas, 1828 (Loudon 1833, S. 106)

Abb. 10. Ernst Kaiser, Blick von Oberföhring auf München, Gemälde, 1835/40 (Städtische Galerie im Lenbachhaus, München, G 10451, aus: Rädlinger 2012, S. 10)

Städtische Institutionen und private Initiativen

Mit der Berufung Leo von Klenzes in die Münchner Baukommission 1816 wurde Sckells Vision der als „Zwilling des Stadtbaus" verstandenen Grünplanung in München, die öffentliche und private Gärten als „Projekte zum Nutzen der Einwohnerschaft auch im Sinne eines sozialen Miteinanders aller Stände" einbezog, als urbanistisches Leitbild abgelöst.[40] Schon Loudon urteilte zu Ludwig I. städtebaulichen Vorstellungen unmissverständlich, dieser interessiere sich hauptsächlich für Architektur: „Louis I. [...] is much more attached to building than to any other description of improvement."[41] Erst nach dem Regierungsantritt Maximilians II. 1848 fand die Gartenkunst als Bestandteil der Münchner Stadtplanung erneut Beachtung.[42] Dass Münchens Vorstädte bereits um 1850 zahlreiche Gärten umfassten, zeigen exemplarisch Gustav Wenngs Stadtpläne aus den Jahren 1849 bis 1851.

Eine gezielte Förderung der Gartenkultur ging zunehmend auch von städtischer und privater Initiative aus. 1839 gründete der Münchner Magistrat mit der Ernennung eines Stadtgärtners die Stadtgärtnerei, eine der frühesten ihrer Art in Deutschland.[43] Oberbürgermeister Jakob von Bauer (1787–1854) unterstützte mit der Gestaltung der südlichen Isarauen als Spaziergang – den späteren Flaucheranlagen – den Ausbau der Isarufer als Erholungsraum vor allem der südlichen Stadtteile.[44] Er war sich hierin mit Kronprinz Maximilian einig, der bereits 1830 einen durchgängigen Grünbereich entlang der Isar gefordert hatte, noch bevor Lenné 1854 seine Planung für die Gestaltung des östlichen Isarhangs vorlegte.[45] Mit der Berufung des Gärtners Max Kolb (1829–1915) zum Leiter des Botanischen Gartens 1859 und ein Jahrzehnt später, 1869, zum Leiter der städtischen Anlagen wurde ein hochqualifizierter Pflanzenkenner, Experte für die Kultur exotischer Gewächse und für Treibhäuser, versierter Gartenkünstler und fähiger Organisator gewonnen.[46] Max Kolb hatte nach einer Ausbildung in Sanssouci und Berlin ab 1853 in Paris

31 Sterler 1830, S. 1.
32 Ebd., S. 12.
33 Ebd., S. 16.
34 Ebd., S. 27 und 24.
35 Vgl. Weidner 2014, S. 195–233. – Zum Biedersteiner Park, der hier nicht behandelt werden kann, s. Dombart 1965.
36 Siehe Bäumler 2005.
37 Sckell 1811, zit. nach Hannwacker 1992, S. 98.
38 Loudon 1933, S. 393.
39 Ebd.
40 Lehmbruch 2002, S. 383 f.
41 Loudon 1833, S. 385 f.
42 Siehe Wanetschek 2005.
43 Siehe Mosbauer/Valentien 1991; Rädlinger 2014.
44 Siehe Rädlinger 2012, S. 38–91; *175 Jahre Flaucheranlagen* 2014.
45 Siehe Wanetschek 2005, S. 189–201; Bäumler 2005, S. 221–224.
46 Kolb 1909 und 1911; Mosbauer/Valentien 1991, S. 242; Wolf 1996.

gearbeitet und dort als „jardinier principal" unter der Leitung des Ingenieurs Jean-Charles-Adolphe Alphand (1817–91) an Haussmanns Umgestaltung der französischen Hauptstadt mitgewirkt. Nicht nur kraft seiner institutionellen Positionen, sondern auch als Anreger und Organisator sowie als Herausgeber und Autor zahlreicher Fachbeiträge war Kolb einer der wichtigsten Protagonisten und Förderer der Münchner Gartenkunst bis zu seinem Tod 1915 in hohem Alter.

„Ein Kranz freundlicher Wohnsitze [...] im neuen Stadtpark": Carl Effners Entwurf für einen Stadtpark auf der Theresienwiese (1874)

Unter den königlichen Hofgärtnern der zweiten Hälfte des 19. Jahrhunderts ragt Carl von Effner (1831–84, 1877 geadelt) hervor. Nach der Ausbildung – vor allem in Berlin und Potsdam bei Peter Joseph Lenné und Gustav Meyer – war der Sohn des gleichnamigen bayerischen Hofgärtners ab 1854 ebenfalls im königlichen Dienst tätig, ab 1857 als königlicher Hofgärtner. Sowohl am Starnberger See (Park Feldafing) als auch in München gestaltete er im königlichen Auftrag bedeutende öffentliche Anlagen (Maximilianstraße, Maximilians- und Gasteiganlagen).[47] Er avancierte auch zum „gefragtesten Villengartenarchitekten in Bayern".[48] Zahlreiche Vertreter des Industrieadels und Großbeamtentums beauftragten ihn mit der Anlage oder Verschönerung ihrer Landhäuser, viele von ihnen am Starnberger See. Der von Lenné und Meyer entwickelte „gemischte Stil" und besonders der seit 1846 als königlicher Privatgarten angelegte Marly-Garten in Potsdam wurden zum gestalterischen Vorbild vieler Villengärten Effners.

Eine 1872 geäußerte Anregung von Stadtbaurat Arnold Zenetti (1824–91) aufgreifend befasste sich Effner auch mit dem Entwurf eines Stadtparks auf dem Gelände der Theresienwiese.[49] Für sein Konzept führte Effner Argumente der Stadthygiene und der Ästhetik an, die auch für die angrenzenden privaten Villen vorteilhaft wären: „[...] sowohl in sanitärer Beziehung [...] als in Rücksicht darauf, daß hierdurch dem Privatmann Gelegenheit geboten ist, sich in gesunder, freier Lage und reizender Umgebung heimisch niederzulassen, ohne befürchten zu müssen, daß über kurz oder lang durch andere Bauten ihm der Genuß der frischen Luft und der Anblick der freien Natur verkümmert wird, [...] daß Jung und Alt Erholungsplätze, unbelästigt vom Staube, dem Geräusche und der dunstigen Atmosphäre einer großen Stadt geboten werden".[50] Mit einer Erläuterung versehen, legte Effner dem Münchner Magistrat am 9. Oktober 1874 seine „Skizze zu einem Stadtpark umgeben mit einem Villen-Gürtel auf der Theresienwiese und der angrenzenden Höhe" vor (Abb. 11). Der „Villen-Gürtel" mit einigen größeren Gartengrundstücken sollte auf der Theresienhöhe an den bereits existierenden Bavariahain hinter der Ruhmeshalle anschließen, der Höhe so „ein dauerndes landschaftliches Kleid" geben und die Ruhmeshalle „vor dem Erstickungstode durch Zins- und Mietkasernen" schützen.[51]

Eingehend äußert sich Effner über die geplante Villensiedlung, ihre Gärten und vor allem ihr Verhältnis zum öffentlichen Stadtraum und zum Park. „Am Saum dieser Pflanzungen mögen dann inmitten landschaftlich dekorierter Gärten schöne Villen aufsproßen und als ein Kranz freundlicher Wohnsitze [...] im neuen Stadtpark entwickeln." Weder Mietshäuser noch Gewerbebetriebe, nur sogenannte „Familienhäuser" sollten hier entstehen. Als „englisches Bausystem" ist eine „Gruppe von Familien-Häusern um einen gemeinsamen Garten" (vgl. Abb. 11, Buchstabe m) gekennzeichnet. Architektonisch seien der „Typ der italienischen Villa mit dem Balustradendache, der Loggia im Renaissance-Style [...]. Gemauerte Terrassen und Freitreppen" zu bevorzugen. Der „feinen malerischen Wirkung willen" sei die Gruppierung mehrerer pavillonartiger Villen im Parkgebiet attraktiv. Im südöstlichen Bereich schloss an das von einer Pferderennbahn eingefasste Festwiesengelände eine größere landschaftliche Partie im Stil eines Sckellschen Wiesentals an. Der umlaufende Kranz von Villen weist unterschiedlich zugeschnittene und dimensionierte Gärten auf: „Die Gärten, welche die Villen umgeben, müßen Ziergärten sein (landschaftliche und architektonische) mit dekorativem Beiwerk von Figuren, Vasen, Bassins, etc. und in richtige Verbindung mit den Gehölzpartien des Parks gebracht werden. Die Pflanzung hat derart angeordnet zu werden, daß wenigstens in einer Richtung eine Strecke weit, ein Nachbar dem anderen die Aussicht nicht durch hohe Bäume verpflanzen darf." Es zeichnet Effners Planung aus, dass er großstadttaugliche Regeln zur Entschärfung nachbarschaftlicher Konflikte vorsah. Die Villengärten sollten durch einen zwei Meter hohen Eisengitterzaun über einem 20 Zentimeter hohen Granitsockel voneinander, von den Straßen und von der öffentlichen Parkanlage getrennt werden, so „daß die durchlaufenden Linien je eines Straßengebietes [...] keine Unterschiede bei dem Wechsel der Besitzgränzen zeigen."

Effners „Skizze" überlagert einen älteren Stadtplan und führt so die Situation und infrastrukturelle Anbindung des Stadtparks deutlich vor Augen. Darüber hinaus werden so die spektakuläre Dimension und das urbanistische Potential des Projektes deutlich. Anders als in den Maximilians- und Gasteiganlagen am Isarhochufer, das der königliche Hofgärtner mit den Mitteln der Gartenkunst als eine landschaftliche Kulisse des Stadtbildes gestaltete, bezog er auf der Theresienwiese verschiedene Typen der Wohnbebauung als Villensiedlungen programmatisch in die Parkplanung ein. Effner nahm die wohlhabenden Villenbesitzer in die Pflicht, durch die vorgeschriebene Öffnung ihrer privaten Gärten zur stadthygienischen und ästhetischen Funktion des Parks beizutragen. Mit seinem ambitionierten Projekt sollte München einen zweiten großen öffentlichen Park erhalten – nach dem Englischen Garten – und zugleich eine zweite Villen- und Gartenvorstadt – nach der Maxvorstadt. Indem das hier geplante neue Stadtviertel von vornherein als ein regelrechter landschaftlicher Park konzipiert wurde, ging Effner über das Gartenstadtkonzept der Maxvorstadt jedoch weit hinaus. Effners Erläuterungen machen deutlich, dass er sich – wie auch Zenetti und Kolb – intensiv mit der Pariser Stadtentwicklung im Second Empire befasst hatte und die Modernisierung der französischen Hauptstadt und ihrer Infrastruktur auf München zu übertragen beabsichtigte.

Abb. 11. Carl Effner, „Skizze zu einem Stadtpark umgeben mit einem Villengürtel auf der Theresienwiese und der angrenzenden Höhe", 1874, Norden ist rechts (Stadtarchiv München, Städtischer Grundbesitz, 681)

Der Magistrat der Stadt nahm Effners Entwurf zunächst außerordentlich positiv auf: „Die Anlage verspreche im Ganzen so schön und großartig zu werden daß nach ihrer Ausführung München wahrscheinlich von allen andern Städten darum beneidet werde. [...] Vom gesundheitlichen Standpunkte aus könne kaum etwas Zweckmässigeres gedacht werden als der Stadtpark; denn wenn er nicht zur Ausführung gelange werde die Ueberbauung der Theresienwiese in ähnlicher Weise wie es in der Max-Vorstadt der Fall ist nicht lange fernzuhalten sein. [...] Um die Fremden anzuziehen bedürfe München nichts als eine Besserung seines gesundheitlichen Rufes. Dazu aber werde durch einen Stadtpark am allermeisten beigetragen werden."[52] Nach einer lebhaften öffentlichen Diskussion zwischen den Befürwortern des großzügigen Parkprojektes und privaten Grundstücksbesitzern, die um ihre Rendite fürchteten, wurde Effners Parkprojekt beerdigt. Auch Konkurrenzplanungen von Georg Hauberrisser (1879) blieben unberücksichtigt.[53] 1882 kam ein Entwurf August von Voits für das Wiesenviertel zur Ausführung, der mehrheitlich Straßenrandbebauung mit Wohnhäusern und Gartengrundstücken vorsah, nicht mehr einen Stadtpark. Effners städtebauliche Vision für die Gestaltung dieses riesigen Erschließungsraums im Westen der Stadt als grüne Lunge der Metropole versank damit im Archiv.

47 Stephan 1998; Zimmermann 1903; Rhotert 1994; Wanetschek 2005.

48 Stephan 1998, S. 353.

49 Manfred Stephan (Bayerische Verwaltung der staatlichen Schlösser, Gärten und Seen, Gartendirektion) sei für freundliche Hinweise gedankt. – Siehe allg. Fisch 1988, S. 174–180.

50 Bericht des Oberbayerischen Architekten- und Ingenieurvereins an den Magistrat der Stadt München über einen Vortrag Effners vom 12.2.1874, zit. bei Wanetschek 2005, S. 202.

51 Dieses und die folgenden Zitate nach: Carl Effner, Einige Bemerkungen zu dem Entwurfe für einen Stadtpark auf der Theresienwiese, 9.10.1897, Stadtarchiv München, Städtischer Grundbesitz 681, unpag.

52 Stadtarchiv München: Münchner Stadtchronik 1874, S. 1223: Sitzung des Magistrats vom 16. Oktober 1874.

53 Wanetschek 2005, S. 203, obere Abb. (die Bildunterschriften bei Wanetschek, S. 203 sind vertauscht).

„Kunstgärtnerisch, vielleicht nach einem einheitlichen System": Jakob Heilmann und die Gärten der Münchner Villenkolonien um 1900

Die Geschichte der Münchner Villenkolonien des späten 19. und frühen 20. Jahrhunderts – Gern, Pasing, Laim, Herzogpark, Bogenhausen und andere – wurde verschiedentlich untersucht, die Gestaltung der Villengärten stand bisher aber nicht im Vordergrund.[54] Dabei waren die Gartenanlagen als „Sauerstoff ausathmende[n] Anlagen"[55] ein Mittel zum Zweck, um die Lebensbedingungen in der für ihr schlechtes Stadtklima geradezu verrufenen Stadt München zu verbessern. Dies betonte schon Carl Effner in den Erläuterungen zu seinem Stadtparkprojekt (1874). In seiner Schrift „München in seiner baulichen Entwicklung" (1881) entwickelte auch der Architekt und Investor Jakob Heilmann (1846–1927) für größere Bereiche der bayerischen Landeshauptstadt eine bemerkenswert „grüne" städtebauliche Vision.[56] Er kritisierte das Scheitern der Planungen Effners für eine neue Gartenvorstadt bei der Theresienwiese. Der Magistrat sei an Flächenversiegelung und Gewinnoptimierung mehr interessiert als an einer Stadtverschönerung und Verbesserung des Stadtklimas. Nur mittels Bauvorschriften sei es möglich, München mit neuen Gartenvorstädten zu beglücken: „[...] breite, bequeme Straßen mit schattigen Baumreihen, Vorgärten, welche nicht nur eine Kiesfläche bilden oder einige derselben entsprießende kümmerliche Gräser und Blumen enthalten dürfen, sondern *kunstgärtnerisch, vielleicht nach einem einheitlichen System unter städtischer Aufsicht, angelegt und unterhalten werden müssen, dahinter freundliche, geschmack- und stylvolle Bauten* [...]."[57] „*Vorgärten von nicht unter 5 m. Breite wenigstens auf der einen (Sonnen-) Seite der Straße*" sollten obligatorisch werden, die Zwischenräume zwischen den in offener Pavillonbauweise errichteten Wohnhäusern sollten „*kunstgärtnerisch bepflanzt* [...] *und unterhalten werden*".[58] Um der Stadt, die nicht beabsichtigte, einen neuen Stadtpark zu finanzieren und dafür Gelände herzugeben, sein Konzept schmackhaft zu machen, betonte Heilmann „noch die weitere Annehmlichkeit, *nicht weniger bepflanzte Fläche zu besitzen, als eine zusammenhängende Parkanlage* und – was sehr wesentlich ist – die Kosten der Anlage und Unterhaltung hätten die Hausbesitzer zu tragen, und nicht die Stadt.[59] Das in den Alleen promenierende Publikum würde an dem abwechslungsreichen Anblick der wohlgepflegten Privatgärten mindestens ebensoviel Vergnügen finden, als an einer zusammenhängenden Anlage, deren Pflanzungen ja auch nicht betreten werden dürfen."[60] Durchgrünung und damit Sanierung der Stadt auf Kosten der privaten Villenbesitzer: Heilmann griff damit auf die Gartenstadtidee zurück, wie Sckell sie zu Beginn des Jahrhunderts für die Maxvorstadt entwickelt und Effner 1874 aufgegriffen hatte.

Ein weiteres Argument Heilmanns, das auch von anderen Autoren im späten 19. Jahrhundert explizit vorgebracht wurde, war gesundheitlicher und zugleich soziologischer Art: Wenn die Grünanlagen bei den Wohnhäusern entsprechend gestaltet seien, verringere sich der Drang zum Biergartenbesuch. Statt sich dort unkontrolliertem Alkoholismus hinzugeben, werde der Familienvater zum maßvollen Genuss im heimischen Garten unter den Augen der Gattin motiviert und damit in ein geordnetes Familienleben zurückgeführt. Die Förderung von Haus- und Villengärten zur Bekämpfung des Alkoholismus und der daraus folgenden sozialen Zerrüttung griff in der Stadtplanung ein zeittypisches Anliegen auf. Es handelt sich um ein großstädtisches Thema, und es ist fraglich, ob es für die außerhalb liegenden Villenkolonien ebenso relevant war wie in größerer Nähe zur Stadt und ihren Versuchungen.

Sowohl für München als auch für seine Umgebung – etwa die Ufer des Starnberger Sees und Feldafing, wo Heilmann ab 1897 größere Grundstücke erwarb – hatte die städtebauliche Vision des privaten Investors Konsequenzen. 1891/92 wurde erneut ein Wettbewerb zur Erlangung eines Gesamtplans für den städtischen Großraum Münchens ausgeschrieben. Anders als im frühen 19. Jahrhundert lag der Schwerpunkt nun auf dem Verkehrskonzept und der Infrastruktur.[61] Aus dem Wettbewerb ging 1893 das Münchner Stadtplanungsbüro hervor, dem bis 1901 Theodor Fischer vorstand. Der auf der Grundlage des Wettbewerbs konzipierte und 1904 ergänzte Münchner Staffelbauplan gab Baulinien vor. Wenn auch die Vorschrift der offenen Bauweise für Münchens Außenbereiche schnell Kritik hervorrief, wie Bauamtmann August Blössner 1918 rückblickend auf „25 Jahre Münchner Stadterweiterung" ausführte, so ermöglichte sie doch 1910 die „Einführung einer ‚rückwärtigen Bebauungsgrenze' [...]. Damit ist es nun möglich geworden, die Anwesen auch im Innern, in den Gärten und Höfen, gegenseitig vor unschönen Bebauungen zu schützen; gut lüftbare Höfe entstehen und zusammenhängende Gärten sichern gute Bepflanzungen."[62]

„In hygienischer Beziehung vorbildlich": Hans Buchners „Gutachten zur Wohnungsfrage" (1899)

Nach der Typhus- und Cholera-Epidemie von 1873 traten im Münchner Städtebau hygienische und gesundheitliche Kriterien in den Vordergrund, ausgehend von den Erkenntnissen Max von Pettenkofers über die Auswirkungen der Boden- und Wasserqualität und der Wohnungsumstände auf die Gesundheit der Stadtbevölkerung.[63] Wie oben erwähnt griffen zum Beispiel Effner (1874) und Heilmann (1881) mit ihren Vorschlägen auf die gar nicht einmal so neuen Überlegungen zur urbanen Seuchenprophylaxe durch die Anlage von Gärten zurück. Bereits in den Leitlinien von 1810 für den „Generalplan" zur Weiterentwicklung Münchens wurde die Anlage von Gärten gefordert, „welche durch Ausdünstung der Erde, der aromatischen Kräuter und des Blüthenduftes zur Luftverbesserung wesentlich beitragen"[64] – eine Erkenntnis, die in Zeiten extremer Feinstaubbelastung in den Großstädten nichts von ihrer Aktualität verloren hat.

Hans Buchner (1850–1902), eine Koryphäe auf dem wissenschaftlichen Gebiet der Hygiene und 1894 zum Nachfolger Max von Pettenkofers als Vorsteher des Hygienischen Instituts der Universität München berufen, war 1898 Gründungsmitglied des in Frankfurt am Main gegründeten „Vereins Reichswohngesetz". Zu dessen Zielen zählten eine „durchgreifende Verbesserung und Verbilligung der Wohnungen der ärmeren Classen bis hinauf in den Mittelstand, [...] erhöhte Zufuhr von Luft und Licht, weiträumigere Bebauung der Städte, namentlich der neu entstehenden Vorstädte u.s.w.".[65] „Um auf die Verhältnisse in München, welche in Bezug auf die Wohnungsfrage sehr bedürftig sind, [...] besonders hinzuweisen"[66], veröffentlichte Buchner im Januar 1899 in der „Münchener Medicinischen Wochenschrift" „Ein Gutachten zur Wohnungsfrage".[67] „Praktische Vorschläge zu einem Reichswohngesetz", die Buchner wiedergibt, beriefen sich auf Städtebauordnungen, wie sie in Berlin, Frankfurt am Main und eben auch München bereits existierten. „In hygienischer Beziehung als vorbildlich" sah Buchner die von Heilmann mit der Stadt München im sogenannten Heilmann'schen Servitut vereinbarten Bauregeln an.[68] Diese forderten für Münchens neue Außenbereiche, „§ 1. Die ganze Bebauung muss einen villenartigen Charakter erhalten. [...] § 6. Bei jedem Anwesen muss nach Abzug des Vorgartens mindestens die Hälfte des Gesammtgrundstückes als Hofraum oder Gartenanlage unüberbaut bleiben. [...] § 8. Die Vorgärten müssen stets als Ziergärten erhalten und gut unterhalten werden, und ist deren Verwendung zu gewerblichen Zwecken ausgeschlossen."[69] Das von Heilmann 1881 vorgebrachte und von einer wissenschaftlichen Autorität wie Hans Buchner 1899 mit dem Argument der Stadthygiene unterstützte Konzept der offenen Bauweise für die Münchner Außenbezirke war folgenreich für die Entwicklung der Münchner Villen- und Hausgärten. Durch Buchners immer wieder zitiertes Gutachten sahen sich die Münchner Gärtner und Gartenliebhaber bestätigt.[70] Allerdings stellte schon Buchner selbst, nach einem Berliner Vorbild von 1892, eine Alternative vor, die auf die wachsenden Platzprobleme der Großstadt reagierte, „als Zwischenstufe gleichsam zwischen dem hygienisch und sozial die weitaus grössten Vortheile bietenden Einfamilien- resp. Zweifamilienhaus und zwischen der verwerflichen Miethscaserne": „Eine geschlossene Reihe von höheren, vier- bis fünfgeschossigen Gebäuden [... um] einen gewaltigen Hofraum, der jedoch absolut frei bleibt von allen Rückgebäuden und nur als Gartenanlage ausgebildet wird."[71]

Schon Effner hatte 1874 für den Stadtpark auf der Theresienwiese sowohl eine lockere Villenbebauung als auch eine „Gruppe von Familien-Häusern um einen gemeinsamen Garten (englisches Bausystem)" vorgesehen. Buchner bestätigte Heilmanns offene Bauweise in den Münchner Gartenvorstädten der Zeit um 1900, schlug als großstädtisches Wohnkonzept aber auch die Möglichkeit der mehrgeschossigen Blockbebauung mit großen, gemeinschaftlich genutzten Gärten vor. Mit der Borstei und ihren von Alwin Seifert gestalteten großen Gartenhöfen entstand ab 1924 im Westen der Stadt eine solche Anlage (vgl. Abb. 47).

„Hebung und Förderung des heimischen Gartenbaues": Die Gründung der Bayerischen Gartenbaugesellschaft 1859

Das Bemühen um eine umfassende nicht nur praktische, sondern auch historische und theoretische Ausbildung junger Gärtner zieht sich bis ins 20. Jahrhundert.[72] 1830 kritisierte Sterler in München die unzureichende Ausbildung der Gärtner, denn trotz Sckells segensreichem Wirken gebe es noch immer „Gartenstümper" und „rohe Gärtnergehilfen, [die] mit der Natur und ihren heiligen Gesezen so wenig vertraut [sind], als der Irokese mit den üppigen Schöpfungen des hellenischen Meißels"[73]. Mit den Anliegen einer besseren Ausbildung, der Vernetzung innerhalb des Berufsstandes und in der Gesellschaft sowie der Erhöhung der öffentlichen Sichtbarkeit wurden überall in Europa seit dem frühen 19. Jahrhundert Gartenvereine ins Leben gerufen. In Bayern war die 1822 durch den Frauendorfer Publizisten Johann Evangelist Fürst gegründete „Praktische Gartenbaugesellschaft" eine der ersten.[74] Von der regen Tätigkeit der Münchner Handelsgärtner zeugen die seit 1832 alljährlich stattfindenden Blumenausstellungen, in denen sich das allgemeine Interesse gerade privater Gartenliebhaber an der Blume zeigt.[75] Von einer künstlerischen Aufstellung oder gärtnerischen Gruppierung war dabei freilich (noch) nicht die Rede. Bis in die 1850er Jahre wurden die Blumenmärkte alljährlich auf dem Viktualienmarkt, im Rathaus oder in anderen Räumen abgehalten, 1858 erstmals im Glaspalast.

Im selben Jahr konstituierte sich die Bayerische Gartenbaugesellschaft, die Anfang 1859 ihre erste Sitzung abhielt (Abb. 12). Initiator war Carl Friedrich Philipp von Martius (1794–1868, 1820 geadelt), ehemals Direktor des Botanischen

54 Siehe zusammenfassend Gribl 1999, S. 82–84; Karl 2000; Schober 2014; s. a. Bauer, *Vorstadt* 1990.
55 Heilmann 1881, S. 17.
56 Ebd.
57 Ebd., S. 14.
58 Ebd., S. 22.
59 Gribl 1999, S. 82 f. zum Widerspruch gegen diese Vorschrift auf der Prinz-Ludwigs-Höhe.
60 Heilmann 1881, S. 15.
61 Lehmbruch 2002, S. 393; Schiermeier 2003.
62 Blössner 1918, S. 14.
63 Fisch 1988, S. 167–174.
64 Bauer, *Vorstadt* 1990, Zitate S. 15 und 1[illegible].
65 Buchner 1899, S. 73.
66 Ebd.
67 Buchner 1899; s. a. Buchner 19[illegible]3.
68 Buchner 1899, S. 116.
69 Ebd., S. 117.
70 *Jahresbericht der Bayerischen Gartenbau-Gesellschaft* 1903, S. 114: „Gutachten unseres berühmten Hygienikers Hans Buchner, welcher die in letzter Zeit um München ausgeführten Villen und Gartenanlagen für Stadt und Land schilderte."
71 Buchner 1899, S. 117.
72 Wimmer 2012.
73 Sterler 1830, S. VII und VIII.
74 Gröschel/Scheuer 2012.
75 Kolb 1886; Kolb 1909.

Abb. 12. *Bericht über die Thätigkeit der bayerischen Gartenbaugesellschaft für das Jahr 1863*, München 1864, Frontispiz

Gartens, der sich 1854 aus Protest gegen die Überbauung des Gartens mit dem neuen Ausstellungsgebäude, dem Glaspalast, hatte in den Ruhestand versetzen lassen.[76] Carl Effner und Max Kolb gehörten der Gesellschaft in hervorgehobenen Positionen an.[77] Vereinsziel war „die Hebung und Förderung des heimischen Gartenbaues", indem die Mitglieder – städtische, Hof-, Kunst- und Handelsgärtner – „mit den neuesten wichtigen Errungenschaften der Wissenschaft sowohl wie der Praxis" bekannt gemacht werden sollten.[78] Rückblickend hielt Kolb 1909 fest: „Zur Zeit der Gründung der Bayerischen Gartenbaugesellschaft wurde die Bedeutung des Gartenbaues keineswegs allgemein anerkannt. Wenn sich die Lage jetzt bei uns wesentlich, sagen wir höchst erfreulich geändert hat, so ist dies zum größten Teil dem unermüdeten Kämpfen der Bayerischen Gartenbaugesellschaft zuzuschreiben."[79] Die Jahresberichte der Gesellschaft, 1901 mit achthundert Mitgliedern eine der größten ihrer Art in Deutschland,[80] sind eine aufschlussreiche Quelle zu den Gärten Münchens und seines Umlandes in der zweiten Hälfte des 19. Jahrhunderts und im frühen 20. Jahrhundert. Auf Ausflügen, sogenannten Rundschauen, besichtigten die Vereinsmitglieder nicht nur die städtischen und höfischen Anlagen und Gewächshäuser, sondern auch zahlreiche private Gärten, über deren Geschichte, Gestaltung und Bepflanzung oft detailliert berichtet wird. Um die Bevölkerung für die Gartenkultur zu begeistern und den Samen der Gartenleidenschaft in das junge Gemüt zu senken, initiierte die Gesellschaft auch Jugendprogramme. Als Leistungsschauen richtete die Gesellschaft jährlich mehrere Ausstellungen aus, seit 1858 im Glaspalast.[81] Die neue repräsentative Örtlichkeit hob die Ansprüche an die künstlerische Gestaltung der Ausstellungen, eine Forderung, die auch beibehalten wurde, als der Glaspalast ab 1903 nicht mehr zur Verfügung stand. Ganze Räume und Gartenpartien

Abb. 13 a, b. Blumenausstellung der Bayerischen Gartenbaugesellschaft in der Münchner Reithalle, Fotos 1903 (*Möller's Deutsche Gärtner-Zeitung*, 23.5.1903, S. 241 und 243)

Abb. 14. Garten Max Schiff, Renatastraße 3, Foto Georg Pettendorfer, 1906 (aus: BAUER 1990, S. 203)

Abb. 16. Garten Kaulbachstraße 11, Foto 1901 (aus: STREITER/GRÄSSEL 1901–1909, I, Taf. 21)

Abb. 15. Garten Herr von Mendel, Siegesstraße 1, Foto Georg Pettendorfer, 1907 (aus: BAUER 1990, S. 139)

– Gartenhöfe, Wintergärten, Beete (Abb. 13a, b) – waren mit architektonischen und skulpturalen Elementen, Wanddekor, Pflanzen und Blumen zu gestalten: so innovativ und üppig wie dies auf den Weltausstellungen in London oder Paris und den internationalen Gartenausstellungen erlebt werden konnte, von denen die Gartenzeitschriften regelmäßig berichteten. Nicht nur die Münchner Kunst- und Handelsgärtner zeigten im Glaspalast ihr Können, sondern auch Hofgärtner wie Effner und städtische Gärtner wie Kolb.

Das bürgerliche Publikum interessierte sich zunehmend für Gartenkreationen auch in kleinerem Maßstab (Abb. 14–16). Der private Gartenliebhaber konnte sich gezielt über bestimmte Blumen, modische Teppichbeete oder Wintergärten informieren. Bestimmte Stilrichtungen wurden als Schwerpunkt vorgestellt: „Bei dem Arrangement dieser Ausstellungen wurden alle nur denkbaren Gartenbaustilarten vorgeführt. Es wurde bei der Ausarbeitung all unserer Ausstellungen eine besondere Tätigkeit entwickelt, einerseits weil man den Gartenbau in seiner Schönheit und Größe zeigen wollte und anderseits weil in der Tat das Publikum schon etwas verwöhnt geworden war und Neues verlangte.“[82] Verkaufskataloge der Münchner Kunst- und Handelsgärtner boten eine große Auswahl an Pflanzen für verschiedene Zwecke und versprachen dem Kunden die Realisierung aller Wünsche (Abb. 17).

Von der Mitte des 19. Jahrhunderts bis zum Ersten Weltkrieg war die „Kunst- und Handelsgärtnerei August Buchner“ der renommierteste Gartenfachbetrieb in München (Abb. 17).[83] August Buchner (1815–86), Gärtner in der vierten Generation, gründete den Gartenbetrieb 1840; unweit des in der Theresienstraße 92 gelegenen Gärtnereigrundstücks wurde wenig später die Neue Pinakothek errichtet. August Buchner, 1858 Mitbegründer der Bayerischen Gartenbau-Gesellschaft, übergab 1881 seine Firma an seine Söhne Michael und August junior. Michael Buchner (1843–1913) hatte um 1867 eine Ausbildung unter anderem bei dem renommierten Pflanzenzüchter Victor Lemoine (1823–1911) in Nancy erhalten, der nach dem Münchner Gärtner und seiner Schwägerin später zwei Fliederzüchtungen benannte, die Gartenbesitzern und Hobbygärtnern noch heute geläufig sind (*Syringa vulgaris Michel Buchner*, *Syringa vulgaris Madame Antoine Buchner*). Michael Buchner führte die sehr erfolgreiche „Kunst- und Handelsgärtnerei August Buchner“ von 1881 an, bevor er sie 1907 wiederum an seine Söhne übergab.

76 Siehe LAUTERBACH 2009.

77 Siehe KOLB 1909 und *Tätigkeitsberichte* bzw. *Jahresberichte der Bayerischen Gartenbaugesellschaft*.

78 *Jahresbericht der Bayerischen Gartenbaugesellschaft* 1902, Vorwort.

79 KOLB 1909, S. 19 f.

80 *Jahresbericht der Bayerischen Gartenbaugesellschaft* 1901, Vorwort; vgl. GRÖNING/WOLSCHKE-BULMAHN 1987.

81 Zum Folgenden v. a. KOLB 1909 und *Jahresberichte der Bayerischen Gartenbaugesellschaft*.

82 KOLB 1909, S. 5.

83 CAVALIERI 1996; CAVALIERI 2019.

1901 hatte die Hauptfirma 50 bis 60 Mitarbeiter, unter ihnen elf Familienangehörige. Die Gärtnerei lieferte nicht nur eine große Auswahl an Stauden und Gehölzen aus eigener Kultur und Züchtung, sondern warb auch damit, Gärten zu entwerfen und neu anzulegen. Nach Michael Buchners Entwurf wurden der Garten der Villa Waldberta in Feldafing 1903–05 angelegt sowie weitere Villengärten am Starnberger See und in München.[84]

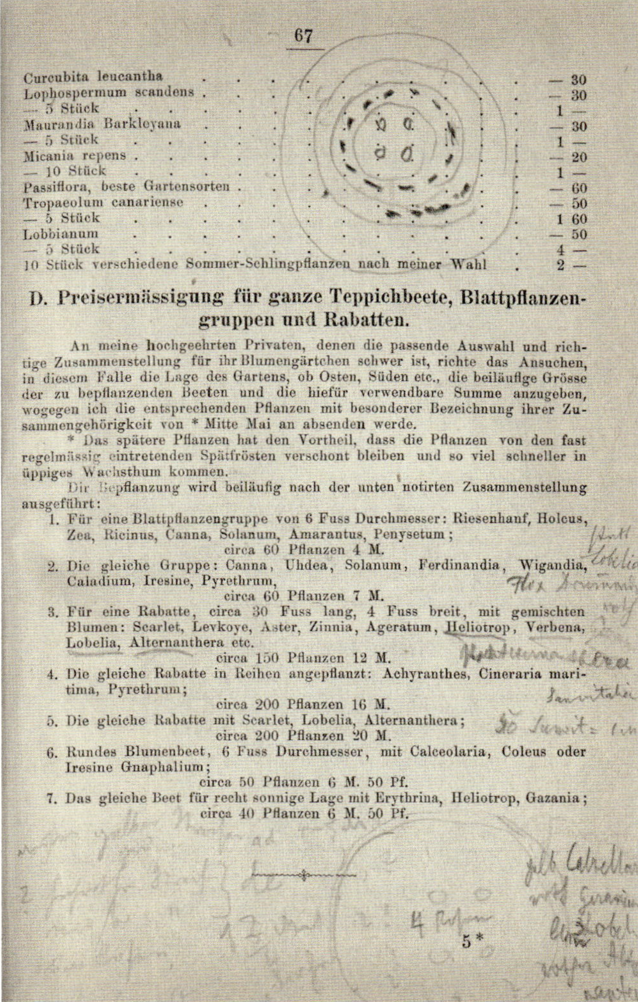

67

Curcubita leucantha	— 30
Lophospermum scandens	— 30
— 5 Stück	1 —
Maurandia Barkleyana	— 30
— 5 Stück	1 —
Micania repens	— 20
— 10 Stück	1 —
Passiflora, beste Gartensorten	— 60
Tropaeolum canariense	— 50
— 5 Stück	1 60
Lobbianum	— 50
— 5 Stück	4 —
10 Stück verschiedene Sommer-Schlingpflanzen nach meiner Wahl	2 —

D. Preisermässigung für ganze Teppichbeete, Blattpflanzengruppen und Rabatten.

An meine hochgeehrten Privaten, denen die passende Auswahl und richtige Zusammenstellung für ihr Blumengärtchen schwer ist, richte das Ansuchen, in diesem Falle die Lage des Gartens, ob Osten, Süden etc., die beiläufige Grösse der zu bepflanzenden Beeten und die hiefür verwendbare Summe anzugeben, wogegen ich die entsprechenden Pflanzen mit besonderer Bezeichnung ihrer Zusammengehörigkeit von * Mitte Mai an absenden werde.

* Das spätere Pflanzen hat den Vortheil, dass die Pflanzen von den fast regelmässig eintretenden Spätfrösten verschont bleiben und so viel schneller in üppiges Wachsthum kommen.

Die Bepflanzung wird beiläufig nach der unten notirten Zusammenstellung ausgeführt:

1. Für eine Blattpflanzengruppe von 6 Fuss Durchmesser: Riesenhanf, Holcus, Zea, Ricinus, Canna, Solanum, Amarantus, Penysetum; circa 60 Pflanzen 4 M.
2. Die gleiche Gruppe: Canna, Uhdea, Solanum, Ferdinandia, Wigandia, Caladium, Iresine, Pyrethrum, circa 60 Pflanzen 7 M.
3. Für eine Rabatte, circa 30 Fuss lang, 4 Fuss breit, mit gemischten Blumen: Scarlet, Levkoye, Aster, Zinnia, Ageratum, Heliotrop, Verbena, Lobelia, Alternanthera etc. circa 150 Pflanzen 12 M.
4. Die gleiche Rabatte in Reihen angepflanzt: Achyranthes, Cineraria maritima, Pyrethrum; circa 200 Pflanzen 16 M.
5. Die gleiche Rabatte mit Scarlet, Lobelia, Alternanthera; circa 200 Pflanzen 20 M.
6. Rundes Blumenbeet, 6 Fuss Durchmesser, mit Calceolaria, Coleus oder Iresine Gnaphalium; circa 50 Pflanzen 6 M. 50 Pf.
7. Das gleiche Beet für recht sonnige Lage mit Erythrina, Heliotrop, Gazania; circa 40 Pflanzen 6 M. 50 Pf.

5*

Abb. 17. August Buchner, annotierte Pflanzenlisten für die Verwendung in Teppichbeeten, mit Beetzeichnungen (*Pflanzen-Verzeichnis* 1880, S. 67)

Tuskulum in München: Die Ausstellungen der Bayerischen Gartenbaugesellschaft und der italianisierende Villengarten

Max Kolb war für die Konzeption und Gestaltung der Blumenausstellung im Glaspalast im Mai 1886 verantwortlich und äußerte sich in einer Begleitpublikation ausführlich zur Geschichte der Gartenkunst in der römischen Antike und in der italienischen Renaissance.[85] Diesem Stilvorbild war die gesamte Blumenschau gewidmet. Mit der Ausstellung selbst und der Darlegung ihrer historischen Vorbilder bezog sich Kolb auf eigene Studien und einen Aufenthalt in Italien. Er griff auch – allerdings ohne dies zu erwähnen – auf ein maßgebliches preußisches Vorbild zurück, nämlich Meyers „Lehrbuch der schönen Gartenkunst“ (Berlin 1860 und weitere Auflagen u. a. 1862 und 1873). In Sanssouci, bei Peter Joseph Lenné und seinem bedeutendsten Schüler und Mitarbeiter Gustav Meyer (1816–77), der ab 1859 preußischer Hofgärtner war und 1870 zum Städtischen Gartendirektor zu Berlin berufen wurde, hatten sowohl Effner als auch Kolb einen Teil ihrer Ausbildung absolviert. Im Abschnitt „Der römische oder italienische Gartenstyl“ seines Lehrbuchs stellt Meyer die Geschichte der Gartenkunst in der römischen Antike und der italienischen Renaissance dar. In aller Ausführlichkeit zitiert er eine deutsche Übersetzung des berühmten Briefes Plinius des Jüngeren, in dem dieser seine tuskische Villa beschreibt.[86] Meyer fügt seinem Buch eine detaillierte Planrekonstruktion des „Tuscum des Plinius“ (Tafel III und IV) an. Auf diese Rekonstruktion, auf Meyers historische Ausführungen sowie auf ältere Kupferstichwerke und Darstellungen zur Gartenkunst bezog sich Kolb. Dies macht auch der „Situationsplan zur Darstellung der italienischen Gartenstyle“ (Abb. 18) deutlich. Rosen, Levkojen, Reseda und Geranien waren 1886 im historischen Teil der Ausstellung die bevorzugten Blumen. Zypressen, Myrthen, Zitrus- und Lorbeerbäumchen waren in Kübeln aufgestellt. Als Charakteristika nennt Kolb „das Ebenmass, die Symmetrie, Begrenztheit, Übersicht, mit einem Worte, die mathematischen Verhältnisse“[87] und die Ausstattung mit Skulpturen und Bassins, Säulengängen und Pergolen, die von Rankgewächsen wie Klematis, Geißblatt oder Wein überwachsen waren.

Eine Zeitlang waren Effner und Kolb alljährlich abwechselnd für die Konzeption der großen Blumenausstellungen im Glaspalast verantwortlich, die in München zu stilistisch prägenden Veranstaltungen wurden, zumal mit ihnen ein großes Publikum potentieller Auftraggeber erreicht wurde. In den 1880er Jahren suchten jeweils durchschnittlich 60.000 Besucher die Ausstellungen auf[88] – eine Zahl, die immerhin fast einem Viertel der Münchner Stadtbevölkerung entsprach. Jede der Ausstellungen zeigte „ein anderes Bild“, „alle die Gartenstile“ wurden vorgeführt.[89] Hier wurde ein historistisches Gartenkonzept vorgestellt, das in vielen Münchner Villengärten der 1880er und 1890er Jahre Erfolg hatte, auch in anderen Gärten, etwa Gabriel von Seidls Außenanlagen beim Bayerischen Nationalmuseum.[90] „Das Tusculum des Plinius“[91] wurde ein neues Vorbild des Villengartens „'in münchener Art', d. h. mit Einbeziehung architektonischer, figürlicher und anderer künstlerischer Einzelheiten, wie z. B. Bänke, Vasen, Fontänen, Gitterwerk“[92]. Im Münchner Architektur- und Gartendiskurs um 1900 war „Tuskulum“ als verkürzte Bezeichnung eines italianisierenden privaten Villengartens eingeführt. Auch die Gewissheit, dass ein Garten als integrierender Bestandteil einer Villa zu gelten habe beziehungsweise dass ein Haus erst durch den Garten zur Villa werde, war in der italienischen Renaissance vorgebildet.

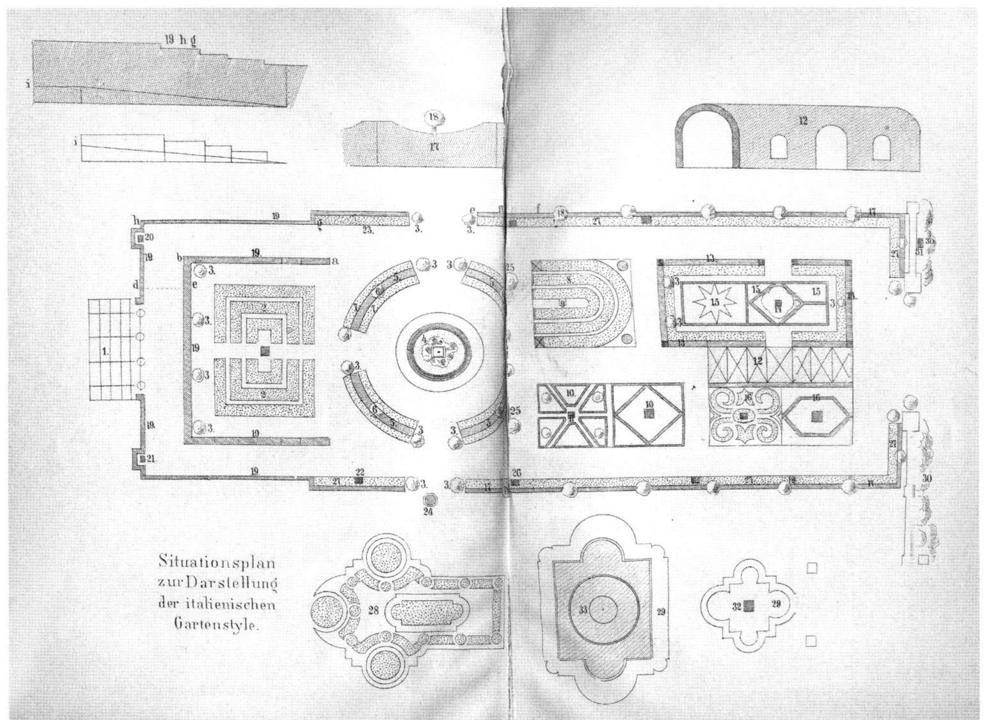

Abb. 18. Max Kolb, „Situationsplan zur Darstellung der italienischen Gartenstyle", 1886 (aus: Kolb 1886)

„Ein einziges Raumgebilde": Gärten der Künstlervillen[93]

Gabriel von Seidl (1848–1913), der an der Blumenausstellung 1886 beratend mitgewirkt hatte, errichtete 1887–91 die Villa des ‚Malerfürsten' Franz von Lenbach an der Luisenstraße.[94] In ihrer Öffnung zum Stadtraum erweist sie sich als up to date mit den von Heilmann formulierten urbanistischen Forderungen für München. Max Kolb gestaltete den Garten mit einem Laubengang und Senkgarten, einem Schalenbrunnen und Skulpturen als ein „Tuskulum", das auch in der Raumstruktur und Bodenmodellierung der Ausstellung 1886 ähnelt (vgl. Abb. 19a). Von der Straße und dem Königsplatz war der Garten von Anfang an durch einen filigranen Zaun getrennt: eine selbstbewusste Geste der Selbstdarstellung im Stadtraum. Den Blick von außen auf den Garten rahmten zwei Pappeln (Abb. 19a). Der Garten ist, nach einer Umgestaltung und Erweiterung der Gebäudegruppe ab 1927 durch Hans Grässel (Abb. 19a, b–21), insgesamt gut erhalten.

Auch der Akademiedirektor Friedrich August von Kaulbach war offenbar ein Gartenliebhaber. Den mit Büschen und Blumen dicht bewachsenen, lauschigen Garten seines 1876 gekauften Hauses in der Schwanthalerstraße 36B stellte er in einem Gemälde dar (Abb. 22).[95] An Kaulbachs von Gabriel von Seidl 1887–89 errichtete Villa in der Kaulbachstraße 15 schloss auf der Rückseite ein italianisierender Garten an, dessen Ausstattung nicht erhalten, aber durch Fotografien und Gemälde überliefert ist (Abb. 23, 24): Wie beim Lenbachhaus gab es auch hier einen Senkgarten mit Schalenbrunnen, skulpturale und architektonische Motive, Kübelpflanzen und Hochstammrosen. Kaulbachs später bei seiner Villa in Ohlstadt angelegter ländlicher Bauerngarten ist nicht erhalten und heute überbaut.[96]

Emanuel von Seidl (1856–1919) entwarf für die Auftraggeber seiner Villen außer der Architektur oft auch die Gärten (vgl. Abb. 35).[97] Welche Kunstgärtner ihm zur Seite standen und ihn zum Beispiel bei der Auswahl der Bepflanzung berieten, ist nicht bekannt. Dem um 1900 dominierenden englischen Landhausideal folgte Seidl mit seinem eigenen, 1901–16 errichteten Haus und dem durch den Murnauer Gärtner Johann Müssig angelegten Garten in Murnau.[98] Die heute nur noch in Teilen

84 Cavalieri 1996 und Schober 1999.
85 Kolb 1886.
86 Meyer 1860, S. 15–30.
87 Kolb 1886, S. 2.
88 Ebd., S. 1.
89 Ebd.
90 Siehe Volckamer 2000.
91 Kolb 1886, S. 9.
92 *Möllers Deutsche Gärtner-Zeitung* 21 (1903), S. 244 über die Münchner Blumenausstellung 1903.
93 Verf. bereitet einen Aufsatz über die Gärten Münchner Künstlervillen vor.
94 Siehe Kiener 1929; Hoh-Slodczyk 1985; Eschenburg 1999.
95 Zimmermanns 1980, Kat. Nr. 613. Laut zeitgenössischer Überlieferung stellt das Gemälde den Hausgarten Kaulbachs in der Schwanthalerstraße dar.
96 Salmen 2002, Kat. 66 und Kat. 68.
97 Kunstmann 1993, S. 65–67 über Gärten.
98 Seidl, E. 1910; *Gelobtes Land* 1993.

Abb. 19 a, b. Garten des Lenbachhauses von der Luisenstraße (Fotos: aus KIENER 1929, S. 155)

Abb. 20. Garten des Lenbachhauses (Foto: aus KIENER 1929, S. 159)

Abb. 21. Garten des Lenbachhauses (Foto: aus ROSE 1929, S. 283)

Abb. 22. Friedrich August Kaulbach, „Im Garten" (Schwanthaler Straße 36B), 1878 (Foto: Zentralinstitut für Kunstgeschichte, ZI-2348-01-00-255988)

Abb. 23. Gartenfassade und Garten der Kaulbachvilla, Kaulbachstraße 15, Foto 1901 (aus: Streiter/Grässel 1901–1909, I, Taf. 4)

erhaltene Anlage umfasste Gemüse-, Obst- und Blumengärten nach dem Vorbild oberbayerischer Bauerngärten sowie eine landschaftliche Partie, die durch die abwechslungsreiche hügelige Topografie des Voralpenlandes gekennzeichnet ist. Mit Motiven wie dem sogenannten „Freundschaftshügel" ist Seidls Murnauer Garten ein originelles Beispiel für eine individuelle Münchner und oberbayerische Spielart der Gartenreform.

Am Beginn der Prinzregentenstraße in Bogenhausen, das 1892 nach München eingemeindet worden war, erbaute Franz von Stuck 1897/98 nach eigenem Entwurf seine Villa, deren „persönliche Note"[99] den zeitgenössischen Besucher beein-

99 Lichtwark 1924, Bd. 2, S. 17 f., hier S. 17.

Abb. 24. Friedrich August Kaulbach, Garten in der Kaulbachstraße, Gemälde (Kaulbachvilla, Ohlstadt, Foto: Iris Lauterbach)

Abb. 25. Prinzregentenstraße mit Villa Stuck, Postkarte, 1900 (Stadtarchiv München, DE-1992-FS-PK-STR-01812)

druckte. Auch dieses – ursprünglich frei stehende – Gebäude ist, wie die Lenbach-Villa, selbstbewusst im Stadtraum platziert (Abb. 25).[100] Der Vorgarten mit Stucks Bronze-Amazone ist ein künstlerisches Statement, von weitem sichtbar. Immergrüne Taxuspyramiden bilden ein reizvolles Farbenspiel mit der hellen Fassade. Je zwei Pappeln flankierten die seitlichen Zufahrten und rahmten so den Blick auf die straßenseitige Fassade der Villa, die mit ihrer kubischen Gesamterscheinung und ihrem Flachdach an italienische Villen – etwa die Villa Pamphili in Rom – erinnert. Die Pappeln werden in zeitgenössischen fotografischen und bildhaften Wiedergaben der Villa Stuck zu bedeutungsstiftenden Gestaltungsmotiven der

Abb. 26. August Lorenz, Fotografie der Villa Stuck (um 1898), durch Franz von Stuck überzeichnet, mit Entwurf des Neuen Ateliers und Verbindungsbaus, 1913/14 (Museum Villa Stuck)

Abb. 27. Villa Stuck, Straßenseite (Foto: aus OSTINI 1909, S. 3)

Ab. 28. Villa Stuck, „Blick von der Pergola in den Garten" (Foto: aus OSTINI 1909, S. 4)

Gesamtanlage. In der Überzeichnung einer Fotografie, in die Stuck seinen Entwurf für ein neues – 1914/15 errichtetes – Ateliergebäude einzeichnete, sind die vier Pappeln zum Teil neu gesetzt; wieder rahmen zwei von ihnen die Gebäudegruppe (Abb. 26). Fotografien in den Publikationen des Kritikers Fritz von Ostini über die Villa sind retuschiert, um das Gebäude monumentaler erscheinen zu lassen (Abb. 27); die Bäume sind nach oben hin als mächtige Vertikale verlängert, um ihre bildrahmende Wirkung zu verstärken.[101] Wenn Lenbachs oder Stucks Zeitgenossen von der phänotypischen Ähnlichkeit der Pappel mit der Zypresse sprachen,[102] so geht dies auch

Abb. 29. Villa Stuck, „Garten-Ansicht" (Foto: aus OSTINI 1909, S. 5)

auf das Bildmedium der Schwarzweißfotografie zurück, in der das helle Laub und der lockere Habitus der Säulenpappel dunkel und kompakt erscheinen.

In italienischen Villen der Renaissance und des Barock wurden Zypressen meistens zur Markierung von Wegen verwendet; nur selten stehen sie nahe dem Gebäude. Die schnell wachsende Pyramiden- oder Säulenpappel (*Populus nigra italica)* wurde in Frankreich und Deutschland seit dem späten 18. Jahrhundert als Alleebaum verwendet, der Blickachsen oder lange Straßenverläufe übers Land optisch hervorhebt. Als vertikales Element verwendete auch Sckell den Baum gerne in seinen Landschaftsgärten.[103] Ähnlich wie die Robinie wurde die im problematischen Stadtklima gut wachsende Pyramidenpappel in München und Umgebung seit Sckells Zeit beliebt.[104] Dies zeigen zum Beispiel die – nachgepflanzten – Baumreihen an der Lindwurm- und Leopoldstraße. Mit der Pappel griff man im Münchner Villengarten um 1900 also auf ein schon lange in der Stadt übliches Gehölz zurück und wandelte es in ein Motiv der südlichen, italienischen Landschaft um, denn die Zypresse gedeiht in München nicht gut. Offensichtlich war vor allem die Malerei der „Deutsch-Italiener" vorbildlich. Schon Ostini verwies 1909 auf Arnold Böcklin.[105] Die Maler Lenbach und Stuck inszenierten ihre Villen für eine bildhafte Wahrnehmung vom Stadtraum aus.

Zur Offenheit der Außenanlagen kontrastiert der eigentliche Garten der Villa Stuck, den der Hamburger Museumsmann und Gartenreformer Alfred Lichtwark 1902 als „ein wahres Meisterwerk" bezeichnete.[106] Zusammen mit der großen Veranda bildet er „ein einziges Raumgebilde" (Abb. 28,

100 Siehe BIRNIE DANZKER 2006, darin BRANDLHUBER, *Der Künstlergarten*, und JOOSS, *Die Villa Stuck – gesehen mit den Augen ihrer Zeitgenossen.*

101 OSTINI 1909, s. a. JOOSS 2006.

102 Siehe JOOSS 2006, S. 248 f.

103 Siehe HERZOG 1994.

104 Siehe KOLB 1911, S. 2.

105 JOOSS 2006, S. 249.

106 LICHTWARK 1924, S. 17 f. danach die folgenden Zitate. Zu Lichtwark und der Gartenkunst s. FAASS 2017.

29): „In dem kleinen Garten sind die Rasen viereckig, die Bäume und Büsche, wie es sich gehört, an den Rand gerückt. Eins der Vierecke hat keinen Rasen und dient als Gartensaal bei mildem Wetter. Die Wege sind nicht breit, der Rasen ist mit steinernen Balken eingefaßt, eine köstliche Erfindung, denn nun können die Kanten nicht abgetreten werden. Für kleine Anlagen eine ganz ausgezeichnete Vorrichtung. Die ganze Tiefe des Hauses und Gartens nimmt an der einen Seite eine Pergola ein, die als Wandelgang dient. Vom Garten führen Stufen hinauf, in ihrem Schatten läßt sich im Auf- und Abgehen ein weiter Spaziergang machen, eine sehr schöne Einrichtung für nachdenkliche Naturen, die dabei auf den Weg nicht zu achten brauchen." Schon Kolb hatte 1886 in seinem Kommentar zu Plinius' tuskischer Villa auf die dort üblichen Laubengänge verwiesen mit der Bemerkung: „Plinius nennt sie Philosophengänge."[107] Die Pergola in Stucks Garten war – wie in der Antike üblich – ursprünglich überrankt, was die strengen architektonischen Formen umschmeichelte. Lichtwark lehnte es ab, Stucks Haus und Garten „modern" zu nennen, sah aber „unter den Gedanken, die überall ausgestreut sind, [...] ungemein viel Fruchtbares."

Der ‚all'antica' gestaltete Garten der Villa Stuck war zusammen mit der Architektur als eine Raumeinheit konzipiert. Stuck entwickelte hier aus der Tradition des Münchner Historismus eine spezielle Münchner Form des „neuen Gartens". In seinem Beitrag über „Münchner Gärten. Überlieferung und Gegenwart" (1929) urteilte der Kunsthistoriker Hans Rose knapp und zutreffend über die Münchner Gartenkunst des späten 19. Jahrhunderts: „Anderwärts quälte man sich damals mit Teppichbeeten. München allein verstand es, die geometrische Linie als solche und das Niveau als solches sprechen zu lassen."[108] Schon die historistischen, italianisierenden Villengärten waren hier geometrisch, formal angelegt. Die Gartenreform der Zeit um 1900,[109] die eine Rückkehr zum architektonischen Garten propagierte, lief in München daher ins Leere, beziehungsweise sie schlug einen Sonderweg ein.

„Auch was die Gartenkunst anbetrifft, eine Kunststadt": München um 1900

Anders als Berlin, Frankfurt, Dresden oder Baden-Baden, wo sich längst eine auch im Stadtbild sichtbare großbürgerliche Villenkultur etabliert hatte, wurde um 1900 die Residenzstadt München im Blick von außen nach wie vor in erster Linie als ein Ort traditionsreicher Hofgärten und ansprechender städtischer Anlagen wahrgenommen.[110] Im August 1903 fand auf Einladung der Stadt München die XVI. Hauptversammlung des 1887 gegründeten Vereins Deutscher Gartenkünstler[111] in der bayerischen Landeshauptstadt statt. Der städtische Gartendirektor Jakob Heiler (1855–1922)[112] als Veranstalter und die Mitglieder der Bayerischen Gartenbaugesellschaft einschließlich Max Kolbs boten ein buntes Veranstaltungsprogramm. Die aus ganz Deutschland angereisten renommierten Fachvertreter konnten sich dem Eindruck nicht verschließen, „daß München, auch was die Gartenkunst anbetrifft, eine Kunststadt sei."[113] Auch private Villengärten wurden besichtigt, um neueste Entwicklungen der Gartenkunst zu demonstrieren.

„Ein Meisterwerk moderner Gartenkunst": die Villa des Bürgermeisters Wilhelm von Borscht auf der Prinz-Ludwigs-Höhe

Münchens Erster Bürgermeister Wilhelm von Borscht (1857–1943) lud im August 1903 den Vorstand des Vereins Deutscher Gartenkünstler zu sich nachhause in die Heilmannstraße ein. Seine Villa war „erst in den letzten Jahren [bis 1902] in der herrlichen, von großen und kleinen Gärten umgrenzten und deshalb mit Recht von unserem verdienstvollen Hygieniker Hans Buchner als musterhaft geschilderten Kolonie entstanden", der südlich Münchens gelegenen, kurz zuvor eingemeindeten Villenkolonie Prinz-Ludwigshöhe.[114] Die Gartenlanlage um die nach Entwurf des Architekten Max Ostenrieder errichtete Villa war „nach einem Plane von Herrn Kgl. Ökonomierat und Gemeindebevollmächtigten Aug. Buchner, zum Teil auch nach des Besitzers eigenen Ideen" gestaltet worden.[115]

Der Garten des Bürgermeisters Borscht fasst das auf der Höhe gelegene Gebäude ein und zieht sich nach Osten hin am Hang hinunter. Die Anlage „erinnert im Kleinen unwillkürlich an die alten Gärten der italienischen Renaissance, in denen für die architektonische Ausgestaltung viel aufgewendet wurde. Rings um das Wohngebäude sehen wir neben einer schön gehaltenen Rasenfläche viele Ziersträucher und Stauden-Gewächse, sowie ein Bassin mit reichem Blumenflor." Der hinter dem Zaun gut einsehbare, ansprechend bepflanzte Vorgarten entsprach Heilmanns Forderungen nach einer Öffnung der privaten Anlage. Von einem terrassenartig planierten Bereich auf der Hangseite der Villa mit einem als Belvedere gestalteten Ruheplatz (Abb. 30) bot sich ehemals ein „prächtiger Fernblick" – heute längst zugewachsen: „Drunten im Tale strömt rauschend die grüne Isar, darüber spannt sich leicht wie Filigran das Eisenwerk der Großhesseloher Eisenbahnbrücke. Weit hinten im Tale sehen wir die Türme des Schlosses Grünwald und in weiter Ferne liegen im langen Zuge in zartem Blau die Berge."[116] Die technisch anspruchsvolle Befestigung der Gartenanlage am Steilhang, die Gestaltung von Wegen und Terrassen und die künstlerische Fassung der vorhandenen Wasserquellen mit Natursteinen wurde als sehr verdienstvoll gewürdigt (Abb. 31). Dass es trotz aller Bemühungen nicht gelingen sollte, „das Rutschen des Berges für alle Zeiten zu vermeiden"[117], dass Kunststein und Beton als Materialien der Skulpturen hinfällig sind, hat sich inzwischen erwiesen. Eine Grotte mit einer Skulptur des Neptun (Abb. 33) sowie überrankte Pergolen und Terrassen mit Skulpturenschmuck laden die Besucher dazu ein, beim Spaziergang auf den Treppen und Pfaden am steilen Hang zu verschnaufen. Mit einem kleinen See, der von Quellwasser

Abb. 30. Villa Borscht, Heilmannstraße 33, Gartenbelvedere (Foto: aus *Jahresbericht der Bayerischen Gartenbau-Gesellschaft* 1903, S. 100, Abb. 2)

gespeist wird, gewinnt die Anlage den zusätzlichen Reiz einer Lage, die ihre topografischen und historischen Vorbilder in Italien hat – am Gardasee, am Comer See, in Tivoli – und gleichzeitig den wenige Kilometer südlich gelegenen Starnberger See assoziieren lässt. Bis 1911 stattete Borscht den unteren Bereich seines Gartens mit Skulpturen aus: unter anderem mit einer heute nicht mehr dort befindlichen Hirschskulptur – der Münchner Topseller unter den Gartenskulpturen dieser Zeit –, hier aus getriebenem Kupfer (Abb. 32). Am See entstand ein Sitzplatz, geziert von einem „Münchner Kindl aus Beton"[118] über einer Stele (Abb. 34), die mit dem Kopf einer Schildkröte ein Skulpturenmotiv des berühmten Bacchusbrunnens im Boboligarten in Florenz aufgriff. Vielleicht genoss der in Speyer geborene Borscht hier den einen oder anderen guten Tropfen aus seiner Heimat, der Pfalz. Das „Münchner Kindl" erinnert an die Burgfriedensäule von

107 Kolb 1886, S. 10.
108 Rose 1929, S. 283.
109 Vgl. zuletzt Schweizer/Faass 2017 und Wimmer 2013, S. 369–404.
110 Siehe Zimmermann 1903; Heiler 1902; Lauterbach 2020.
111 Siehe Gröning/Wolschke-Bulmahn 1987.
112 Mosbauer/Valentien 1991, S. 242 f.
113 Siehe *Jahresbericht der Bayerischen Gartenbaugesellschaft* 1903, S. 82–109, Zit. S. 99.
114 Siehe Dohna/Schönborn/Sayn-Wittgenstein-Sayn 1986, S. 180–186; Meincke 1991; Gribl 1999, S. 67–108 zur Prinz-Ludwigshöhe, S. 97–100 über Villa Borscht; Schlim 2018; Beschreibungen der Anlage in: *Jahresberichte der Bayerischen Gartenbaugesellschaft* 1902, S. 55 (dort das Zitat) und 1903, S. 99–105; *Münchner Illustrirte Zeitung*, 24.9.1911, S. 614 f. – Ich danke Burkhard Körner (BLfD) und Michael Fleissner für frdl. Informationen.
115 Der hier genannte August Buchner, „ein eifriger Förderer der guten Sache", war ein Sohn eines Mitbegründers der Bayerischen Gartenbaugesellschaft, s. Kolb 1909, S. 18.
116 *Jahresbericht der Bayerischen Gartenbaugesellschaft* 1903, S. 99–102.
117 *Jahresbericht der Bayerischen Gartenbaugesellschaft* 1902, S. 55.
118 *Münchner Illustrirte Zeitung*, 24.9.1911, S. 614. Diese Skulptur heute erneuert.

Abb. 31. Villa Borscht, Garten am Hang (Foto: aus *Jahresbericht der Bayerischen Gartenbau-Gesellschaft* 1903, S. 100, Abb. 3)

Abb. 32. Villa Borscht, Hirschskulptur am See (Foto: aus *Münchner Illustrirte Zeitung* 1911, S. 615)

1724 im Englischen Garten – zweifellos ein geeignetes Motiv für den Garten eines Münchner Oberbürgermeisters.

Die Pflanzung seltener Nadelgehölze im tiefer gelegenen Gartenbereich gehörte zum Programm und ließ eine Gartensituation wie im unteren Teil der Villa d'Este in Tivoli entstehen: „Als außerordentlich reich müssen die Pflanzungen bezeichnet werden; wir finden hier eine Menge der interessantesten Ziergehölze und namentlich viele fremdländische Coniferen, die für den Fachmann von hohem Interesse sind und gar Viele zur Besichtigung veranlassen werden."[119] So pries 1911 die Münchner Illustrirte Zeitung den Garten als „Tuskulum des Münchner Oberbürgermeisters" und als „ein Meisterwerk moderner Gartenkunst". Die nicht mehr vollständig erhaltene Gartenanlage, nach wie vor in Privatbesitz, weist in ihrem Hauptteil noch die Terrassen, Wege und Grotte sowie den Koniferenbestand der Zeit um 1900 auf. Die weiten Blicke gibt es jedoch nicht mehr, da die Anlage zugewachsen ist, sodass die Gartenräume nicht mehr ohne weiteres zu erfahren sind. Das historische Gartendenkmal ist jedoch in seinem Charme noch erlebbar: als bemerkenswertes Beispiel einer Gartenanlage am Isarhang, die historische Vorbilder mit den neuen Konzeptionen der Münchner Villenkolonien und einer Idealvorstellung der Topografie „Villa am See" verband.

Borscht – der von 1893 bis 1919 bis dato am längsten amtierende Münchner Oberbürgermeister – brachte sein persönliches Interesse an der Gartenkunst in die Münchner Stadtplanung ein, unter anderem indem er 1907 die Anlage des Ausstellungsparks auf der Theresienhöhe initiierte. Der Verein Deutscher Gartenkünstler nahm ihn daher 1908 in Anbetracht seiner Verdienste um die Gartenkunst als Ehrenmitglied auf.[120]

„Ein komfortabler, angenehmer und spezifisch bodenständiger Typus" – Münchner Gartenkunst im frühen 20. Jahrhundert

Mit der Entwicklung einer adäquaten Formensprache für die nicht neue, aber um 1900 mehr und mehr gefragte Gestaltungsaufgabe des Villen- und Hausgartens geht ein wachsendes Interesse an der Geschichte der Gartenkunst einher. Im Blick auf die Historiografie ist die Entwicklung der privaten Gartenkunst daher von hohem Interesse.[121] Auch in München entsprach dem durch die Etablierung des Stadterweiterungsbüros erzielten Schub für die Stadtplanung ein gestiegenes Interesse der Publizistik an privater Architektur und Gartenkunst in der

Abb. 33. Villa Borscht, Heilmannstraße 33, Neptungrotte (Foto: Iris Lauterbach, 2018)

Abb. 34. Villa Borscht, Ruheplatz am See mit Skulptur des Münchner Kindl (Foto: Iris Lauterbach, 2018)

Abb. 35. Emanuel von Seidl, Villa Knorr, Brienner Straße 18, Foto 1901 (aus: Streiter/Grässel 1901–1909, VIIIb, Taf. 12)

bayerischen Landeshauptstadt. In Publikationen zu Münchens privater Wohnarchitektur und Architekturgeschichte wurden nach 1900 zunehmend auch (Vor-)Gärten gezeigt – so in der von 1901 an mit Vorworten von R. Streiter und Hans Grässel in mehr als zwölf Bänden herausgegebenen Publikation „Münchener bürgerliche Baukunst der Gegenwart“ (Abb. 35, 36).[122]

Der 1912 durch den Bayerischen Architekten- und Ingenieur-Verein herausgegebene populäre Band „München und seine Bauten“ enthält zwei Beiträge renommierter Münchner Architekten, die aus historischer Perspektive auf die privaten Münchner Haus- und Villengärten eingehen. In seinem Beitrag „Das Familienhaus“ äußerte sich Gabriel von Seidl über einen „gemeinsame[n] familiäre[n] Zug“ Münchner Wohnarchitektur, in dem er eine „gesunde Entwicklung“ diagnostizierte. „[...] man wird aus dem Gebotenen ersehen, daß der Typus dieser Häuser ein komfortabler, angenehmer und spezifisch bodenständiger ist. [...] Wir sehen das gleiche bei jeder bodenständigen Bauart; sei sie rheinisch, niederdeutsch, tirolisch, altbayerisch oder wie sie heißen will. [...] Der Charakter unseres Familienhauses ist einfach und behaglich, selbst bei vornehmen Beispielen. Die Tradition ist nicht vernichtet. Sie gibt dem Hause einen wohltuenden Hauch und eben jenen gemeinsamen Zug, der im Stadt- und Landschaftsbild erfreulich und taktvoll wirkt.“[123] Mit der Bezeichnung der lokalen altbayerischen Wohnhaustradition als „bodenständig“ verwendete Gabriel von Seidl einen Begriff, den Alwin Seifert später mit „völkischer“ Konnotation versehen sollte.

Im selben Band „München und seine Bauten“ schrieb Hans Grässel (1860–1939), seit 1900 Münchner Stadtbaurat, aus historischer Perspektive über „Pavillons, Gärten und Grabdenkmale“:[124] „Altmünchen war reich an behaglichen Hausgärten und an öffentlichen Erholungsgärten [...]. Ein Hausgarten mit plätscherndem Brunnen und einem ‚Salettl‘ war früher ein notwendiger Bestandteil jedes besseren Bürgerhauses. Infolge Vergrößerung der Einwohnerzahl und der damit verbundenen Steigerung der Grundstückpreise, besonders im Innern der Stadt, verschwanden diese Hausgärten immer mehr. Der hohe Grundstückpreis führte zum Abbruch der älteren Gebäude und zur größtmöglichsten rentierlichen Ausnützung für Geschäftszwecke. [...] Bei den zu Wohnzwecken errichteten neueren Gebäuden ist meist nur eine kleine, das baupolizeiliche Mindestmaß erfüllende, kahle Hofraumfläche oder ein Vorgarten oder Pavillonzwischenraum mit einiger Anpflanzung vorhanden. Die Zwecke eines Hausgartens können hierdurch natürlich nicht erfüllt werden. Nur einzelne neuere Wohnsitze Münchener Künstler und Kunstfreunde haben Hausgärten im Sinne der alten erhalten.“[125] Grässel vermisste die Ausbildung eines aus der Tradition entwickelten Münchner Hausgartentyps und sah hier auch städtebaulich ein Defizit. Grässels eigener, auch überregional wahrgenommener Beitrag zur Stadtentwicklung bestand in der Anlage der vier großen Münchner Friedhöfe und – bereits vor dem Ersten Weltkrieg – in der Formulierung neuer Friedhofkonzepte für die Großstadt.

119 *Jahresbericht der Bayerischen Gartenbaugesellschaft* 1902, S. 55.
120 *Die Gartenkunst* 5, 1908, S. 220 f.
121 Siehe Schweizer 2017; Lauterbach 2020.
122 Streiter/Grässel 1901–1909, Bd. 1: Wohnhäuser und Villen im Barockstil, München 1901; s. a. Rambaldi 1902.
123 Seidl, G. 1912.
124 Grässel 1912.
125 Ebd., S. 444–448.

Abb. 36. Hans Grässel, Villa in Neuhausen, Renatastraße 5, Foto 1901 (aus: Streiter/Grässel 1901–1909, VIIIb, Taf. 13)

„Ohne Mitwirkung der ‚Maßgebenden'": München und die Gartendiskussion des frühen 20. Jahrhunderts

In der Tat wurden in der deutschen Diskussion zur Gartenreform des frühen 20. Jahrhunderts[126] Münchner Villen- und Hausgärten kaum wahrgenommen. In den meistgelesenen, den Pionierpublikationen zum architektonischen Garten des frühen 20. Jahrhunderts kommen Münchner oder bayerische Beispiele nur am Rande vor. Der erste Band des einflussreichen Buches von Hermann Muthesius, „Landhaus und Garten. Beispiele neuzeitlicher Landhäuser nebst Grundrissen, Innenräumen und Gartenanlagen" (1907)[127] enthält lediglich eine Fotografie des Gartens beim Landhaus des Architekten Martin Dülfer in Krailling bei München (Abb. 37) sowie gleich mehrere Abbildungen komfortabler Gartenmöbel aus Peddigrohr in der Ausführung durch die Münchner Firma „Julius Mösler, Hof-Korbwarenfabrik" (Abb. 38). Offenbar sah Muthesius Münchens Kompetenzen nicht im künstlerischen Entwurf von Gärten, sondern im Bemühen darum, den Aufenthalt im Grünen möglichst bequem zu gestalten. Der von dem Lübecker Harry Maasz bearbeitete „Gärtnerische Teil", der spätere Auflagen von Muthesius' Buch ergänzte (vierte Auflage von 1925), enthält viele Beispiele aus dem gesamtdeutschen Raum, aber keine aus Bayern oder München. Der Garten von Richard Riemerschmids Villa Carl in Feldafing (1910/11), ein herausragendes Beispiel für den Reformgarten,[128] wurde in der einschlägigen Gartenliteratur nicht hervorgehoben. Dies er-

Abb. 37. Krailling, Garten von Martin Dülfer (Foto aus: Muthesius 1907, S. 233)

Abb. 38. Gartenmöbel aus Peddigrohr nach Entwurf von Maximilian Sänger (Foto: aus MUTHESIUS 1907, S. 238)

staunt um so mehr, als viele stilbildende Gartenpublikationen im frühen 20. Jahrhundert bei Münchner Verlagen erschienen: Schriften zur Gartenreform – wie ab 1907 Muthesius – oft bei Bruckmann, die konservativ ausgerichteten Schriften zu Landschaft und Garten oft bei Callwey – etwa seit 1901 die mehrbändige, einflussreiche Publikation „Kulturarbeiten“ von Paul Schultze-Naumburg.[129] An den von der Zeitschrift „Die Woche“ 1907 und 1908 ausgelobten Wettbewerben zur Gestaltung von „Sommer- und Ferienhäusern“ und „Hausgärten“ nahmen nur wenige Münchner Architekten oder Landschaftsarchitekten teil. Die italianisierende Pappel scheint ein wiedererkennbares Münchner Motiv gewesen zu sein (Abb. 39).[130]

Die Villen und Häuser Theodor Fischers (1862–1938) wiesen zwar bepflanzte Außenräume mit architektonischer Gliederung und skulpturaler Ausstattung auf (Abb. 40), der Architekt interessierte sich aber offensichtlich mehr für sein eigenes Metier als für Gärten.[131] Haus Jagenberg in der Arcisstraße 20 in der Maxvorstadt, 1933 abgerissen, um dem „Führerbau“ Platz zu machen, wurde in der Fachpresse mehrfach als Beispiel für die Wohnhäuser Fischers abgebildet. Herman Sörgel (1885–1952), Schriftleiter der seit 1925 durch den Bauunternehmer Bernhard Borst (1883–1963) in München herausgegebenen Zeitschrift „Baukunst“, kommentierte kurz angebunden eine Abbildung von Haus und Garten (Abb. 41): „Die verfehlte Vorgartenanlage ist von anderer Hand.“[132]

In seinem 1927 beim Leipziger Gebhardt-Verlag erschienenen Buch über „Das Haus fürs Wochenende“ kontrastierte Sörgel „Die beiden Extreme, vor welchen man sich hüten muß.“[133] „Falsche, verlogene Wochenend-Romantik!“ sah er im überfrachteten Hausgarten für die Bedürfnisse des Spieß-

126 Siehe MADER 1999, SCHNEIDER 2000; WIMMER 2018, S. 369–404.
127 MUTHESIUS 1907 und spätere Auflagen; s. a. SCHNEIDER 2000.
128 Siehe SCHOBER 1999, S. 226 f.
129 Zur Rolle der Münchner Verlage für die Gartendiskussion des frühen 20. Jahrhunderts s. LAUTERBACH 2020.
130 Siehe *Sommer- und Ferienhäuser* 1907; MADER 1999, S. 48–56; SCHNEIDER 2000, S. 273–278.
131 Siehe Bestand Theodor Fischer im Architekturmuseum der TU München.
132 *Baukunst* 1, 1925, S. 122.
133 SÖRGEL 1930, S. 3 f.

Abb. 39. Heinrich Tremel, Entwurf für ein „Sommerhaus in Deutschland“, 1907 (aus: *Sommer- und Ferienhäuser* 1907, 11. Sonderheft der Woche, Neue Folge, Berlin 1907, Taf. II)

Abb. 40. Theodor Fischer, Entwurf Haus Jagenberg, Arcisstraße 20, 1920 (Architekturmuseum der TU München)

bürgers, aber die „Maschine statt eines Hauses" war auch keine Lösung (Abb. 42a, b). Mit dem polemischen Hinweis auf das „Haus als Maschine" bezog sich Sörgel auf die Stuttgarter Weißenhofsiedlung 1927. Über viele Münchner Villengärten des frühen 20. Jahrhunderts ist nichts mehr bekannt, sie dienten aber als Hintergrund und stilistisches Gegenbild solcher gartenkünstlerischer Debatten. Der Kunsthistoriker Hans Rose konstatierte 1929 ein Defizit der Wahrnehmung der Münchner Gartenkunst in der Fachdebatte und distanzierte sich von den „Maßgebenden" seiner Zeit: „München besitzt die Eigenschaften einer Metropole insofern, als sein Leben selbstzeugend ist und nötigenfalls ohne Mitwirkung der ‚Maßgebenden' sein inneres Wachstum fortsetzt. Im gleichen Zeitpunkt, in dem die städtischen Großanlagen ins Freudlose herabsanken, haben in dem gleichen München Privatleute dafür gesorgt, daß den Gärten ein ernster Begriff von Kunst

Abb. 41. Theodor Fischer, Haus Jagenberg, Arcisstraße 20 (Foto: aus *Baukunst* 1, 1925, S. 122)

erhalten blieb und die Entwicklung da wieder aufgenommen wurde, wo sie dem alternden Seidl entglitten war. Was diese Privaten mit Seidl gemein haben, ist dies, daß sie Hausgärten gestalten und diese als Teil der Hausarchitektur angesehen werden wollen."[134]

„Ein ernster Begriff von Kunst": Alwin Seifert und der „bodenständige Garten"

Mit Alwin Seifert (1890–1972) trat seit den frühen 1920er Jahren ein Architekt hervor, der als „Gartengestalter" die Entwicklung des Münchner Villen- und Hausgartens der 1920er und 1930er Jahre prägen sollte.[135] Nach einer Maurerlehre studierte der Sohn eines Bauunternehmers bis 1913 Architektur an der Technischen Hochschule München. Von 1923 an machte er sich als Architekt selbständig, profilierte sich aber immer mehr als Gartenarchitekt beziehungsweise „Gartengestalter", wie er sich nannte. In dieser Zeit gestaltete er vor allem Hausgärten sowie Siedlungsgärten wie die der Borstei in München (1924–29) (Abb. 47). Seit 1927 publizierte Seifert unentwegt in einschlägigen Gartenzeitschriften, vor allem der „Gartenkunst", und vernetzte sich gleichermaßen in den Berufsgruppen der Architekten und Gartenarchitekten. Von 1932 an lehrte er im Rahmen eines Lehrauftrags an der Technischen Hochschule München. 1934 berief ihn Fritz Todt, „Generalinspektor für das Straßenwesen", zu seinem „Berater in allen Fragen der landschaftlichen Eingliederung der deutschen Strassen und Kraftfahrbahnen". Als Mitglied der 1938 gegründeten, militärisch organisierten „Organisation Todt" war Seifert für große Infrastrukturprojekte wie unter anderem die Autobahn München-Salzburg maßgeblich mit verantwortlich. 1940 ernannte Adolf Hitler ihn zu einem der sogenannten „Reichslandschaftsanwälte des Generalinspektors für das deutsche Straßenwesen". Er setzte sich für eine landschaftliche Einbindung von Straßen, Autobahnen und Wasserkraftwerken ein und entwickelte ein Konzept zum „Eindeutschen" der Ostgebiete durch die Bepflanzung. Als „völkisch" orientierter, antisemitisch eingestellter Protagonist des Regimes agierte er – allem Anschein nach ein ebenso geltungsbewusster wie streitlustiger Vertreter seines Fachs – in hervorgehobener Position. Der durch das Ende des NS-Regimes nur unwesentlich erschütterte berufliche Erfolg Seiferts auch nach 1945 ist ein typisches Beispiel für die Kontinuität eines politisch ambivalenten Lebenslaufs.

134 ROSE 1929, S. 288.

135 Das folgende nach Personalakt Alwin Seifert, Archiv TU München; Nachlass Alwin Seifert, Architekturmuseum TU München und Lehrstuhl für Landschaftsarchitektur und öffentlicher Raum, TU München; SCHIERGERL/STIEGLER 1985, REITSAM 2001; ZELLER 2003; weitere Literatur bei PARTSCH 2019; s. a. LAUTERBACH 2020.

Die beiden Extreme,
vor welchen man sich hüten muß.

Keine falsche, verlogene
Wochenend-Romantik!

Aber auch keine

1* **3**

Maschine statt eines Hauses

Man vergleiche damit Goethes Gartenhaus im Park zu Weimar, das ideale Vorbild des Wochenendhauses, wo Goethe – wie er sagte – des Balsams der allheilenden Natur teilhaftig wurde!

4

Abb. 42a, b. Herman Sörgel, „Die beiden Extreme, vor welchen man sich hüten muß", 1927 (aus: SÖRGEL 1930, S. 3 f.)

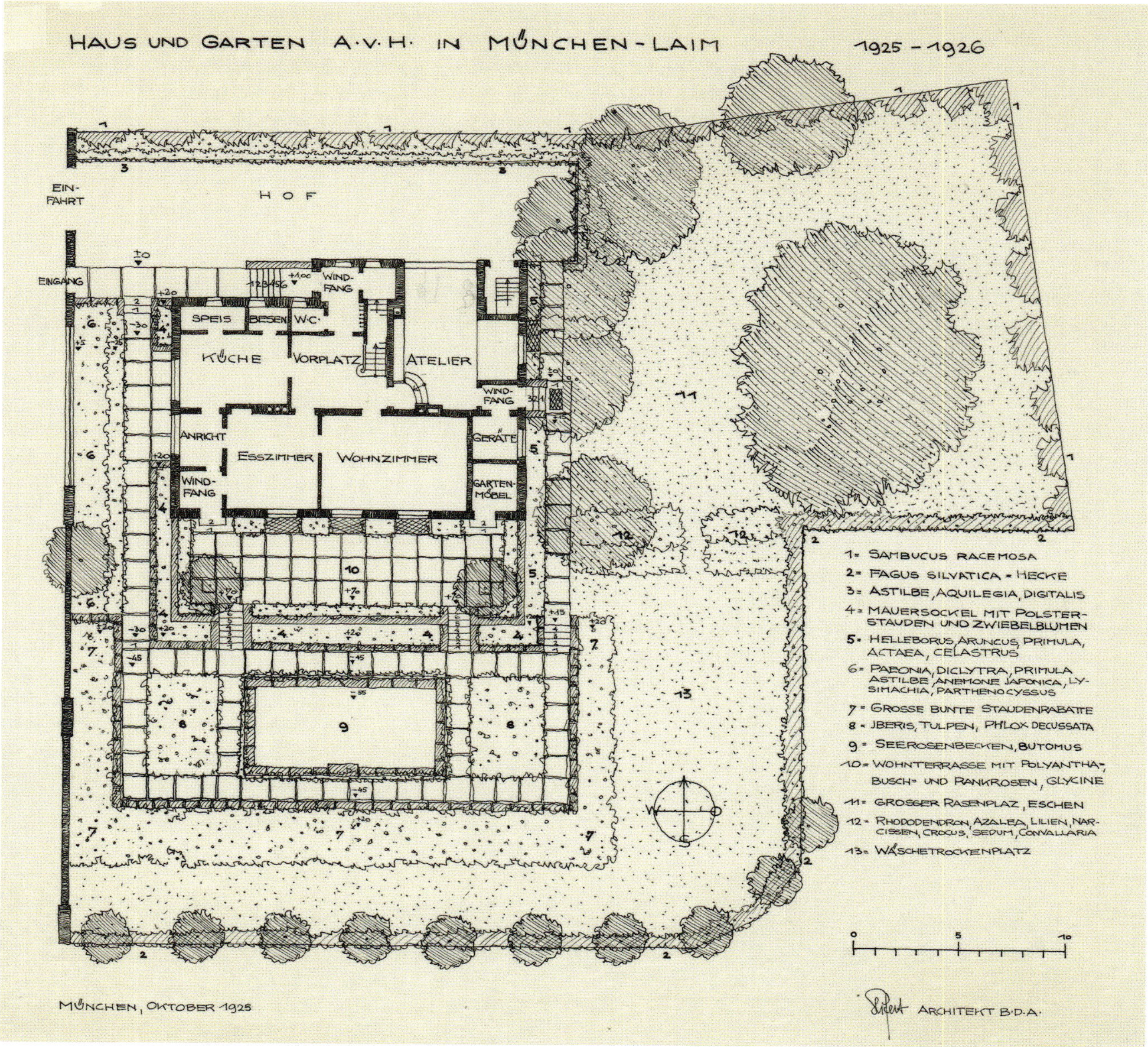

Abb. 43. Alwin Seifert, „Haus und Garten A. v. H. in München-Laim", Von-der-Pfordten-Straße 19, 1925 (Architekturmuseum der TU München)

Die Doppelqualifikation eines ausgebildeten Architekten und Gartengestalters aus persönlicher Neigung hob Seifert in der Münchner Architekturszene der zweiten Hälfte der 1920er und der 1930er Jahren hervor. Auf die Tradition Gabriel von Seidls zurückgreifend, „beruft sich [Seifert] auf das Bäuerliche im Garten, auf den niederdeutschen Sinn für Blumenschönheit und gärtnerische Ordnung, die man so gern aus peinlich gepflegten Zimmern auf das Freie überträgt und als geistige Ordnung deuten möchte. Ursprünglich ist er Architekt. Daher die Sicherheit, mit der er Haus und Garten zueinander abstimmt."[136] Bevor Seifert sich in den Dienst des NS-Regimes stellte und seine berufliche Tätigkeit für ein gutes Jahrzehnt auf die Landschaftsgestaltung durch Straßen- und Wasserbau konzentrierte, trat er in erster Linie für ein vorherrschendes Thema ein: den von ihm als „bodenständig" bezeichneten „Neuen Garten" als eine Ausprägung des modernen Hausgartens.[137] Das „Bodenständige" war ein zeittypischer kulturpolitischer Begriff, der – wie oben erläutert – aus der Architekturdebatte der Seidl-Zeit stammte. In der erstarkenden „völkischen" Kulturszene Münchens traf der Begriff den Nerv der Zeit. Das Thema „Neuer Garten", analog zum „Neuen Wohnen", lag in den 1920er Jahren im Zentrum des Interesses von Architekten und Gartenarchitekten und wurde, nicht nur in München, in einem breiten Spektrum zwischen konservativer und moderner ‚Gesinnung' debattiert.

Kenntnisse der Botanik und der Pflanzenverwendung hatte sich Seifert selber angeeignet. Unter den von ihm gestalteten Hausgärten nahm sein eigener Garten in der Von-der-Pfordten-Straße 19 in Laim (Abb. 43–45) eine besondere Stellung ein, ganz in der Nähe der neuen Siedlung Laim und des Wohnhauses von Theodor Fischer. Den Garten hatte Seifert 1925/26 bereits für den Vorbesitzer v. Hentig gestaltet und das Haus und Grundstück erst später selbst erworben, nachdem er 1924

Abb. 44a, b. Alwin Seiferts Hausgarten, Von-der-Pfordten-Straße 19 (Fotos: aus ROSE 1929, S. 291)

in zweiter Ehe Maria Orff, eine Schwester des Komponisten Carl Orff, geheiratet hatte. Fotos dieses, seines eigenen Gartens platzierte Seifert in zahlreichen Artikeln und Publikationen als Prototyp des von ihm konzipierten „Neuen Gartens" (Abb. 44a, b, 45).

In der zweiten Hälfte der 1920er Jahre fand in der deutschen Fachwelt und -presse eine intensive Debatte über den „Neuen Garten", den Garten der Moderne, statt.[138] Harry Maasz (1880–1946), Leberecht Migge (1881–1935) oder Georg Pniower (1896–1960) publizierten ihre Vorstellungen eher in der Zeitschrift des Bundes Deutscher Gartenarchitekten – „Der Deutsche Gartenarchitekt" (1924–1935) –, während Seifert sich vor allem in der in Hannover erscheinenden „Gartenkunst" und der in München von Borst herausgegebenen „Baukunst" äußerte. In der publizistisch ausgetragenen Debatte fanden immer häufiger auch Architektur- und Gartenausstellungen Beachtung. 1927 eröffnete in Stuttgart die Weißenhofsiedlung. In einem Heft über „Zwei Wohnhäuser von Le Corbusier und Pierre Jeanneret" formulierte Le Corbusiers Mitarbeiter Alfred Roth 1927 „Fünf Punkte zu einer neuen Architektur". Im Abschnitt über „Die Gartengestaltung" heißt es: „Die Zeit der ‚Gartenarchitektur' ist vorbei. [...] Der Garten ist Natur ums Haus.

136 ROSE 1929, S. 307 f.
137 Siehe REITSAM 2001; SCHIERGERL/STIEGLER 1985.
138 Siehe WIMMER 2018, S. 369–404.

Abb. 45. Garten Von-der-Pfordten-Straße 19 (Foto: Iris Lauterbach, 2018)

Abb. 46. Stuttgart, Weißenhofsiedlung, Häuser von Le Corbusier (Foto: aus Roth 1927, S. 21)

[...] Die kristallinen Formen konkreten Denkens gehen nicht über den Architekturkörper hinaus, sondern treffen hier auf gegensätzliche, Spannung bereitende Formen: die der Natur. Die Natur erscheint wild. [...] Le Corbusier liebt es, mit sämtlichen ihm zur Verfügung stehenden Formen (Natur und Geometrie) Spannungen und reizvolle Gegensätzlichkeitswirkung herbeizuführen."[139] Le Corbusier war der einzige der Architekten der Weißenhofsiedlung, der den exponiert am Hang liegenden Garten seiner Häuser auch selbst entworfen hatte (Abb. 46).

In einer Kritik der „Stuttgarter Weißenhof-Siedlung in gartenkritischer Betrachtung" (1927) verriss Alwin Seifert die dort angelegten Gärten.[140] Er schimpfte über „erlogenen romantischen Kitsch" und beklagte: „Schlimmer noch ist, daß dieses Versagen eigentlich nur den Gartenfachleuten bewußt wurde; die Architekten scheinen in ihrer Mehrzahl nichts davon gemerkt zu haben." Über die „Neue Wohnung", zu der ein „Neuer Garten" entwickelt werden müsse, heißt es in derselben Kritik: „Einer der wichtigsten Programmpunkte der ‚Neuen Wohnung' ist das bewußte Wohnen in die Natur und die Landschaft hinaus, die Einbeziehung der landschaftlichen und gärtnerischen Umgebung des Hauses in die Wohnräume hinein." In einem Nebensatz verwendete Seifert den im Münchner Architekturdiskurs der Seidl-Zeit schon länger üblichen Begriff des „Bodenständigen", den er nun zum Kampfbegriff eines konservativen, „völkisch" unterfütterten Gartenkonzepts aufbaute. „Die Gartenkunst steht vor keiner Zeitenwende wie die Baukunst; doch muß sie mit dieser [...] mitgehen und ihren Gesetzen gehorchen, Kind des gleichen Geistes sein. [...] Klarheit, Zweckmäßigkeit, Einfachheit, Wirtschaftlichkeit und vor allem Ehrlichkeit" nennt er als Oberbegriffe. 1929 führte Seifert seine „Gedanken über bodenständige Gartenkunst" in der Zeitschrift „Die Gartenkunst" weiter aus unter den auf die Pflanzenverwendung bezogenen „Leitworten" „Wirtschaftlichkeit, Sachlichkeit, Normung"[141] und Typisierung. In der Pflanzenverwendung meinte er damit neben einjährigen Blumen, Knollen- und Zwiebelpflanzen vor allem Stauden, die durch Gärtnereien und den Gartenfachhandel soweit typisiert werden sollten, dass auch der Privatmann und Laie sie im Garten leicht pflanzen könne. Seiferts eigene Gartenentwürfe (Abb.

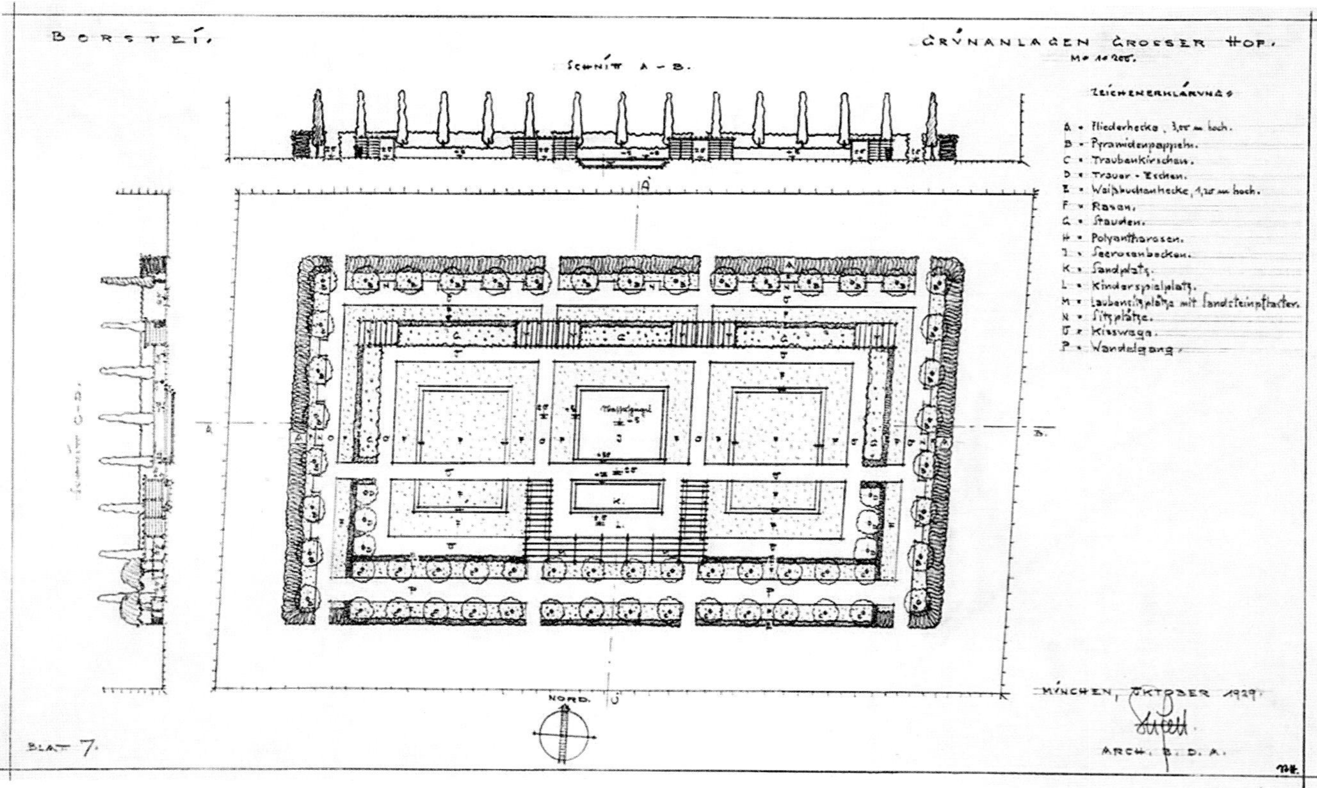

Abb. 47. Alwin Seifert, Pflanzplan für die „Grünanlagen Großer Hof" der Borstei, 1929 (Architekturmuseum der TU München)

43, 47) weisen detaillierte Bepflanzungspläne auf. Dass er nicht preisgab, aus welchen zeitgenössischen Publikationen er seine Kenntnisse der Pflanzenverwendung bezog – Harry Maasz? Camillo Karl Schneider? Karl Foerster?[142] –, liegt sicherlich im Ego des Architekten begründet, der sich erfolgreich zum innovativen Solitär in der Münchner Gartenlandschaft zu stilisieren wusste.

„Die Kunsthistoriker sind uns auf den Fersen!": Seifert, Rose, Hallbaum[143]

Als erster Münchner Hochschuldozent lehrte der Kunsthistoriker Hans Rose (1888–1945) im Wintersemester 1926/27 das Thema Geschichte der Gartenkunst an der Münchner Universität.[144] In der Zeitschrift „Baukunst" fasste er 1929 „Münchner Gärten. Überlieferung und Gegenwart" zusammen, einer der frühesten kunsthistorischen Texte zur Münchner Gartenkunst.[145] Bei Rose wurde 1926 Franz Hallbaum (1893–1939) promoviert. Hallbaums Dissertation „Der Landschaftsgarten. Seine Entstehung und seine Einführung in Deutschland durch Friedrich Ludwig von Sckell, 1750–1823" (1927 publiziert) ist die früheste kunsthistorische Beschäftigung mit dem deutschen Landschaftsgarten und mit Sckell. Nach der Promotion wurde Hallbaum, der von München nach Frankfurt am Main und von dort nach Hannover umzog, 1927 für zweimal hintereinander zwei Jahre Schriftführer der Zeitschrift „Die Gartenkunst". Hier schrieb er über alle Gartenthemen und gab mit seinem Urteil oft die Richtung an: ob über zeitgenössische Landschaftsarchitekten wie Alwin Seifert oder den Stuttgarter Otto Valentien, über aktuelle Fragen von Gartenkunst und Städtebau oder über gartenhistorische Themen und Funde.

Seit 1927 publizierten Hallbaum und Seifert, die sich kannten und einander schätzten, in der „Gartenkunst" ihre – durchaus unterschiedlichen – Vorstellungen zum „Neuen Garten". Seifert, Rose und Hallbaum gehörten dem gleichen „völkisch" orientierten geistigen Milieu an. Die Erfindung und Entwicklung des „Neuen Gartens", dessen Münchner „bodenständige" Variante seit den 1920er Jahren von Alwin Seifert geprägt war, erhielt wesentliche Impulse durch die Auseinandersetzung des Architekten und Gartengestalters mit den Kunsthistorikern Rose und Hallbaum: eine Auseinandersetzung, die Seifert als sportliche Konkurrenz charakterisierte: „Die Kunsthistoriker sind uns auf den Fersen!"[146] Aus der Perspektive des Kunsthistorikers motivierte – einerseits – die Debatte des frühen 20. Jahrhunderts zum privaten Haus- und Villengarten die Auseinandersetzung mit der Geschichte der Gartenkunst und ihren Stilformen: „[...] die Geschichte der Gartenkunst [nimmt] Anteil an dem, was die jeweilige Gegenwart an gärtnerischen Typenbildern fordert."[147] Andererseits wirkte die Kunstgeschichte „anregend und befruchtend"[148] auf das Schaffen der Gartenarchitekten gerade im Bereich der privaten Villen- und Gartenkultur.

139 Roth 1927, S. 37.
140 Seifert 1927, danach die folgenden Zitate: S. 59 und S. 58.
141 Seifert 1929, S. 132.
142 Vgl. Wimmer 2018, S. 369–404.
143 Siehe komplette Literaturangaben in Lauterbach 2020.
144 Zu Roses Biografie s. Fuhrmeister 2006.
145 Rose 1929.
146 Seifert 1931, S. 61.
147 Hallbaum 1927, S. 7.
148 Ebd., S. 8.

Literatur

175 Jahre Flaucheranlagen 2014 – *175 Jahre Flaucheranlagen und Stadtgärtnerei*, hrsg. von Landeshauptstadt München, Baureferat: Dokumentation Nr. 9, München 2014

Bäumler 2005 – Bäumler, Klaus: *Stadt-Grün statt Grau*, in: Wanetschek 2005, S. 207–235

Bäumler 2013 – Bäumler, Klaus: *Der Park des Grafen Montgelas. Ein Panorama der Gartenkunst in der Isar-Metropole*, in: Aviso 2013, 2, S. 44–49

Bauer 1990 – Bauer, Richard (Hrsg.): *Stadt und Vorstadt. Münchner Architekturen, Situationen und Szenen 1895–1935. Der Norden und Nordwesten*, München 1990

Bauer, *Vorstadt* 1990 – Bauer, Richard: *Die Vorstadt – ein Begriff im Wandel*, in: Bauer 1990, S. 9–21

Bauer 1993 – Bauer, Richard: *Der Münchner „Theodor-Park" (Englischer Garten). Stadtbürgertum und nützliche Landschaftsgestaltung gegen Ende des 18. Jahrhunderts*, in: Wald, Garten und Park: vom Funktionswandel der Natur für die Stadt, hrsg. von Bernhard Kirchgässner und Joachim B. Schultis (28. Arbeitstagung in Nagold, 1989), Sigmaringen 1993, S. 51–63

Birnie Danzker 2006 – Birnie Danzker, Jo-Anne (Hrsg.): *Villa Stuck*, München 2006

Blössner 1918 – Blössner, August: *25 Jahre Münchener Stadterweiterung: 1893–1918. Aus Anlass des 25 jährigen Bestehens des Stadterweiterungsbüros München verfasst von August Blössner*, München 1918

Brandlhuber 2006 – Brandlhuber, Margot Th. : *Der Künstlergarten*, in: Birnie Danzker 2006, S. 196–233

Buchner 1899 – Buchner, Hans: *Ein Gutachten zur Wohnungsfrage*, in: Münchner medizinische Wochenschrift 1899, Nr. 3, S. 73–75; Nr. 4, S. 114–118

Buchner 1903 – Buchner, Hans: *Acht Vorträge aus der Gesundheitslehre*, Leipzig ²1903

Cavalieri 1996 – Cavalieri, Ingrid: *Leben und Werk des Kunst- und Handelsgärtners Michael Buchner – Ausschnitte seiner gartenkünstlerischen Tätigkeit unter besonderer Berücksichtigung der ‚Villa Waldberta'*, Diplomarbeit FH Weihenstephan 1996

Cavalieri 2019 – Cavalieri, Ingrid: *Die Münchner Gärtnerfamilie Buchner*, in: Zandera 33, 2019, Nr. 1, S. 5–24

Dohna/Schönborn/Sayn-Wittgenstein-Sayn 1986 – Dohna, Ursula Gräfin zu/Schönborn, Philipp Graf/Sayn-Wittgenstein-Sayn, Marianne Fürstin zu: *Private Gartenkunst in Deutschland*, Herford 1986

DOMBART 1965 – DOMBART, THEODOR: *Biederstein*, in: Oberbayerisches Archiv 87, 1965, S. 7–68

ESCHENBURG 1999 – ESCHENBURG, BARBARA: *Lenbachs Villa*, München 1999

FAASS 2017 – FAASS, MARTIN: *Liebermann und Lichtwark. Eine Kunst- und Gartenfreundschaft*, in: Schweizer/Faass 2017, S. 154–167

FISCH 1988 – FISCH, STEFAN: *Stadtplanung im 19. Jahrhundert. Das Beispiel München bis zur Ära Theodor Fischer*, München 1988

FUHRMEISTER 2006 – FUHRMEISTER, CHRISTIAN: *Hans Rose: eine biographische Skizze*, in: Schneider, Pablo/Zitzlsberger, Philipp (Hrsg.): Paul Fréart de Chantelou: Bernini in Paris, Berlin 2006, S. 434–455

GEGNER 2010 – GEGNER, PHILIPP: *Der Montgelas-Naturgarten in München-Bogenhausen. Rekonstruktion und Visualisierung einer verschwundenen Kostbarkeit*, mit einem Vorwort von Klaus Bäumler, Diplomarbeit, Hochschule Weihenstephan-Triesdorf, Freising 2010 (Typoskript)

Gelobtes Land 1993 – *Gelobtes Land. Emanuel von Seidl, Parklandschaft in Murnau*, Ausst.-Kat. Murnau 1993–1994

GRÄSSEL 1912 – GRÄSSEL, HANS: *Pavillons, Gärten und Grabdenkmale*, in: München und seine Bauten 1912, S. 443–455

GRIBL 1999 – GRIBL, DORLE: *Villenkolonien in München und Umgebung. Der Einfluß Jakob Heilmanns auf die Stadtentwicklung*, München 1999

GRÖNING/WOLSCHKE-BULMAHN 1987 – GRÖNING, GERD/WOLSCHKE-BULMAHN, JOACHIM/SOMMER, MARIANNE (Mitarb.): *1887–1987 DGGL Deutsche Gesellschaft für Gartenkunst und Landschaftspflege e.V. Rückblick auf 100 Jahre DGGL*, hrsg. von der Deutschen Gesellschaft für Gartenkunst und Landschaftspflege, Berlin 1987 (Schriftenreihe der Deutschen Gesellschaft für Gartenkunst und Landschaftspflege, Bd. 10)

GRÖSCHEL/SCHEUER 2012 – GRÖSCHEL, CLAUDIA/SCHEUER, HERMANN (Hrsg.): *Frauendorfer Gartenschätze. Das Werk Johann Evangelist Fürsts im Spiegel seiner Zeit*, Passau 2012 (Veröffentlichungen des Instituts für Kulturraumforschung Ostbaierns und der Nachbarregionen der Universität Passau, Bd. 66)

HALLBAUM 1927 – HALLBAUM, FRANZ: *Der Landschaftsgarten. Seine Entstehung und seine Einführung in Deutschland durch Friedrich Ludwig von Sckell, 1750–1823*, München 1927

HANNWACKER 1992 – HANNWACKER, VOLKER: *Friedrich Ludwig von Sckell. Der Begründer des Landschaftsgartens in Deutschland*, Stuttgart 1992

HEILER 1902 – HEILER, JAKOB: *Die Gartenkunst in München*, in: Jahresbericht der bayerischen Gartenbaugesellschaft 1902, S. 71–102

HEILMANN 1881 – HEILMANN, JAKOB: *München in seiner baulichen Entwicklung*, München 1881

HERZOG 1994 – HERZOG, RAINER: *Pyramidenpappel oder Pyramideneiche? Anmerkungen zur Verwendung von Gehölzen mit säulenförmigem Habitus bei Friedrich Ludwig von Sckell (1750–1823)*, in: Schmidt, Erika/Hansmann, Wilfried/Gamer, Jörg (Hrsg.): Garten, Kunst, Geschichte. Festschrift für Dieter Hennebo zum 70. Geburtstag, Worms 1994, S. 67–74

HOH-SLODCZYK 1985 – HOH-SLODCZYK, CHRISTINE: *Das Haus des Künstlers im 19. Jahrhundert*, München 1985

HUBER 2000 – HUBER, BRIGITTE: *Auf der Suche nach historischer Wahrheit. Carl August Lebschée (1800–1877). Ein Münchner Künstlerleben*, hrsg. vom Historischen Verein von Oberbayern, München 2000

HUBER 2015 – HUBER, BRIGITTE: *Mauern, Tore, Bastionen. München und seine Befestigungen*, hrsg. vom Historischen Verein von Oberbayern, München 2015

JOOSS 2006 – JOOSS, BIRGIT: *Die Villa Stuck – gesehen mit den Augen ihrer Zeitgenossen*, in: Birnie Danzker 2006, S. 235–255

KARL 2000 – KARL, WILLIBALD (Hrsg.): *Der Herzogpark. Wandlungen eines Zaubergartens*, München 2000

KIENER 1929 – KIENER, HANS: *Der Neubau der Städtischen Galerie an der Luisenstrasse in München*, in: Baukunst 5, 1929, S. 153–169

KÖPPELMANN/PEDARNIG 2016 – KÖPPELMANN, KONSTANTIN/PEDARNIG, DIETLIND: *Münchner Palais*, München 2016

KOLB 1886 – KOLB, MAX: *Die Blumen-Ausstellung der bayerischen Gartenbau-Gesellschaft vom 22. bis 31. Mai 1886*, München 1886

KOLB 1909 – KOLB, MAX: *Persönliche Erinnerungen zur Jubelfeier der Bayerischen Gartenbaugesellschaft*, München 1909

KOLB 1911 – KOLB, MAX: *Erinnerungen welche sich meinen bisher veröffentlichten Tätigkeits-Berichten anschließen*, München 1911

KUNSTMANN 1993 – KUNSTMANN, JOANNA: *Emanuel von Seidl (1856–1919). Die Villen und Landhäuser*, München 1993

LAUTERBACH 2002 – LAUTERBACH, IRIS (Hrsg.): *Friedrich Ludwig von Sckell (1750–1823): Gartenkünstler und Stadtplaner* (Die Gartenkunst, 14, 2002, 2)

LAUTERBACH 2009 – LAUTERBACH, IRIS: *Von der Wissenschaft zum Biergarten. Der Alte Botanische Garten in München – Stationen der Entwicklung einer innerstädtischen Oase*, in: Stadt + Grün, 58, 2009, 12, S. 25–30

LAUTERBACH 2020 – LAUTERBACH, IRIS: *Gartenkunst in München im frühen 20. Jahrhundert: Institutionen, Lehre, Forschung*, in: Lauterbach, Iris (Hrsg.): Gartenkunst und Freiraumplanung in München, 1900–1945 (in Vorbereitung)

LEHMBRUCH 1987 – LEHMBRUCH, HANS: *Ein neues München. Stadtplanung und Stadtentwicklung um 1800. Forschungen und Dokumente*, München 1987

LEHMBRUCH 2002 – LEHMBRUCH, HANS: *„So wirkte Sckell": Friedrich Ludwig von Sckell als Stadtplaner in München*, in: Lauterbach 2002, S. 327–395

LICHTWARK 1924 – LICHTWARK, ALFRED: *Reisebriefe*, hrsg. von Gustav Pauli, Hamburg 1924

LOUDON 1833 – LOUDON, JOHN CLAUDIUS: *Notes and Reflections made during a Tour through Part of France and Germany, in the Autumn of the Year 1828*, in: The Gardener's Magazine, August 1833, Bayern: S. 385–415

MADER 1999 – MADER, GÜNTER: *Gartenkunst des 20. Jahrhunderts. Garten- und Landschaftsarchitektur in Deutschland*, Stuttgart 1999

MEINCKE 1991 – MEINCKE, MARINA: *Der Garten Heilmannstrasse 33 in München-Thalkirchen (1897–1991)*, Abschlussarbeit Aufbaustudium Denkmalpflege, FH Weihenstephan, 1991 (Typoskript)

MEYER 1860 – MEYER, GUSTAV: *Lehrbuch der schönen Gartenkunst*, Berlin 1860 und weitere Auflagen u. a. 1862 und 1873

MOSBAUER/VALENTIEN 1991 – MOSBAUER, AMREI/VALENTIEN, CHRISTOPH: *Die Kommunale Grünentwicklung in München*, in: Oberbayerisches Archiv 115, 1991, S. 205–282

München und seine Bauten 1912 – *München und seine Bauten*, hrsg. vom Bayerischen Architekten- und Ingenieurverein, München 1912

Muthesius 1907 – Muthesius, Hermann: *Landhaus und Garten. Beispiele neuzeitlicher Landhäuser nebst Grundrissen, Innenräumen und Gärten*, München 1907, Vierte, völlig umgearbeitete Auflage München 1925: Bearbeitung des gärtnerischen Teiles von Harry Maasz

Ostini 1909 – Ostini, Fritz von: *Villa Franz von Stuck*, Darmstadt o. J. [1909]

Partsch 2019 – Partsch, Susanna: *Alwin Seifert*, in: Allgemeines Künstlerlexikon, Berlin/Boston 2019, Bd. 102, S. 528 f.

Pflanzen-Verzeichnis der Kunst- und Handelsgärtnerei August Buchner, München 1880

Rädlinger 2012 – Rädlinger, Christine: *Geschichte der Isar in München*, hrsg. vom Stadtarchiv München, München 2012

Rädlinger 2014 – Rädlinger, Christine: *175 Jahre Stadtgärtnerei*, in: 175 Jahre Flaucheranlagen 2014, S. 38–61

Rambaldi 1902 – Rambaldi, Karl von: *Beschaffenheit der Gärten Münchens im 16. Jahrhundert und deren Entwicklung bis zum Anfang des 19. Jahrhunderts*, in: Jahresbericht der Bayerischen Gartenbaugesellschaft 1902, München 1902, S. 118–127

Reitsam 2001 – Reitsam, Charlotte: *Das Konzept der „bodenständigen Gartenkunst" Alwin Seiferts. Fachliche Hintergründe und Rezeption bis in die Nachkriegszeit*, Frankfurt am Main u. a. 2001; dies.: *Das Konzept der „bodenständigen Gartenkunst" Alwin Seiferts. Ein völkisch-konservatives Leitbild von Ästhetik in der Landschaftsarchitektur und seine fachliche Rezeption bis heute*, in: Die Gartenkunst 13, 2001, 2, S. 275–303

Rhotert 1994 – Rhotert, Stefan: *Die Maximiliansanlagen in München: Entstehung und Urheberschaft*, in: Schmidt, Erika/Hansmann, Wilfried/Gamer, Jörg (Hrsg.): Garten, Kunst, Geschichte. Festschrift für Dieter Hennebo zum 70. Geburtstag, Worms 1994, S. 143–148

Rose 1929 – Rose, Hans: *Münchner Gärten. Überlieferung und Gegenwart*, in: Baukunst 5, 1929, S. 281–312

Roth 1927 – Roth, Alfred: *Zwei Wohnhäuser von Le Corbusier und Pierre Jeanneret. 5 Punkte zu einer neuen Architektur von Le Corbusier und Pierre Jeanneret*, Stuttgart 1927

Salmen 2002 – Salmen, Brigitte: *„Ich kann wirklich ganz gut malen". Friedrich August von Kaulbach – Max Beckmann*, Murnau 2002

Schiergerl/Stiegler 1985 – Schiergerl, Gertrud/Stiegler, Armin: *Die Gärten Alwin Seiferts*, Diplomarbeit Weihenstephan 1985

Schiermeier 2003 – Schiermeier, Franz: *Münchner Stadtatlas. Karten und Modelle von 1570 bis heute*, München 2003

Schlim 2018 – Schlim, Jean Louis: *Max Ostenrieder: ein Münchner Architekt an der Schwelle zur Neuzeit*, München 2018

Schneider 2000 – Schneider, Uwe: *Hermann Muthesius und die Reformdiskussion in der Gartenarchitektur des frühen 20. Jahrhunderts*, Worms 2000

Schober 1999 – Schober, Gerhard: *Frühe Villen und Landhäuser am Starnberger See. Zur Erinnerung an eine Kulturlandschaft*, Waakirchen-Schaftlach ²1999

Schober 2014 – Schober, Gerhard: *Die Gautinger Villenkolonie*, Passau 2014

Schweizer 2017 – Schweizer, Stefan: *„Dem architektonischen Garten wieder zu seinem Rechte zu verhelfen" – neue Vorstellungen von Gartengeschichte*, in: Schweizer/Faass 2017, S. 110–119

Schweizer/Faass 2017 – Schweizer, Stefan/Faass, Martin (Hrsg.): *Neue Gärten! Gartenkunst zwischen Jugendstil und Moderne*, Köln 2017

Sckell 1825 – Sckell, Friedrich Ludwig von: *Beiträge zur bildenden Gartenkunst*, München 1818, ²1825

Seidl, E. 1910 – Seidl, Emanuel von: *Mein Landhaus*, Darmstadt 1910

Seidl, G. 1912 – Seidl, Gabriel von: *Das Familienhaus*, in: München und seine Bauten 1912, S. 375–422

Seifert 1927 – Seifert, Alwin: *Die Stuttgarter Weißenhof-Siedlung in gartenkritischer Betrachtung*, in: Die Gartenkunst 41, 1927, S. 58–60

Seifert 1929 – Seifert, Alwin *Gedanken über bodenständige Gartenkunst*, in: Die Gartenkunst 42, 1929, S. 131 f.

Seifert 1931 – Seifert, Alwin: *Neue Baukunst – Neuer Garten?*, in: Die Gartenkunst 44, 1931, S. 60–62

Siegmund 2015 – Siegmund, Andrea: *Die Einführung und Entwicklung des Landschaftsgartens in München: Parks und Privatgärten im 19. Jahrhundert*, in: Oberbayerisches Archiv 139, 2015, S. 63–132

Sörgel 1930 – Sörgel, Herman: *Das Haus fürs Wochenende*, Leipzig 1927, ²1930

Sommer- und Ferienhäuser 1907 – *Sommer und Ferienhäuser aus dem Wettbewerb der Woche*, 2 Bde. (Die Woche, Bd. 10/11), Berlin 1907

Stephan 1998 – Stephan, Manfred: *Biographien europäischer Gartenkünstler: Carl von Effner. Gartenkünstler im Dienst der Krone und des Bürgertums*, in: Stadt + Grün 47, 1998, S. 347–355

Sterler 1821/1826 – Sterler, Alois: *Hortus Nymphenburgensis*, München 1821 und 1826

Sterler 1830 – Sterler, Alois: *Der gräflich von Montgelas'sche Naturgarten zu Bogenhausen bei München*, [München] 1830

Streiter/Grässel 1901–1909 – Streiter, R./Grässel, Hans: *Münchener bürgerliche Baukunst der Gegenwart. Eine Auswahl von charakteristischen öffentlichen und privaten Neubauten*, 12 Abteilungen, München 1901–1909

Tätigkeitsberichte/Jahresberichte der Bayerischen Gartenbaugesellschaft, München

Volckamer 2000 – Volckamer, Volker von: *Forum, Höfe und Gärten – die Außenanlagen des Bayerischen Nationalmuseums*, in: Das Bayerische Nationalmuseum. Der Neubau an der Prinzregentenstraße 1892–1900, im Auftrag des Bayerischen Nationalmuseums hrsg. von Ingolf Bauer, München 2000, S. 143–158

Wanetschek 2005 – Wanetschek, Margret: *Grünanlagen in der Stadtplanung von München. 1790–1860*, hrsg. von Klaus Bäumler und Franz Schiermeier, München 2005

Weidner 2014 – Weidner, Thomas: *Rumford. Rezepte für ein besseres Bayern*, Ausst.-Kat. München 2014

Wenng 1850 – Wenng, Gustav: *Topographischer Atlas von München in seinem ganzen Burgfrieden*, München 1849–51, Nachdruck München 2002

Westenrieder 1782 – Westenrieder, Lorenz: *Beschreibung der Haupt- und Residenzstadt München (im gegenwärtigen Zustande)*, München 1782

WIMMER 2012 – WIMMER, CLEMENS ALEXANDER: *Der Garten- und Landschaftsarchitekt in Deutschland ab 1800*, in: Der Architekt – Geschichte und Gegenwart eines Berufsstands, hrsg. von Winfried Nerdinger, Ausst.-Kat. München, München/London/New York 2012, Bd. 2, S. 745–751

WIMMER 2018 – WIMMER, CLEMENS ALEXANDER: *Lustwald, Beet und Rosenhügel. Geschichte der Pflanzenverwendung in der Gartenkunst*, Weimar 2014, zweite und verbesserte Auflage 2018

WOLF 1996 – WOLF, LUDWIG: *Der Münchner Max Kolb: ein gefragter Gartenarchitekt in Europa*, in: Oberbayerisches Archiv 120, 1996, S. 305–315

ZELLER 2003 – ZELLER, THOMAS: *„Ganz Deutschland sein Garten": Alwin Seifert und die Landschaft des Nationalsozialismus*, in: Radkau, Joachim/Uekötter, Frank (Hrsg.): Naturschutz und Nationalsozialismus, Frankfurt am Main/New York 2003, S. 273–307

ZIMMERMANN 1903 – ZIMMERMANN, WILHELM: *Die königlichen Gärten Oberbayerns in kunstgeschichtlicher und kritischer Beleuchtung [...] Nach dem hinterlassenen Manuskripte auf Wunsch der Hinterbliebenen bearbeitet und herausgegeben von J. Trip, Stadtgartendirektor in Hannover und H. Schall, königl. Bayer. Hofgärteningenieur*, Berlin 1903 (Deutsche Gärten in Wort und Bild, Folge 1)

ZIMMERMANNS 1980 – ZIMMERMANNS, KLAUS: *Friedrich August von Kaulbach 1850–1920. Monographie und Werkverzeichnis*, München 1980

Swantje Duthweiler

Pflanzenverwendung in Villengärten 1830–1930 am Starnberger See

An den Ufern des Starnberger Sees hat sich im 19. und frühen 20. Jahrhundert eine der bedeutendsten Villenlandschaften Deutschlands entwickelt. Nicht nur Landhäuser und Sommerschlösschen, auch Villengärten und Parklandschaften sind von kulturhistorisch herausragendem Wert. Sie zeigen zeitgenössische Vorlieben und regionale Bauweisen und bilden ein Gesamtkunstwerk aus Architektur, Gärten und Kulturlandschaft (Abb. 1). Viele Entwicklungen sind inzwischen in Vergessenheit geraten. In den Gärten ablesbare Spuren lassen sich oft nicht mehr deuten und bewerten. Umso wichtiger ist es, charakteristische Elemente historischer Villengärten und ihrer Bepflanzung im Zusammenhang ihrer Zeit zu verstehen.

Der englische Landschaftsgarten mit nordamerikanischen Gehölzen (1770–1840)

Anfang des 19. Jahrhunderts hatten vor allem die Parkanlagen des Adels Einfluss auf die Entwicklung neuer Villengärten am Starnberger See, dessen idyllische Uferlandschaft zum bevorzugten Ziel des Münchner Hofes wurde. König Max I. Joseph ließ Schloss Berg herrichten und den barocken Lustgarten 1807–11 vom Münchner Hofgartenintendanten Friedrich Ludwig von Sckell (1750–1823) als Landschaftspark umgestalten.[1] In Sckells „natur-expressiven Landschaftsgärten“[2] wur-

1 Schober 1999, S. 11; Schober 2005, S. 102; allgemein zu Sckell: Wimmer 2014, S. 217.

2 Wimmer 2014, S. 216.

Abb. 1. Kulturlandschaft Starnberger See mit Villengärten (u. a. Villa Sack) und Alpenkette, um 1930 (Foto: aus Schober 1999, S. 297)

de der individuelle Pflanzencharakter bedeutsam. Es waren Raumkunstwerke aus Gehölzgruppen, Bodenmodellierung, Sichtachsen und der Bewegung des Spaziergängers im Park – „dichterische und malerische Bilder“[3] entlang verschlungener Wege, die die natürlichen Gegebenheiten ästhetisch überhöhen. Laut Wimmer bestand Sckells Bepflanzungsprinzip im Wesentlichen darin, größere, dominierende Gruppen ein und derselben Art aufzubauen und diese „durch kleinere Tuffs oder Einzelexemplare physiognomisch entsprechender, gegebenenfalls auch kontrastierender Charaktergehölze zu akzentuieren“[4] (z. B. im Hell-Dunkel-Kontrast). Neben einheimischen Gehölzarten bezog Sckell neue fremdländische Bäume und Sträucher. In seinen Lehr- und Wanderjahren war er als Gärtnergeselle in den Botanischen Gärten in Kew (Abb. 2) und Chelsea gewesen[5], dem damaligen „Zentrum der Verbreitung amerikanischer Gehölze in Europa“.[6] Hier studierte er drei Jahre lang die „wissenschaftliche Botanik“, fertigte Herbarien an und importierte „seltene Gewächse und Samen“ in „großer Anzahl“ nach Deutschland.[7] Erst mit der Einführung des Landschaftsgartens entwickelte sich in Deutschland seit den 1760er und 1770er Jahren „eine Einführungsperiode von besonderer Lebhaftigkeit“ bezogen auf nordamerikanische Gehölze.[8]

Als Sckell nach seinen Schwetzingen Jahren 1789 von Kurfürst Karl Theodor nach München berufen wurde, sei die „Garten-Kultur hier leider noch auf einer sehr niedern Stufe“ und „in einem ewigen Stillstande“ gewesen.[9] Ein wesentliches Kriterium seiner Kritik war das Fehlen besonderer Gehölze. So führte Carl August Sckell aus, dass sein Onkel beim Durchstreifen der Hauptstadt nur „zufällig in einem Privatgärtchen einen schön blühenden (Schein-)Akazien-Baum (*Robinia pseudoacacia*) gefunden“ habe, „vielleicht den einzigen damals in München“.[10] Wenige Jahre später hatte er als Hofgartenintendant von München in „Pflanzschulen“ für den Englischen Garten, für den Schlosspark Schleißheim und „alle Anlagen in den königlichen Gärten viele hundert Arten von ausländischen Bäumen und Sträuchern“ gezogen.[11] In seinem Lehrbuch „Beiträge zur bildenden Gartenkunst für angehende Gartenkünstler und Gartenliebhaber“ (1818) widmete er ein ganzes Kapitel der „Nothwendigkeit der Baumschulen ausländischer und einheimischer Bäume und Sträucher bei großen Gartenanlagen“.[12] Die „Beiträge zur bildenden Gartenkunst“ sind ein Lehrbuch zur Parkgestaltung mit Kapiteln wie „Ueber das bildliche malerische Gruppiren und Verbinden der Bäume und Sträucher in den Gärten selbst“, „Wie die hoch wachsenden Bäume oder Gesträuche im Hintergrund und die minder hoch wachsenden vor diesen aufgestellt werden müssen“ oder „Was bei dem Zusammenstellen der schnell und langsam wachsenden Bäume und Gesträuche zu beobachten ist“.[13] Des Weiteren informiert Sckell, „Wie (die niedern Bäume und Sträucher) gleich den Bergrücken hinter einander hervorragen sollen“, über „Pflanzungen welche die Wege begleiten“[14] oder „Pflanzungen bei Monumenten (zum) Verdienste großer Männer“.[15] Im Vorwort zur zweiten Auflage von Sckells Lehrbuch betont Sckell, dass man in seinen späteren Werken „manche Schönheit“ bemerke, die man „bei den vorzüglichern Gärten in England vergebens suchen“ würde – dieses gelte besonders „im Betreffe

Abb. 2. Gehölzkulisse in Kew Garden (Foto: Swantje Duthweiler, 2018)

Abb. 3. Hell-Dunkel-Kontrast im Sckell-Park um Schloss Berg (Foto: aus Schober 2005, S. 115, G. Schober, 1985)

der Pflanzungen".[16] So hatte Sckell im Englischen Garten in München „Gruppen von seltensten Bäumen und Sträuchern" angelegt, „die mit ihren verschiedenen Formen und Farben hundertfältige malerische Scenen und magische Bilder" hervorgebracht hätten.[17]

Es ist davon auszugehen, dass Sckell auch im Landschaftspark von Schloss Berg mit ähnlich malerischen Gehölzgruppen aus Nordamerika gearbeitet hatte (Abb. 3). In dem Kapitel „Pflanzungen bei Seen, Teichen, Strömen und Bächen" hatte er den Würmsee (im späten 19. Jahrhundert umbenannt in Starnberger See) erwähnt, als einen der Seen „im südlichen Theil des Königreichs Baiern", die von „Riesengebirgen" umgeben und „durch Größe, Kraft und hohe Schönheit ausgezeichnet" seien.[18] Manche Seen seien von „sanften Hügeln" eingefasst, „die sie [die Natur] mit leichten Gruppen blühender Gebüsche und den ländlichen Wohnungen der Fischer und Hirten krönet, und mit Obstbäumen und dem Hollunder umringt"[19] (Abb. 4). Des weiteren betonte Sckell, dass Pflanzungen, „die die Landhäuser zunächst berühren, keinen melancholischen Charakter annehmen" sollten. „Daher dürften dort auch Nadelhölzer nur sparsam angewendet werden."[20] „Wenn „die Natur die Umgebung der Landhäuser nicht mit Bäumen versehen hat, [...] so wähle man vorzugsweise schnell wachsende Bäume, die dem Landhause am nächsten zu stehen kommen, damit sie bald Wirkung und Schatten verbreiten".[21] „Stehende Gewässer, mit Rohr, Schilf und andern Wasserpflanzen überwachsen" seien „für die Leinwand malerisch", würden aber in Gärten „als vernachläßigte, häßliche, gefährliche und ungesunde Gegenstände betrachtet" und müssten mit „urbaren milden Bildern vertauscht" werden. „Überhaupt sollte in den eigentlichen Prunkgärten nur die sanfte liebliche Gestalt der Natur" gezeigt werden[22], hätte man hier „schöne schlanke Bäume" zu pflanzen, „im Geiste eines freundlichen Hains, wo an ihren Stämmen das wohlriechende Geisblatt (*Lonicera caprifolium*) traulich hinauf klimmet und diese nachbarlichen Bäume mit Guirlanden umschlinget".[23] Sie „mögen sich von

3 Sckell 1825, Vorerinnerung, S. III.
4 Wimmer 2014, S. 216 u. Anm. 264 (Zitat nach Pniower 1954, S. 90).
5 Sckell 1825, Vorrede zur zweiten Auflage, S. IX.
6 Kraus 1894, S. 47.
7 Sckell 1825, Vorrede zur zweiten Auflage, S. IX.
8 Kraus 1894, S. 43.
9 Sckell 1825, Vorrede zur zweiten Auflage, S. XII und XIII.
10 Ebd., S. XIII.
11 Sckell 1825, Inhalt, S. XXVIII.
12 Sckell 1825, Vorrede zur zweiten Auflage, S. XXVI.
13 Sckell 1825, Inhalt, S. XXV.
14 Ebd., S. XXVI.
15 Ebd.
16 Sckell 1825, Vorrede zur zweiten Auflage, S. IX.
17 Ebd., S. XVII.
18 Sckell 1825, S. 144.
19 Ebd.
20 Sckell 1825, S. 162.
21 Ebd., S. 163.
22 Ebd., S. 223.
23 Ebd., S. 215 f.

gedrängten Lustwäldern losreissen, in stolzen Massen frei hervortreten und einen Obelisk unter sich aufnehmen“. Weitere Gartenbereiche mögen „liebliche Gebüschen aus schön blühenden Gesträuchen“ zeigen.[24] Blütenreiche Gartenparterres hatten für Sckell keine Bedeutung. Blumen und Stauden (insbesondere Wiesenblumen, wie Veilchen und Vergissmeinnicht[25]) werden in seinem Lehrbuch nur am Rande erwähnt. „Da aber die Natur keine Blumen- noch botanische Gärten pflanzt, so können diese auch nicht ihrer künstlichen Formen wegen mit ihr, oder ihren Nachbildungen, nämlich mit den Naturgärten, in Verbindung treten.“[26] Notfalls müsse sie „ein Gebüsch verstecken“.[27] Auch bei den Umrisslinien blühender Strauchgruppen hatte Sckell eine klare Meinung, die sich vom Landschaftspark späterer Zeiten deutlich unterschied. So sollte man sich ihm zufolge „sorgfältig gegen die Zirkel- und Oval-Formen verwahren, weil diese geometrischen Figuren die Natur nie gebraucht“.[28]

Am Starnberger See führte Carl August Sckell, 1832–39 Hofgärtner auf Schloss Berg, die Tradition des Landschaftsgartens fort. Sckell zufolge hätten auch die Münchner Bürger, „vom Beispiele des Monarchen angefeuert“, die „Liebe zur schönen Garten-Cultur“ gewonnen.[29]

Einflüsse der Romantik mit toskanisiert-bayerischer Ideallandschaft und blütenreichen Gärten (um 1815–1848)

Der englische Einfluss eines hausnahen Blumenparks und botanischer Sondergärten in Parkanlagen wurde in Deutschland erst in den 1820er Jahren aufgegriffen. Große Bedeutung für diesen sogenannten „Gardenesque Stil“ hatte der schottische Botaniker und Gestalter John Claudius Loudon.[30] Durch seine Garten-Enzyklopädie (1822) und die Herausgabe der ersten periodisch erscheinenden Gartenzeitschrift „Gardener's Magazine“ (ab 1826) beeinflusste er das viktorianische Zeitalter in England bis ins ausgehende 19. Jahrhundert. Angeregt von der Einführung exotischer Pflanzen weckte Loudon ein neues Interesse an Blumen und Botanik. Nach der Öffnung Chinas und Japans wurde das 19. Jahrhundert eine Epoche ostasiatischer Pflanzeneinführungen. Nachdem sich Russland zu Beginn des 19. Jahrhunderts den Kaukasus angeeignet hatte, wurde auch dessen reiches botanisches Reservoir für die mitteleuropäischen Gärten nutzbar. Zwischen 1770 und 1830 fanden zahlreiche Forschungsreisen nach Übersee statt, um neue Pflanzenarten zu beschaffen. In Parkanlagen und Villengärten der späten Landschaftsgartenzeit wurden üppige Pflanzensammlungen eingefügt, die eine charakteristische Freude am gärtnerischen Detail und seltenen Sorten aufweisen. Die neue Auftraggeberschicht zeigte ein besonderes Interesse für Pflanzen – Gärtnern als neues Hobby des Bürgertums.

In dieser Phase war der Münchner Hof allerdings nur selten am Starnberger See. Der Villenbau am See setzte erst

Abb. 4. Ländliche Gartenszenerie mit Obstbäumen, blühenden Stauden und Hochstammrosen an Schloss Berg, 1839 (aus: Schober 2005, S. 99)

Abb. 5. Pyramidenpappeln am Starnberger See mit Zypressenwirkung als Zitat einer toskanischen Landschaft, Lithographie um 1860 (aus: Schober 1999, S. 345)

seit etwa 1830 ein. Der königliche Hauptstaatskassier Franz von Ertl 1827 hatte die Georgskapelle bei Starnberg zu einem Sommerhäuschen umbauen und mit einem Landschaftsgarten „im englischen Stil" umgeben lassen.[31] 1831/32 kaufte der Bruder König Ludwigs I., Prinz Karl von Bayern, das Landhaus Ertl und ließ an dessen Stelle eine Villa bauen – die sogenannte Villa Almeida (Architekt: Franz Xaver Eichheim).[32] Es gibt Hinweise, dass beim zugehörigen englischen Landschaftsgarten Teile der Ertlschen Gartenanlage übernommen wurden.[33] Die Anlage wies ovale Beetgruppen mit Sträuchern und Stauden (Clumps) und eine blütenreiche Pleasureground-Terrasse entlang der Südfassade der Villa auf (siehe S. 19, Abb. 11)[34].

Auch die jüngere Schwester König Ludwigs I., Ludovika Wilhelmine von Bayern, hatte am Starnberger See bauen und umbauen lassen. 1834 hatte ihr Mann Herzog Maximilian in Bayern Possenhofen und Garatshausen erworben. Ludovika ließ die Landschaft zwischen diesen Schlössern zu einer großzügigen Parklandschaft mit Uferpromenade umgestalten. Um das ehemalige Hofmarkschloss Possenhofen gab es bereits Gartenteile aus barocker Zeit (um 1670), wie einen Obstgarten, einen Rosengarten und einen größeren Wildpark, der durch Herzogin Ludovika wieder genutzt wurde.[35] Schon ein voriger Besitzer der Schlossanlage, Graf Johann Caspar von La Rosée, hatte zwischen 1792 und 1826 in Possenhofen einen bedeutenden Park anlegen lassen – „mit ungewöhnlicher Kenntnis und hohem finanziellem Aufwand" und in Kontakt „mit den bedeutendsten Gartenarchitekten"[36]. Überliefert ist die Pflanzung von 7000 Esskastanien, 500 Walnüssen, 4000 Apfel-Wildlingen, 2800 Maulbeerbäumen, 1000 Weinstöcken, Zwerg-Kirschen und 20.000 jungen Eichen.[37] Ludovika ließ einen Teil der mit Rundtürmen besetzten äußeren Schlossmauer entlang des Ufers abtragen, um die Sicht auf den See zu öffnen. Der südliche Schlossgarten und der mit Obstbäumen besetzte nördliche Grasgarten wurden in eine neue Parklandschaft umgestaltet. Im Sinne des Gartentheoretikers Christian Cay Lorenz Hirschfeld wurden am „sanft ansteigenden Berge immer offenen Blicks auf den weit geöffneten See"[38] unterschiedliche, kontrastreiche Gartenszenerien herausgearbeitet: eine liebliche Uferlandschaft, ein heiterer Hain und eine bedrückende, düstere Bergpartie. Zeitgenös-

24 Ebd., S. 216.
25 Ebd., S. 158.
26 Ebd., S. 217.
27 Ebd., S. 218.
28 Ebd., S. 133 f.
29 Sckell 1825, Vorrede zur zweiten Auflage, S. XIX.
30 Siehe Wimmer 2014, S. 274–278.
31 https://Geoportal. Bayern.de/Bayernatlas, Stadt Starnberg, D-I-88-139-64 (Zugriff am 06.02.2019); vgl. Schober 1999, S. 36.
32 Schober 1999, S. 10, 36.
33 https://Geoportal. Bayern.de/Bayernatlas, Stadt Starnberg, D-I-88-139-64 (Zugriff am 06.02.2019).
34 Schober 1999, S. 37.
35 Schober 2005, S. 206.
36 Ebd., S. 210.
37 Leoprechting 1854, S. 39 in: Schober 2005, S. 210 und 332.
38 Zitat nach Leoprechting 1854, S. 56, in: Schober 2005, S. 333.

Abb. 6. Der Lenné-Park in Feldafing als toskanisiert-bayerische Ideallandschaft, Zeichnung, 1864 (aus SCHOBER 2005, S. 202)

sischen Berichten um 1840 zufolge war „die südlich vom Orte sich ausbreitende Uferwaldung in einen Lusthain voll schattiger Ruheplätzchen und romantisch sich dahinschlängelnder Fußpfade" umgewandelt, breiteten sich hier „grüne Rasenflächen mit der herrlichsten Blumen und Ziergewächse Schmuck" aus. Der Weg durchzog einen lichten Hain „von duftenden Fliedern und Akazien [Robinien], von der Rhododendron und Orangen südlichem Glühen, unter des Lorbeers grünen Reisern". In der Ferne führte er zu einem Hügel, der schon seit Jahrhunderten zu einer Calvarien-Darstellung verwendet worden sei. „Hochstämmige Fichten und Lerchen umschatten diese einsame Stätte frommer Andacht" – „im Rücken der Tannen dunkles Grün".[39]

In Leoni am Südufer des Sees ließ sich Ulrich Himbsel 1827 eine Villa mit Garten errichten. Der Architekt und Bauunternehmer hatte 1849 die Eisenbahnstrecke München–Starnberg privat finanziert und die erste öffentliche Schifffahrtslinie über den Starnberger See eingerichtet. Zur Selbstversorgung war der Sommersitz mit einer Landwirtschaft, Hühnern, Kühen und sicherlich auch Gemüsegarten ausgestattet. Zeitgleich mit dem gehobenen englischen „Gardenesque-Stil" im Landschaftsgarten hatte sich in Deutschland der bürgerliche Hausgarten der Biedermeierzeit entwickelt. Besonders charakteristisch war die neue Vielgestaltigkeit von Bäumen und Blütensträuchern, Kletterpflanzenbegrünungen der Häuser und Wegeschlaufen um Beete mit Raritäten. Die Schmuckbeete hatten geometrische Grundformen: kreisförmig oder oval, Ellipse, Halbkreis oder Parallelogramm, Viereck oder Vieleck, Sternform oder Rosette.[40] Besonders empfehlenswert war es, die verschieden geformten, symmetrisch angeordneten Blumenbeete mit einem Rasenteppich zu umgeben. Auch die Wahl der Pflanzen zur Beeteinfassung war bedeutsam. Sie sollte für kleinere Beete niedriger sein und möglichst eine besondere Blüte haben (Leberblümchen, Stengelloser Enzian), eine besondere Blattform (Christrose, Grasschwertel/Sisyrinchium) oder intensiven Duft (Maiglöckchen, Duftveilchen) haben. Aber auch korbartige Einfassungen waren sehr beliebt und wurden oft, ebenso wie Drahtpyramiden, -schirme, -körbe und -bögen, in den Beeten mit windenden oder kletternden Pflanzen überzogen. Viele Modepflanzen wurden für den Hausgarten neu entdeckt oder eingeführt. Bei den Arten zur Bepflanzung von Beeten (Dahlien/Georginen, Pelargonien, Petunien und Fuchsien) war Hermann Jäger zufolge eine Einfarbigkeit der Blüten bedeutsam. Bei Blumen in Töpfen auf Holzstellagen (Aurikeln, Primeln und Nelken) achtete man auf verschiedenste Farbzeichnungen innerhalb der Blüte.

König Maximilian II. (reg. 1848–64) kam häufiger an den Starnberger See. In Potsdam hatte Maximilian die weitläufigen Parklandschaften des königlich preußischen Gartendirektors Peter Joseph Lenné (1789–1866) kennengelernt. Um ein größtwirksames Erlebnis zu bieten, wurde gerne ein Kontrast von südlich arkadisch-italienischer Atmosphäre und nordischrauer, alpiner Wirkung gegenübergestellt. Der Süden konnte mit Säulen-Pappeln als Ersatz für im voralpinen Raum nicht winterharte Zypressen (Abb. 5), schirmförmigen Kiefern als Pinien-Zitat, ockerfarbenen Gebäuden im toskanischen Stil und sonnigen, bunten Blütengärten nachgebildet werden. In seiner späteren Schaffensphase (ab etwa 1840) arbeitete Lenné auch mit blumengeschmückten Gartenabschnitten, die z. B. geometrische Formen der italienischen Renaissance zum Vorbild hatten. Die Wirkung des Nordens hingegen benötigte düstere Nadelwälder, unheimliche Schluchten und alpenländische Schweizerhäuser (vgl. Glienicker Park, Potsdam).

Maximilian II. ließ solche kontrastreichen Landschaftsszenerien auch um den Starnberger See gestalten. Eine alpine Kulisse war dort bereits als nadelholzbestandenes Hochgebirge in Sichtweite vorhanden, fehlte nur noch die südlich-toskanische, arkadische Ideallandschaft entlang der Uferstreifen. Im November 1850 erarbeitete der Architekt und Ingenieur Franz Jakob Kreuter (1813–89) im Auftrag König Maximilians II. ein Gutachten „Über das Aufblühen Potsdams und seiner Umgebung", ein Vergleich von Starnberg mit Potsdam und ein Projekt zur einheitlichen Gestaltung des gesamten Ufers („Landesverschönerung").[41] Ein „zweites Potsdam" sollte am Starnberger See entstehen.[42] Der königlich preußische Gartendirektor Peter Joseph Lenné lieferte die Planungen für Parkanlagen am Starnberger See, umgesetzt wurden sie durch den bayerischen Hofgärtner Carl von Effner junior (1831–87). Zuvor hatte der junge Effner 1850–54 auf seiner Gesellenreise in Berlin und Potsdam die Gartenkunst Lennés genau studiert. Dabei wurde er vom jungen Gärtner Max Kolb (1829–1915) begleitet. Unter König Ludwig II. wurde Carl von Effner 1868 Oberhofgärtner und ab 1870 Königlicher Hofgartendirektor. Max Kolb erhielt 1859 den Ruf als Technischer Leiter des Botanischen Gartens München und hatte ab 1869 die Oberleitung sämtlicher städtischer Grünanlagen der Hauptstadt.

Die toskanische Ideallandschaft am Starnberger See hatte jeweils eine italianisierende und eine bodenständig bayerische Komponente, die hier miteinander verschmolzen. Auf dem Hügelrücken der toskanisch anmutenden Grundmoränenkette ließ Lenné dichte Gruppen von Schwarz-Kiefern pflanzen – von Starnberg über Feldafing bis zu den südlich angrenzenden Gemeinden. Sie scheinen Pinien-Pflanzungen entlang toskanischer Höhenwege nachzubilden. Vom Schiff oder dem anderen Ufer aus bildeten die schwarzgrünen Kiefern eine dunkle Hintergrundkulisse für herrschaftliche Schlösser und eine der größten Sommervillensiedlungen Deutschlands. Diese Pflanzweise war charakteristisch für Lenné, so sollten „hintereinander aufsteigende Baum-massen" in ihren „gegenseitig sich deckenden [...] Umrissen zwar scharf kontrastieren", gegen den Horizont aber „großartig gehaltene angenehme Wellenlinien beschreiben".[43]

39 Diese Zitate nach Chlingensperg 1840, S. 257, in: Schober 2005, S. 215 und Leoprechting 1854, S. 56, in: Schober 2005, S. 333.

40 Jäger 1845, Kap. XIII: Der Blumengarten, S. 69–86, hier S. 70.

41 Hölz 2001, S. 31; Hölz 2005, S. 273 (Anm. 151: Quelle: GHA NL Max II. 78-1-97).

42 Schober 2005, S. 200.

43 Seiler 1982, S. 366 ff.

Abb. 7. Lenné-Park mit Golfplatz-Nutzung, Feldafing (Foto: Swantje Duthweiler, 2017)

Blickpunkte in der Landschaft wären mit Gehölzkulissen zu rahmen. Im Übergang vom Garten in die „ernährende Landschaft“ kamen auch besondere Gruppen von Obstgehölzen zum Einsatz.[44]

1850 kaufte König Maximilian II. die Insel Wörth und beauftragte Lenné mit der Umgestaltung zur „Roseninsel“.[45] Das nach Entwurf Kreuters errichtete „Casino“ auf der Roseninsel und der dazugehörige Rosengarten (Architekt Eduard Riedel, 1888) entsprachen im Gestaltungsausdruck Schloss Charlottenhof in Potsdam und seinem Rosengarten. Feldafing zählte zu Beginn des 19. Jahrhunderts noch zu den kleinen Ortschaften mit bescheidenen Höfen auf ungünstigen Böden. König Maximilian II. kaufte 1853 den Großteil der Flur vom Seeufer bis zum Höhenberg hinauf. Von 123 Hektar Besitz wurden 66 Hektar vom Ufer bis zur Feldafing-Tutzinger Straße hinauf nach Plänen Peter Joseph Lennés als Landschaftsgarten bei dem projektierten, aber nicht realisierten Sommerschloss angelegt (Abb. 6, 7).[46] In der Pflanzenverwendung wird ein deutlicher Einfluss des Gardenesque-Stils sichtbar, so sollten zwischen Schloss und Ufer blütenreiche Parkterrassen gebaut werden. Gehölzpflanzungen wurden in Lennés Entwürfen entlang von Wegen und verstärkt an Wegekreuzungen konzentriert. Über Sichtachsen wurden im weiteren Umkreis liegende markante Gebäude in die Parkbilder einbezogen. „Eintönige Gegenden“ hingegen sollten „durch Pflanzungen verschönert“ werden, die „in Form, Anordnung und Farbe abwechseln“. So wären Ausblicke auf Ebenen „durch Kulissenpflanzungen interessanter zu machen“.[47] Im Lennépark in Feldafing muss es eine vielfältige Artenfülle gegeben haben, doch lässt sich die damalige Artenzusammensetzung heute nicht mehr umfassend nachvollziehen. Nach der Aufgabe des bereits begonnenen Schlossbaus durch König Ludwig II. wies dieser 1864 Effner an, die schönsten Gehölze des Parks Feldafing auszugraben und sie in den Garten- und Parkanlagen in Linderhof und später Herrenchiemsee zu verwenden.[48] Überliefert sind am Rande der großen Wiesenflächen „gepflanzte Gruppen und Haine von Eichen, Buchen, Sommer- und Winterlinden, Kastanien, Eschen, Ahorn und Ulmen“, zudem „einige Exoten“, wie „Götterbaum, amerikanische Roteiche und Hemlockstanne“.[49] Am Seeufer standen „Silberpappeln, Erlen und Weiden“.[50]

Nachdem Maximilian II. mit seiner Vorliebe für italianisierende Landschaftskonzepte den Starnberger See in Mode gebracht hatte, kamen auch der bayerische Adel und das Münchner Bürgertum vermehrt dorthin. Seit 1850–55 gab es eine rege Bautätigkeit, wurden neben bereits bestehenden klassizistischen Villen und Schlössern Privatvillen im Stil der Neorenaissance oder des Neoklassizismus errichtet. Spätestens nach dem Bau der Eisenbahnlinie von München nach Starnberg 1854 und dem Einsetzen des Schiffverkehrs setzte ein Bauboom ein. Besonders beliebt wurde ein Villentyp, der „in seiner Grundform dem Landhaus der Toskana, unmittelbar aber dem Casino für Max II. auf der Roseninsel folgte“.[51] Kreuters Gebäude wurde „zum Prototyp“ für viele Wohnhäuser am Starnberger See, wie der Elsholtz-Villa in Berg, der Ebers-Villa in Tutzing, für die Villen Reber und Tausch in Pöcking oder die Knorr-Villa in Niederpöcking.[52] Um 1860 ließ auch Herzog Maximilian in Bayern das Schloss Possenhofen nach dem Vorbild von Schloss Berg umgestalten.[53] Carl von Effner legte nach dem Feldafinger Park noch zahlreiche weitere Gartenanlagen am Starnberger See an, beispielsweise den Park Bernried.

Repräsentativer Spätklassizismus im Villengarten mit Teppichbeeten und Gehölzraritäten (1860–1900)

Der Bau einer größeren Stadtvilla oder eines Landhauses mit Parkanlage gab wohlhabenden bürgerlichen Auftraggebern die beste Gelegenheit, die gesellschaftliche Stellung zu dokumentieren. Spätestens mit dem wirtschaftlichen Aufschwung nach der Gründung des Deutschen Reiches 1871 wurde eine Basis für einen neuen Stil gelegt: Spätlandschaftliche Villengärten mit besonderen Gehölzsortimenten (Charakterbaumart Blut-Buche, Abb. 8) und Teppichbeeten (Abb. 9–11) als Ausdruck besonderer Repräsentation.

Abb. 8. Blut-Buche als Charakterbaum des spätlandschaftlichen Villengartens (Schwerin) (Foto: Swantje Duthweiler, 2009)

Abb. 9. Teppichbeet mit Sukkulenten, blattfarbigen Teppichbeetpflanzen und Palme im Villengarten Kustermann, Tutzing, um 1920 (Foto: aus Schober 1999, S. 285)

Abb. 10. Repräsentatives Teppichbeetparterre vor der Villa Sack am Starnberger See, Rittinghausen, um 1925 (Foto: aus Schober 1999, S. 296)

Ab 1899 wurde der Moränenhang neben dem ehemaligen Feldafinger Lenné-Park (Höhenberg) an die Heilmann'sche Immobiliengesellschaft verkauft, in 34 unterschiedlich große Grundstücke parzelliert und mit großen herrschaftlichen Villen bebaut (Höhenberg-Kolonie).[54] Für die Villengärten wurden auswärtige Landschaftsarchitekten beauftragt, wie der Düsseldorfer Hofgartendirektor Maximilian Friedrich Weyhe für die Villa Gruber.[55] Beim ersten Bauobjekt der Höhenberg-Kolonie, der Villa Pfister, wurde die Gartenplanung vom Hofgarteninspektor Kayser übernommen, der zuvor auch schon die Eichgraben-Schlucht zu einer Parkanlage umgestaltet hatte.[56]

44 Ebd., S. 159, in: Wimmer 2014, S. 282 f.
45 Hölz 2001.
46 Gribl 1999, S. 219.
47 Bethe 1826, S. 299.
48 Stephan 1995, S. 91.
49 Gribl 1999, S. 220.
50 Ebd.
51 Schober 1999, S. 15.
52 Ebd.
53 Schober 2005, S. 214.
54 Gribl 1999, S. 224; Schober 2005, S. 202.
55 Hölz 2003, S. 182.
56 Gribl 1999, S. 229.

Abb. 11. Wiederhergestelltes Teppichbeet mit charakteristischen Arten in Park Altenstein/Thüringen (Foto: Swantje Duthweiler, 2015)

Am höchsten Punkt des Höhenbergs wurde 1901/02 die Villa Waldberta errichtet.[57] Gartenarchitekt war um 1902 der in Frankreich ausgebildete Michael Buchner. Er legte um die Villa am Hang einen spätlandschaftlichen Garten mit seltenen Gehölzen und repräsentativen Beetpflanzungen an, erschlossen durch einen Rundweg mit Aussichtspunkten, Felsszenerien, Bachlauf, Teich und schmalen Pfaden. Das Gelände wurde in einen offenen Wiesenhang (Abb. 12) und eine hausnahe, dichte Waldszenerie gegliedert. Während der sonnige südliche Parkbereich mit immergrünen, zypressenähnlichen amerikanischen Lebensbäumen und Gehölzraritäten gegliedert ist, wird der nördliche Nadelwaldcharakter von Schwarz-Kiefern und Lärchen betont (Abb. 13). Auf zeitgenössischen Gemälden findet man in der Wegekreuzung unterhalb des Hauses repräsentative Teppichbeetpflanzungen.

Teppichbeete waren pflegeaufwendige Schmuckbeete und Ausdruck eines repräsentativen Lebensstils.[58] Meist wurden mit niedrigen Blattpflanzen detaillierte Muster in deutlichen Farbkontrasten gepflanzt. Über die Gestaltung und Ausführung geben Musterbücher von Ernst Levy (1875), Wilhelm Hampel (1880) oder Karl Götze (1892) einen guten Überblick.[59] Teppichbeete wurden entweder als flächig-dekorative, aus mehreren Teilflächen zusammengesetzte Pflanzungen oder als runde oder ovale, im Relief erhöhte (und mitunter durch Draht stabilisierte) Beete ausgebildet. Zum Übertragen besonders komplizierter Muster auf die vorbereitete Erdfläche fertigte man Pappschablonen an, pflanzte zunächst die Konturen der Ornamentlinien und füllte diese schließlich mit jeweils einer Pflanzensorte aus. Damit das Teppichbeet von Beginn an ausreichend dicht gepflanzt ist, setzte man laut Johannes Böttner pro m² mindestens 150 Teppichbeetpflanzen.[60] Im Spätherbst ließ man sie erfrieren, vermehrte im Winter aus Mutterpflanzen im Gewächshaus neue kompakte Jungpflanzen und pflanzte diese im Frühjahr nach sorgfältigem Abhärten wieder aus. Die Teppichbeetpflanzen des späten 19. Jahrhunderts mussten ganzjährig und sehr regelmäßig in eine kompakte Form gestutzt und im Sommer durch regelmäßiges Ausschneiden aller Blütenknospen am Blühen gehindert werden. Zur „malerischen Gesamtwirkung“ wurde das Teppichbeet von einem Rasenteppich gerahmt – nach Wilhelm Hampel „leuchtend grün, dicht und plüschartig“[61].

Teppichbeete waren ursprünglich eine englische Mode, die sich in Zusammenhang mit aus den Kolonien neu importierten Pflanzen entwickelt hatte (Südafrika, Südamerika, Australien). Die Bezeichnung „Teppichbeet“ wurde in Deutschland in der Deutschen Gartenzeitung 1867 aufgegriffen. Seit den 1870er Jahren waren Teppichbeete in Deutschland weit verbreitet. Während man bei den zuvor beliebten blütenreichen Blumenbeeten regelmäßig verblühte Einzelpflanzen auswechseln musste, verwendete man bei Teppichbeeten oft auch haltbarere Blattschmuckpflanzen, Sukkulenten und Mineralien (Marmor, Quarzgestein, Ziegelmehl, farbiger Sand und Steinkohle). Besonders beliebt waren rot- und

Abb. 12. Villa Waldberta mit spätlandschaftlichem Villengarten, Feldafing (Foto: BLfD, Michael Forstner, 2019)

Abb. 13. Schwarz- Kiefern- und Lärchenhain im Villengarten Waldberta als Hintergrundkulisse entlang des Feldafinger Höhenwegs (Foto: Swantje Duthweiler, 2017)

rotbraune, weißbunte und blaugraue Blattschmuckpflanzen (vgl. Abb. 11). Obwohl in der Spätphase auch Blütenpflanzen aufgenommen wurden, hatten diese bis zu Jahrhundertwende keine Bedeutung. Dadurch waren Teppichbeete von eher „gedämpfter“ Farbigkeit geprägt, doch konnte man mit ihren flachen ausdauernden Pflanzen und Materialien aufwendige Muster ausführen. Teppichbeete waren in der Regel einem Gebäude oder bedeutenden Monument zugeordnet. Oft nahm ihre Ornamentik stilistisch Bezug auf das Dekor der jeweiligen Gebäudefassade oder Innenraumgestaltungen.

Auch die spätlandschaftlichen Villengärten um den Starnberger See waren mit Palmen und Blattschmuckpflanzen dekoriert (Abb. 14, 15). Auf diese Entwicklung hatte Max Kolb Einfluss, Technischer Leiter des Botanischen Gartens München mit Oberleitung der städtischen Grünanlagen der Stadt.[62] Nachdem Kolb in seinen Lehr- und Wanderjahren 1851 als Hofgärtner von Sanssouci und im Botanischen Garten Berlin gearbeitet hatte, ging er nach Gent und lernte in Belgien bevorzugte Blattpflanzensortimente kennen. 1853 wurde er in Paris eingestellt und war maßgeblich an der Gestaltung der „Exposition d'Horticulture“ beteiligt (mit Goldmedaille). Schließlich stieg er zum leitenden Gärtner von Paris auf. Unter ihm entstanden die Gartenanlagen für die Weltausstellung 1855, außerdem legte Kolb gemeinsam mit Jean-Charles Alphand den Bois de Boulogne und den Parc Monceau neu an. Kolb war bekannt für seine Parkanlagen im gemischten Stil mit geschwungenen Wegen, effektvollen Sichtachsen und ausgefallenen, oft exotischen Pflanzen. Die Münchner Teppichgärtnerei kam durch Kolb zu ihrer ersten Blüte und fand weithin Beachtung. 1870 führte er die Verwendung von Sommerblumen und exotischen Pflanzen wie Bananenstauden, Begonien und Geranien in Teppichbeeten mit dekorativen Blumenelementen ein. Erste mit Teppichbeeten geschmückte Plätze in München waren der Karolinenplatz und der Gärtnerplatz. Am Starnberger See legte er den Schlosspark Garatshausen an, desweiteren den Garten des Schlosses Hohenschwangau und die Stadtparks von Kempten und Erding.

57 Mahl 2006, S. 5.
58 Wimmer 2014, S. 257–259.
59 Vgl. Redaktion Möller's Deutsche Gärtner-Zeitung 1903 und 1905; Brennemann 1905. Doebner 1905; Funcke 1905; Uslar v. 1905
61 Hampel 1891, S. 22.
62 Mosbauer/Valentien 1991, S. 242.
63 Vgl. die zahlr. Abb. in Goetze 1910.

Abb. 14. Tropische Blattschmuck- und Palmengruppe im spätlandschaftlichen Villengarten Kustermann, Tutzing, um 1920 (Foto: aus Schober 1999, S. 282)

Abb. 15. Farbintensive, blütenreiche Teppichbeete der Jugendstilzeit mit Palmen an der Kustermannvilla, Tutzing, um 1920 (Foto: aus Schober 1999, S. 280)

Jugendstil mit blütenreichen Teppichbeeten und „Kolonialstil im Beet" (1890–1905)

Nach Jahrzehnten eher gedämpft farbiger Teppichbeete mit Blattschmuckpflanzen, begann man in der Jugendstilzeit der Jahrhundertwende nicht nur mit einer floralen Ornamentik, sondern auch mit Blüten und leuchtenden Farbaspekten zu arbeiten.[63] Zeitgenössische Musterbücher und Fotografien dokumentieren für das beginnende 20. Jahrhundert einen deutlichen Stilwechsel. Teppichbeete wurden mit farbigen, niedrigen Topfblumenflächen aus Knollen-Begonien, Zonal-Pelargonien, Fuchsien, Verbenen, Lantanen, aber auch Sommerblumen zu äußerst farbintensiven Pflanzbildern zusammengefügt (Abb. 15–18). Durch ihren Blührhythmus und oft etwas struppigere Wuchsformen konnten Blütenpflanzen nie so liniengenau und höhengleich eingesetzt werden, wie die Blattschmuckpflanzen. Doch wurde auch dies damals positiv aufgenommen. Zeitgenössische Autoren betonten immer wieder, dass die neue Bepflanzungsart das Teppichbeet aus seiner ursprünglichen „Schablonenhaftigkeit" herausgeführt habe.[64]

Ergänzend zum Teppichbeetstil wurde im späten 19. Jahrhundert in weiten Teilen Deutschlands eine Art „Kolonialstil im Schmuckbeet" mit tropischen Pflanzen beliebt. Mit dem Beginn der Regierungszeit Kaiser Wilhelm II. wurde politisch die Kolonien-Eroberung bedeutsam, hatte man nicht nur Handelkontakte zu tropischen Pflanzen, sondern gab es inzwischen auch neue Gewächshaustechnik für Warmhäuser und der Überwinterung tropischer Pflanzen. Die bevorzugten Arten waren aus Wintergärten und Innenraumdekorationen bekannt: Rhizinus, Bananen- und Palmenarten, Ziertabak, Mais, Cannabis, Canna, Gunnera, Datura und Agapanthus, aber auch zahlreiche Gräser wie Bambus, Papyrus, Chinaschilf und Lampenputzergras. Nachdem Anfang des 19. Jahrhunderts bevorzugt Gehölze gepflanzt worden waren, waren im frühen 20. Jahrhundert viele deutsche Parks und Gärten dicht und dunkel geworden. Um Gartenpartien „wo tiefer Schatten herrscht" wirkungsvoll zu schmücken[65], war der neue Bepflanzungsstil mit einer fast verwunschenen, dichten Kulisse und schattenverträglichen tropischen Blumengruppen sehr willkommen. Garteninspektor Mesch zufolge schützte der hohe Baumbestand zudem die empfindlichen tropischen Pflanzen vor Winden und „allzu scharfen Sonnenstrahlen". Handelsgärtner Johannes Böttner empfahl 1900 in der vierten Auflage seines viel beachteten „Gartenbuchs für Anfänger": „Wer auf seinen Blumenbeeten gern etwas Teures und Besonderes haben möchte, wählt Gewächshaus-Pflanzen."[66] Die Blattschmuckpflanzen wurden dekorativ in runden Beeten oder in malerischer, freier Anordnung in einer Art frühem Naturgartenstil angeordnet. Tropische und subtropische Solitärpflanzen, sowie tropische Bodendecker sollten als „lebendige sinnreiche Bilder" „eine Ahnung tropischer Vegetation"[67] vermitteln.

64 Vgl. Brinckmeier 1892, Goetze 1910.
65 Böttner 1900, S. 405.
66 Ebd., S. 454.
67 Müchler 1901, S. 122.

Abb. 16. Wiederhergestelltes blütenreiches Teppichbeet der Jugendstilzeit in Park Greiz/Thüringen (Foto: Swant e Duthweiler, 2018)

Abb. 17. Blütenreiches Teppichbeet der Jugendstilzeit mit bachbegleitender Staudenpflanzung der Reformgartenzeit im Villengarten Kustermann, Tutzing, um 1920 (Foto: aus SCHOBER 1999, S. 286)

Abb. 18. Blütenreiches Gartenparterre der 1920er Jahren vor Villa Sack mit Rosenhochstämmchen und farbintensiven Canna- und Sommerblumenflächen, Rittinghausen, um 1925 (Foto: aus SCHOBER 1999, S. 292)

Die malerisch gruppierten Blatt- und Blütenpflanzen waren eine temporäre „Sommerdekoration im Freien".[68] Im späten 19. und frühen 20. Jahrhundert berichten städtische Obergärtner und zeitgenössische Beobachter von „üppigem Pflanzenwuchs der Tropen" und „tropischem Gepräge" in Parkanlagen, öffentlichen Gärten, kleineren Haus- und in Villengärten.[69]

Nach einer insgesamt dreißig Jahre andauernden Vorliebe für tropische und subtropische Pflanzen im Garten erlosch diese Mode in der Reformgartenzeit.

Landhäuser und Gärten der Lebensreform mit Staudenrabatten im architektonischen Garten (1905–1918)

Ab 1870/80 hatten sich in England Reformbestrebungen entwickelt, die sich gegen den historistischen viktorianischen Stil, seine kleinteilige Ornamentik und gedeckte Farbigkeit wendeten. Im Rahmen der Arts-and-Crafts-Bewegung und der Suche nach Einfachheit und Echtheit wurden bauerngartenähnliche Cottage-Gärten zum Gartenideal mit winterharten Staudenbeeten und Blumenkästen an Fenster und Veranda (Abb. 18, 19). Mit den neuen Stadterweiterungsmaßnahmen und großbürgerlichen Villenvierteln begann auch in Deutschland die Suche nach neuen Ausdrucksmöglichkeiten und Pflanzweisen in der Gartenkunst. Dabei kam es zu einer Renaissance der Staudenverwendung. Anstelle der ornamentreichen Teppichbeetmode des späten 19. Jahrhunderts mit gedämpften und zarten Farbtönen wurden in den Schmuckbeeten der neuen architektonischen Gartenanlagen der Reformgartenzeit vorzugsweise kräftige Blütenfarben von Stauden und Sommerblumen eingesetzt. Entscheidenden Einfluss auf diese Entwicklung hatte der Direktor der Hamburger Kunsthalle Alfred Lichtwark, der sich für eine Pflanzenverwendung und Farbgebung nach dem Vorbild eines Bauerngartenideals einsetzte.[70] Er forderte, Pflanzen der Pastoren- und Bauerngärten in die Schmuckbeete städtischer Villengärten aufzunehmen. Zentrale Gestaltungselemente waren die Rückbesinnung auf das Einfache und eine „Materialehrlichkeit"[71], die sich in der Pflanzenverwendung als „Wiedererweckung der Bauernblumen" und „Freude an ungeschminkter Farbenpracht"[72] widerspiegelte. Dabei grenzte man sich mit einer plakativen, kräftigen Farbigkeit bewusst von der in England beliebten dezenteren Farbgebung ab. Noch 1919 wurden die „ungewollten Wirkungen" intensiver Farbigkeit als ein „höchst malerisches"[73], „naives und gesundes Farbenempfinden"[74] idealisiert. Eine

68 Müchler 1901, S. 121.
69 Vgl. Redaktion Möller's Deutsche Gärtner-Zeitung 1903 und 1905; Brennemann 1905; Doebner 1905; Funcke 1905; Uslar v. 1905.
70 Vgl. Lichtwark, 1894, S. 42–51 (Bericht über Besuch eines Bauerngartens in der Hamburger Marsch 1891 mit Max Liebermann).
71 Bott 1977, S. 7.
72 Haldy 1914, S. 143.
73 Ebd.
74 Maasz 1919, S. 154.

Abb. 19. Villengarten Dr. Sicherer mit Hochstammrosen und Guirlandendekor vor üppigem Sommerblumen auf Balkon und Veranda, Possenhofener Straße, Zeichnung, 1911 (aus: Schober 1999, S. 59)

besondere Charakteristik deutscher Schmuckbeete des frühen 20. Jahrhunderts war ihr Einsatz auf öffentlichen Plätzen in stark verdichteten Großstädten wie Köln, Berlin oder Hamburg, um einen sozialen Ausgleich für fehlende Hausgärten zu schaffen. Fritz Encke (1861–1931), einer der ersten Gartenarchitekten der deutschen Reformgartenbewegung, suchte in der üppigen und bunten Stauden-Sommerblumenfülle einen Kontrast zur strengen Linienführung des architektonischen modernen Gartens. Neben frei gepflanzten Beeten wurden farblich streng rhythmisierte Rabatten charakteristisch.

Auch am Starnberger See gab es den Einfluss der Heimatschutzbewegung und Gärten der Reformgartenzeit mit architektonischer Gliederung (Abb. 20) und Staudenrabatten.[75] Beispiele sind unter anderem die Villa Carl in Feldafing und die Villa Sandler in Pöcking.

Gartenanlagen der Zwischenkriegszeit mit farbintensiven Massenpflanzungen (1918–1930)

Das frühe 20. Jahrhundert war von technischem Fortschritt geprägt, von Massenproduktion und einer Großmaßstäblichkeit städtebaulicher Planungen. In vielen deutschen Städten wurden den großstädtischen Proportionen farbintensive Massenpflanzungen zugeordnet. Großflächige Sommerblumen-, Dahlien- oder Staudenteppiche waren im zeitgenössischen Stadtgrün zu finden. Ob die expressionistischen Pflanzungen auch den Starnberger See erreicht hatten, muss erst noch erforscht werden. Vermutlich war man hier aber eher der staudenreichen Ländlichkeit im Gartenentwurf treu geblieben (Abb. 21), denn die dekorativ-farbintensiven Einflüsse waren eher in Großstädten zu finden.

Beetbepflanzungen dieser Jahre waren vor allem vom Staudenzüchter und Gartenschriftsteller Karl Foerster geprägt, der eine große Begeisterung für Stauden und eine deutliche Wertschätzung der Einzelpflanze weckte.[76] In den 1930er Jahren gewann die Staudenverwendung durch die Entwicklung des Wohngartens eine besondere Bedeutung und wurde aus der festen Rabattenform in eine neue organische Landschaftlichkeit geführt. Staudenhabitus und -struktur waren hierbei zentrale Gestaltungselemente, Foerster führte Gräser und Farne in die Gartenbepflanzung ein.

75 Schober 1999, S. 19, 236 f. (Villa Carl), 128 (Villa Sandler).
76 Wimmer 2014, S. 358–361.

Abb. 20. Pflanzengirlanden im Stil des frühen 20. Jahrhunderts am Dorfplatz in Feldafing (Foto: Swantje Duthweiler, 2017)

Abb. 21. Frühjahrsrondell mit Buchsrahmung bei Villa Sack, Rittinghausen, um 1930/35 (Foto: aus SCHOBER 1999, S. 306)

Literatur

BETHE 1826 – BETHE, C. G.: *Ueber Trift u. Feld-Pflanzungen*, in: Verhandlungen des Vereins zur Beförderung des Gartenbaues in den Königlich Preußischen Staaten (VVBG) 2, 1826, S. 270–349

BÖTTNER 1900 – BÖTTNER, JOHANNES: *Gartenbuch für Anfänger – Unterweisung im Anlegen, Bepflanzen und Pflegen des Hausgartens*, 4. Aufl., Frankfurt a. d. Oder 1900

BOTT 1977 – BOTT, GERHARD (Hrsg.): *Von Morris zum Bauhaus. Eine Kunst gegründet auf Einfachheit*, Hanau 1977

BRENNEMANN 1905 – BRENNEMANN, WILHELM: *Aus dem Stadtpark in Lahr (Baden)*, in: Möller's Deutsche Gärtner-Zeitung, Nr. 31, 1905

BRINCKMEIER 1892 – BRINCKMEIER, EDUARD: *Anlage und Erhaltung von Blumenparterre's, Bosquets und Parkgärten nach ästhetischen Grundsätzen und praktischen Erfahrungen*, Oppeln 1892

CHLINGENSPERG 1840 – CHLINGENSPERG, MAXIMILIAN V.: *Das Königreich Bayern in seinen alterthümlichen, geschichtlichen, artistischen und malerischen Schönheiten*, München 1840

CHLINGENSPERG 1846 – CHLINGENSPERG, MAXIMILIAN V.: *Der Würmsee und seine Uferorte*, München 1846

DOEBNER 1905 – DOEBNER, H. G.: *Eine Blattpflanzengruppe im Palmengarten zu Leipzig*, in: Möller's Deutsche Gärtner-Zeitung, Nr. 2, 1905

FUNCKE 1905 – FUNCKE, J.: *Aus den öffentlichen Gartenanlagen in Erlangen*, in: Möller's Deutsche Gärtner-Zeitung, Nr. 35, 1905

GOETZE 1889 – GOETZE, KARL: *Moderne Teppichbeete VIII.*, in: Möller's Deutsche Gärtner-Zeitung, 1889, Heft 3, S. 141

GOETZE 1892 – GOETZE, KARL: *Album für Teppichgärtnerei und Gruppenbepflanzung*, Erfurt 1892

GOETZE 1910 – GOETZE, KARL: *Album für Teppichgärtnerei und Gruppenbepflanzung*, 4. Auflage (neu bearbeitet durch Otto Krauss), Erfurt 1910

GRIBL 1999 – GRIBL, DORLE: *Villenkolonien in München und Umgebung. Der Einfluß Jakob Heilmanns auf die Stadtentwicklung*, München 1999

HALDY 1914 – HALDY, BRUNO: *Bauerngärten*, in: Gartenflora, Jg. 63, S. 139–143

HAMPEL 1880 – HAMPEL, WILHELM: *Die moderne Teppichgärtnerei*, Erfurt 1880

HAMPEL 1891 – HAMPEL, WILHELM: *Die moderne Teppichgärtnerei*, 4. Auflage (neu bearbeitet durch Otto Krauss), Erfurt 1891

HÖLZ 2001 – HÖLZ, CHRISTOPH: *Königliche Träume: Casino und Park auf der Roseninsel im Starnberger See*, München 2001

HÖLZ 2003 – HÖLZ, CHRISTOPH: *Der Civil-Ingenieur Franz Jakob Kreuter. Tradition und Moderne 1813–1889* (Kunstwissenschaftliche Studien, Bd. 12), München 2003

KRAUS 1894 – KRAUS, GREGOR: *Geschichte der Pflanzeneinführungen in die europäischen botanischen Gärten*, Leipzig 1894

JÄGER 1845 – JÄGER, HERMANN: *Ideenmagazin zur zweckmäßigsten Anlegung und Ausstattung geschmackvoller Hausgärten und anderer kleiner Anlagen sowohl für den Luxus als zur Nutzung. Für Gartenbesitzer und Gärtner*, Weimar 1845

LEOPRECHTING 1854 – LEOPRECHTING, KARL V.: *Stammbuch von Possenhofen, der Insel Wörth und Garatshausen am Würmsee*, München 1854

LEVY 1875 – LEVY, ERNST: *Neue Entwürfe zu Teppich-Gärten, deren Anlage und Bepflanzung*, Berlin 1875

LICHTWARK 1894 – LICHTWARK, ALFRED: *Makartbouquet und Blumenstrauß*, München 1894

MAASZ 1919 – MAASZ, HARRY: *Wie baue und pflanze ich meinen Garten*, München 1919

MAHL 2006 – MAHL, TOBIAS: *Kosmopolitentreff und Künstlerhaus. Die Villa Waldberta als Spiegel des 20. Jahrhunderts*, München 2006

MESCH 1902 – MESCH, C. : *Tropische Pflanzengruppe im Park zu Koppitz*, in: Möller's Deutsche Gärtner-Zeitung, Nr. 17, 1902

MOSBAUER/VALENTIEN 1991 – MOSBAUER, AMREI/VALENTIEN, CHRISTOPH: *Die Kommunale Grünentwicklung in München*, in: Oberbayerisches Archiv 115, 1991, S. 205–282

MÜCHLER 1901 – MÜCHLER, H. : *Blattpflanzen-Gruppen als Gartenschmuck*, in: Möller's Deutsche Gärtner-Zeitung, Nr. 11, 1901, S. 121 – 129

OTTE 1892 – OTTE, B.: *Muster-Album der modernen Teppichgärtnerei. Eine Sammlung neuer geschmackvoller Entwürfe zu Teppichgärten und Blumenparterres*, 5. Auflage (begründet von Ernst Levy), Leipzig 1892

PNIOWER 1954 – PNIOWER, GEORG: *Über die Entwicklungsgeschichte und landeskulturelle Bedeutung der Dendrologie*, in: Gehölzkunde und Landeskultur (Kleine Bibliothek der Natur- und Heimatfreunde, Bd. 2), Leipzig 1954, S. 13–141

REDAKTION MÖLLER'S DEUTSCHE GÄRTNER-ZEITUNG 1903 – REDAKTION MÖLLER'S DEUTSCHE GÄRTNER-ZEITUNG: *Öffentliche Anlagen in und um Kassel*, in: Möller's Deutsche Gärtner-Zeitung, Nr. 47, 1903

REDAKTION MÖLLER'S DEUTSCHE GÄRTNER-ZEITUNG 1905 – REDAKTION MÖLLER'S DEUTSCHE GÄRTNER-ZEITUNG: *Dekorationsgruppen und Teppichbeete auf dem Schlossplatz, im Schlossgarten und im Stadtgarten in Stuttgart*, in: Möller's Deutsche Gärtner-Zeitung, Nr. 26, 1905

SCHOBER 1999 – SCHOBER, GERHARD: *Frühe Villen und Landhäuser am Starnberger See*, Waakirchen-Schaftlach [2]1999 (1. Aufl. 1998)

SCHOBER 2005 – SCHOBER, GERHARD: *Schlösser im Fünfseenland*, Waakirchen-Schaftlach 2005

SCKELL 1825 – SCKELL, FRIEDRICH LUDWIG V.: *Beiträge zur bildenden Gartenkunst für angehende Gartenkünstler und Gartenliebhaber*, München [2]1825 (1. Aufl. 1818)

SEILER 1982 – SEILER, MICHAEL: *Zur Gehölzverwendung bei P. J. Lenné*, in: Das Gartenamt 31, 1982, S. 366–377

STEPHAN 1995 – STEPHAN, MANFRED: *Der Park Feldafing. Ein Meisterwerk Peter Joseph Lennés in Bayern*, in: Bayerische Verwaltung der staatlichen Schlösser, Gärten und Seen (Hrsg.): Journal. Ein Rückblick auf das Jahr 1994, 1995, S. 88–93

USLAR V. 1905 – USLAR V. : *Aus den städtischen Anlagen in Dresden*, in: Möller's Deutsche Gärtner-Zeitung, Nr. 14, 1905

WIMMER 2014 – WIMMER, CLEMENS ALEXANDER: *Lustwald, Beet und Rosenhügel. Geschichte der Pflanzenverwendung in der Gartenkunst*, Weimar 2014 (2. Aufl. 2018)

Rainer Schomann

Sind großflächige Villengärten überhaupt zu retten?

Sind großflächige Villengärten überhaupt zu retten, ist die Frage, und die Antwort lautet, wohl kaum, wenn es weiterhin nicht gelingen sollte, ein öffentliches Bewusstsein für die Bedeutung dieser Objekte als Dokumente eines wesentlichen Teils unserer jüngeren bürgerlichen Gesellschaftsgeschichte zu entwickeln. Villengärten sind nicht erst seit heute in Gefahr, sondern bereits seit Jahrzehnten, als die genuinen Nutzer ausstarben und sich andere Interessenten diesen Objekten zuwandten. Die Gedankenlosigkeit, häufig auch Rücksichtslosigkeit, mit der neue Eigentümer und Nutzer aber auch Planer und Politiker diesen Objekten begegnen, zeugt auch heute noch von großer Unkenntnis und verbreitetem Unverständnis darüber, mit welchen Werten sie es tun haben (Abb. 1, 2). Dabei sind es letztendlich nicht nur die Gärten, welche verloren gehen, sondern die bauliche Einheit bzw. der Lebensort Villa als Inszenierung wird negiert, wenn wesentliche Teile des häufig komplexen Gestaltungssystems zerstört werden. Hat eine Villen- oder Landhausanlage bis heute in Gänze überlebt, muss dennoch häufig gefragt werden, was der Garten bzw. Park noch vermitteln kann. Seine Blütezeit ist in der Regel überschritten und sein Erscheinungsbild durch mangelnde, oft auch unkundige – wenn überhaupt – gärtnerische Zuwendung geprägt.

In Niedersachsen erfolgte in den Jahren 1969–74 ein erster Versuch der Erfassung historischer Gärten durch Gerhard Hinz im Rahmen eines Forschungsprojektes, für das die Landesgruppe Niedersachsen der Deutschen Gesellschaft für Gartenkunst und Landschaftspflege e. V. sowie Dieter Hennebo mit seinem Lehrgebiet Geschichte der Freiraumplanung der Technischen Universität Hannover verantwortlich zeichneten.[1] Die erstellte Liste weist auch Villen- und Landhausgärten auf, die entsprechend der Erfassungsmethodik von Dritten als bemerkenswert benannt wurden. Eine Überprüfung sämtlicher Objekte dieser Liste in den frühen neunziger Jahren des 20. Jahrhunderts machte deutlich, dass gut dreißig Prozent der Objekte bereits als verloren anzusehen waren, eine hohe Zahl, die gerade auch durch den Verlust von Villengärten begründet ist.[2] Die heutige denkmalpflegerische Praxis

1 Vgl. Hinz 1974.
2 Schomann 1995.

Abb. 1. Der Beindorfsche Landsitz „Ruhland" in Kirchrode bei Hannover zu Beginn des 20. Jahrhunderts (Foto: Niedersächsisches Landesamt für Denkmalpflege, Fotosammlung)

Abb. 2. Heute ist der Park des ehemaligen Landhauses „Ruhland" in Hannover-Kirchrode in Teilen bebaut (Foto: Niedersächsisches Landesamt für Denkmalpflege, Rainer Schomann)

lässt weiterhin erkennen, dass gärtnerische Außenanlagen bei Villen- und Landhäusern, die im Rahmen der flächendeckenden Inventarisation der Baudenkmale in Folge der Verabschiedung des Niedersächsischen Denkmalschutzgesetzes 1979 erfasst wurden, häufig aufgrund mangelnder Pflege in ihrem Bestand gefährdet sind. Sicherlich gibt es Ausnahmen, bei denen Kritik unangebracht wäre, in der Regel haben jedoch Zerfallstendenzen eingesetzt, denen höchstens mit großem, auch eingreifendem Aufwand entgegengewirkt werden könnte.

Der Haghof in Isernhagen-Kircher Bauerschaft

Zu jenen Objekten des Bautyps Villa bzw. Landhaus, die bedingt bis heute erhalten blieben, kann der sogenannte Haghof in Isernhagen-Kircher Bauerschaft[3] nördlich von Hannover gerechnet werden, dessen Geschichte bewegt verlief, seine völlige Zerstörung aber wohl eher aufgrund der Umstände ausblieb, als dass der bisherige Erhalt einer allgemeinen Wertschätzung zu verdanken wäre. Mit ihm finden wir ein typisches Beispiel für die Konsequenzen aus mangelnder Bauerhaltung und Pflege, die sich aufgrund unpassender Nutzung ergeben. Der Haghof ist aber auch ein Beispiel dafür, dass derartige Anlagen selten als einheitliches Ganzes wahrgenommen werden, sondern ihr häufig additiver Aufbau als Gelegenheit genutzt wird, unterschiedliche Bedeutungen zu erkennen und damit auch Veränderungsmöglichkeiten zu begründen. So steht nach dem allgemeinen Verständnis die Villa stets ganz oben im hierarchischen Aufbau derartiger Anlagen. Weit unterhalb folgt der Park und noch viel tiefer sind die Nutzgärten zu finden, über denen aber, sofern vorhanden, noch die Orangerien stehen. An letzter Stelle kommen schließlich die Gewächshäuser als Ausdruck von Produktion, durch die verwendeten Baustoffe und die fragile Konstruktion häufig als Provisorien verstanden. Der Logik dieser Wertschätzungshierarchie folgt in der Regel die konsequente Formulierung von Veränderungsmöglichkeiten, da ein Erhaltungsinteresse an diesen rangmäßig weiter unten stehenden Elementen einer Villenanlage weniger begründet zu sein scheint.

Der „Haghof" wurde ab 1909 für Alma Wach auf der Basis von Plänen ihres Cousins, dem hannoverschen Hochschullehrer und Architekten Ferdinand Eduard Karl Eichwede (1878–1909) errichtet. Zuvor waren vier Hofstellen innerhalb des Hagenhufendorfes Kircher Bauerschaft erworben worden, um ein entsprechendes Grundstück zu arrondieren. Auf einer Fläche von ungefähr sieben Hektar, die sich auf abfallendem Gelände in nördlicher Richtung erstreckt, entstand ein breit gelagertes Wohnhaus direkt an der Kante des Geestrückens mit weitem Blick in die Tiefe der folgenden Niederung. Der Entwurf lehnte sich an die Idee eines englischen Landhauses an, das auf bewegtem Grundriss und differenziert in der Höhenentwicklung unter einem dominierenden Reetdach entstand. Von der Dorfstraße wurde das Gelände durch eine hohe Mauer aus Raseneisensteinbrocken abgeschottet. Ein zurückgesetztes überhöhtes Tor mit seitlich aufragendem

Gärtnerhaus bildet noch heute die Zufahrt in das Areal. Sie verläuft raumbildend in gerader Linie leicht abfallend auf das Wohnhaus zu und endet dort in einem Vorfahrtsoval, das von Pyramidenpappeln geprägt wird. Östlich dieser Vorfahrt wurde die Ökonomie mit Stallungen und Wasserturm geschaffen, auf der westlichen Seite entstand die Gärtnerei mit Gewächshäusern und umfangreichen Freiflächen. Hinter dem Wohnhaus und seitlich anschließend wurden großflächig Terrassen mit kleineren Sondergärten entwickelt, an die dichter Baumbestand anschließt und in die Landschaft auslaufend ein Panoramabild schafft, das die eigentliche Attraktion und Gestaltungsidee dieses wohl bedacht gesuchten Standortes für eine Landhausanlage bildet.

Der herrschaftliche Duktus war sicherlich bewusst gewählt, doch gibt es keine Hinweise darauf, dass hier dem Gedanken einer Gutsanlage, gleichsam einem Rittersitz nachgeeifert wurde.[4] Die umfangreiche, prachtvolle Ausstattung war beeindruckend und selbst für den Raum der Industriestadt Hannover ungewöhnlich. Schon für die Ausstattung der Gärtnerei fehlt Vergleichbares in Niedersachsen. Die Berücksichtigung des späteren Pflegeaufwandes sowie die notwendige Unterhaltung scheinen bei den Planungen keine wesentlichen Aspekte gewesen zu sein. Schon der Umstand, dass sämtliche Dächer eine Deckung mit Reet erhielten, lässt auf eine sehr eigene Zukunftsorientierung schließen. Offensichtlich war für die ursprüngliche Gestaltungsidee wichtiger, auch durch die verwendeten Materialien Einheitlichkeit und Zusammenhang deutlich werden zu lassen. Hier ist insofern die Inszenierung eines Wohnortes zu finden, der mit lokalen Baustoffen gestaltet wurde, doch in Abgeschlossenheit einer architektonischen Mode folgt und sich dem Landschaftserlebnis hinwendet).

Bereits 1919 gab die Familie Wach den Haghof auf, da ihre Anwesenheit und der resultierende Kostenaufwand in einem Missverhältnis standen. Nachfolgende Eigentümer wurden der Gold- und Silberwarenhändler Porcher in den Jahren 1919–29 und der Mitinhaber der hannoverschen Pelikanwerke Fritz Beindorff in den Jahren 1929–39. In dieser Zeit blieb das Objekt weitestgehend erhalten, doch begann man schon jetzt, die Reetdächer auszuwechseln. Für die Jahre 1939 bis 1953 sind unterschiedliche Besitzverhältnisse zu verzeichnen, auf die schließlich eine lange Phase der Kontinuität folgt, da die Pestalozzi-Stiftung Großburgwedel hier ein Heim zur frühkindlichen Erziehung einrichtet. Die ursprünglichen Nutzungen wurden nun aufgegeben, die baulichen Einrichtungen verändert, doch die Außenanlagen entsprechend des Verständnisses solcher Einrichtungen unterhalten. Für zehn Jahre zog hier zwischen 1986 und 1996 FFN ein, einer der ersten kommerziellen Radiosender im Land Niedersachsen. Die nun weitestgehend auf das Wohnhaus begrenzte Nutzung führte fortschreitend zu Verfall und Zerstörung.

3 Die Kircher Bauerschaft ist ein Ortsteil der Gemeinde Isernhagen, die sich in der Gebietskörperschaft Region Hannover in Niedersachsen befindet.

4 Noch für die Zeit nach dem Ersten Weltkrieg sind in Niedersachsen Bauprojekte gutsituierter Bürger nachzuweisen, die an Orten mit Bezug zu adliger Vergangenheit entstanden. Beispielhaft sei hier das sogenannte Gut Heitlingen im Ortsteil Heitlingen innerhalb der Stadt Garbsen erwähnt, das nahe des Standortes einer ehemaligen Wasserburg für den hannoverschen Bankier Julius Kaspar ab 1920 realisiert wurde.

Abb. 3. Die Neubausiedlung im ehemaligen Küchengarten des Haghofes in Isernhagen-Kircher Bauerschaft ragt über die alte Parkmauer zur Dorfstraße (Foto: Birte Stiers, Hannover)

Abb. 4. Die Villa Dütting in Nordhorn hinter großgewachsener Baumkulisse (Foto: Stadt Nordhorn, Christoph Uricher)

Nach dem erneuten Verkauf der Landhausanlage 2001 zeigte sich das Objekt zwar noch als im Umfang überkommen und beeindruckend in der Wirkung, doch waren deutliche Substanzverluste zu verzeichnen. Denkmalpflegerische Bemühungen waren, wenn überhaupt möglich, auf einen grundsätzlichen Erhalt der Außenanlagen ausgerichtet. Immer wieder war die Frage zu beantworten, was macht noch das Denkmal aus und welche Substanz stützt diesen Gedanken? Schließlich musste das Gärtnereigelände aufgegeben werden, da es sich nur noch als Raum und in der Topographie abzeichnete. Die Dokumentationseigenschaften und die Vermittlungsmöglichkeit waren extrem eingeschränkt. Das hier schließlich entstandene Neubaugebiet lässt zwar noch ursprüngliche Zusammenhänge erkennen, ist in seinem von Individualität geprägten Erscheinungsbild aber letztendlich etwas völlig Anderes, das weder mit der ursprünglichen Nutzung noch der ehemaligen Gestalt etwas gemein hat (Abb. 3). Der Großteil des Parks befindet sich hingegen in einem Landschaftsschutzgebiet, wodurch er solange einem doppelten Erhaltungsinteresse unterliegt, wie das Interesse des Naturschutzes nicht anderen Interpretationen unterworfen wird.

An sich ist der Haghof ein Opfer seiner selbst geworden. Gute dreißig Jahre lang erfolgte eine Nutzung, für die man ihn geschaffen hatte. Dann wurde er wegen seiner Größe und ländlichen Abgeschiedenheit interessant. Sein weiteres Bewahren verdankt er letztendlich dem Umstand, dass er als gestaltete Einheit verstanden wurde und eine engagierte Denkmalpflege das Mögliche versuchte. Letztendlich musste aber auch sie die Entwicklung akzeptieren und mit der Teilzerstörung das teilweise Erhalten verrechnen.[5]

Die Villa Dütting in Nordhorn

Selbst bei bescheideneren Dimensionen kann das Interesse an einem Erhalt nicht unbedingt zu einem Erfolg führen, wie es im Falle der Villa Dütting in Nordhorn[6] festzustellen war. Dort bestand zwar der Wille, dem Objekt an sich eine Zukunft zu verschaffen, doch hatte sich gezeigt, dass ökonomische Interessen, aber auch differierende emotionale Verbindungen auf Seiten der Eigentümer keine langfristige Sicherung ermöglichen würden. So war letztendlich auch dort zu entscheiden, welcher Stellenwert im denkmalpflegerischen Sinne der unterschiedlichen Substanz der gesamten Anlage beizumessen ist und ob bei Teilverlusten immer noch dem Gesetz genüge getan wird. Teilverlust bedeutet dabei durchaus Teilzerstörung auch im rechtlichen Sinne, wobei in dieser Logik der Überlegungen auf der anderen Seite die Möglichkeit des Erhaltens eines tatsächlich oder vermeintlich wichtigeren

Teiles steht. Das Niedersächsische Denkmalschutzgesetz definiert Baudenkmale, unter denen auch Villen, Villengärten und Villenensembles subsumiert werden, als bauliche Anlagen, an deren Erhaltung wegen ihrer geschichtlichen, künstlerischen, wissenschaftlichen oder städtebaulichen Bedeutung ein öffentliches Interesse besteht.[7] Daraus folgt die Forderung, dass ein Objekt zum einen denkmalfähig ist, also aufgrund der überkommenen Substanz etwas vermitteln kann und denkmalwürdig sein muss, da der Bewertung Maßstäbe zugrunde liegen, die von einem breiten Kreis von Sachverständigen getragen werden.[8] Dies gilt grundsätzlich, sodass stets zu prüfen ist, welche Bedeutung hat das Ganze, welche Bedeutung haben die einzelnen Teile, in welcher Form, also mit wie viel Substanz und in welcher Gestalt kann die Information vermittelt werden und besteht tatsächlich ein öffentliches Interesse an einer unveränderten Überlieferung.

Die nach ihrem Erbauer benannte Villa prägt im Zentrum der Stadt Nordhorn mit ihren weiten Gartenflächen noch heute das Straßenbild (Abb. 4). Sie ist eine von mehreren um die Wende vom 19. zum 20. Jahrhundert entstandenen Wohnsitzen Nordhorner Bürger, die im Zuge einer sich entwickelnden Textilindustrie wohlhabend geworden waren und sich an den neu erschlossenen Straßen außerhalb der Altstadt ansiedelten. Bei der Villa Dütting handelt es sich um ein stattliches Wohnhaus, das deutlich von der Straße zurückgesetzt errichtet wurde. Es entstand 1897 für den Textilfabrikanten Friedrich Dütting,[9] der auch einen großen, im Stil der Zeit geschaffenen landschaftlichen Garten anlegen ließ (Abb. 5) und einen großflächigen Nutzgarten betrieb. Dazu gehörten zwei Gewächshäuser, von denen das eine zur Anzucht von Gemüse diente und das andere größtenteils als Traubenhaus fungierte. Letzteres war nur noch zur Hälfte überkommen und verfiel in den letzten Jahren zunehmend. Ein erster Einschnitt in den Bestand erfolgte in den achtziger Jahren des 20. Jahrhunderts mit dem Ausbau und der einhergehenden Verbreiterung der tangierenden Bahnhofstraße, sodass dort die Grundstücksgrenze um einige Meter nach innen verlegt und die Randbepflanzung aufgelöst wurde. Obwohl die ursprüngliche Einfriedung wieder aufgebaut wurde, haben sich dort die Dimensionen doch deutlich verschoben und vor allem die ehemalige Bepflanzung erheblich verändert.

Die Villa Dütting blieb als Gesamtanlage aufgrund kontinuierlicher Nutzung durch Erben jedoch zu großen Teilen in ihrer ursprünglichen Gestaltung erhalten. Auch der Garten profitierte in erstaunlicher Weise von dieser Kontinuität. Bis vor gut zehn Jahren wurde selbst der Nutzgarten noch weitgehend betrieben. Die zwischenzeitliche Entwicklung führte jedoch zu einer Nutzung der gut 1,7 Hektar großen Anlage, die eher musealen Charakter hatte und dem Bewahren eines familiären Bezugsortes diente. Dies wurde schließlich für das gesamte Objekt ein Problem, dem man bedingt noch für einige Zeit eine Zukunft geben wollte. Das hieß gleichzeitig, Kosten sparen und Einkünfte erzielen. In letzter Konsequenz musste der Nutzgarten geopfert werden und für eine Bebauung herhalten (Abb. 6). Drei Mehrfamilienhäuser mit insgesamt 21 Eigentumswohnungen wurden zwischenzeitlich errichtet. Mit einer gewissen Achtung vor dem Überkommenen wurde sogar ein mächtiger Gingko-Baum aus der Ursprungsbepflanzung mit großem Aufwand umgesetzt. Trotz guten Willens fehlt

Abb. 5. Impression aus dem Park der Villa Dütting in Nordhorn (Foto: Niedersächsisches Landesamt für Denkmalpflege, Rainer Schomann)

Abb. 6. Das Schicksal des Nutzgartens der Villa Dütting in Nordhorn wurde eine Bebauung mit drei Mehrfamilienhäusern (Foto: Niedersächsisches Landesamt für Denkmalpflege, Rainer Schomann)

5 Vgl. KOHLER 2002 sowie ABROMEIT 2013.

6 Die Stadt Nordhorn liegt im Landkreis Grafschaft Bentheim im westlichen Niedersachsen direkt an der Grenze zu den Niederlanden.

7 Niedersächsisches Denkmalschutzgesetz vom 30. Mai 1978 in der Fassung vom 26. Mai 2011, GVBl. S. 135.

8 SCHMALTZ/WIECHERT 2012, S. 50–54.

9 Friedrich Dütting war ein aus Osnabrück stammender Textilkaufmann, der zusammen mit dem Münsteraner Textilingenieur Bernhard Niehues 1897 das Textilunternehmen Niehues und Dütting gründete, das zwischenzeitlich europaweite Bedeutung erlangte.

dem Ganzen aber letztendlich doch etwas Wesentliches und Charakterisierendes. Das was fehlt, ist für den Laien jedoch nur Fläche, höchstens Raum. Denkmalpflegerisch fehlt hingegen vielmehr, selbst wenn substanziell dokumentierend dann nur der Hinweis auf ehemalige Größe und Grundgestaltung hätte vermittelt werden können. Dennoch musste schließlich festgestellt werden, dass Originalität nicht mehr gegeben war, in der Summe zahlreiche Veränderungen an den Gartenanlagen im Laufe der Zeit erfolgten und insofern die Bedeutung vor dem Hintergrund eines strengen Maßstabs zu relativieren war. Das Erhaltungsinteresse konnte sich deshalb nicht mehr auf das Ganze, also Villa, Park und Nutzgärten beziehen, sondern nur noch auf jene Bestandteile, die weitergehende Dokumentations- und Informationseigenschaft besitzen.

Das Gut Hohehorst in Schwanewede-Löhnhorst

Das heute noch als Gut Hohehorst bezeichnete ehemalige Landhaus der Fabrikantenfamilie Lahusen in Löhnhorst[10] östlich von Bremen reicht tatsächlich als Wohnplatz weit in die Jahrhunderte zurück. Zum Standort einer Villa mit umgebendem Landschaftsgarten wurde der Ort jedoch erst in der Mitte des 19. Jahrhunderts, als sich hier der aus den Vereinigten Staaten von Amerika heimkehrende Millionär Reinert Ficken auf der Scholle seiner Vorfahren niederließ. Bereits 1883 erwarb Martin Christian Leberecht Lahusen (1828–98), Gründer der „Norddeutschen Wollkämmerei und Kammgarnspinnerei", das Objekt. In den kommenden Jahrzehnten wurde Hohehorst durch den Geheimen Kommerzienrat Carl Lahusen (1858–1921) in einen ständig wachsenden, dezentral organisierten landwirtschaftlichen Betrieb eingebunden. Nach dem Tod Carl Lahusens 1921 gelangte Georg Carl Lahusen (1888–1973) an die Spitze des Industrieunternehmens, musste sich jedoch Hohehorst mit seinen sieben Geschwistern teilen. Nicht auf die Zeichen der Zeit achtend und die gewohnte großbürgerliche Existenz weiter ausbauend, ließ Lahusen das alte Schlösschen schleifen und ab 1928 eine völlig neue Landhausanlage schaffen, in dessen Mittelpunkt ein herrenhausartiger Neubau nach Plänen des Architekten Otto Blendermann[11] errichtet wurde. Zeitgleich entstand ein großflächiger, überwiegend landschaftlich ausgeformter Park, für den der junge Gartenarchitekt Richard Homann[12] verantwortlich zeichnete.

Mit der Neugestaltung erhielt Hohehorst in nur wenigen Jahren einen grundlegend andersartigen Charakter. War jahrzehntelang der Gutsbetrieb im Mittelpunkt des Geschehens, so richtete sich nun die Ausformung des Objekts auf Repräsentation durch Größe, Volumen und Weitläufigkeit. Wohl nicht von ungefähr war für die Architektur der Villa eine eher konservative Formensprache gewählt worden. Dennoch befand sich alles auf dem Stand der Technik der Zeit und bot damit den möglichen Luxus, wie er auch auf dem Landsitz außerhalb der Stadt für standesgemäßes Wohlergehen erwartet wurde. Richard Homann entwarf einen Plan für die Ge-

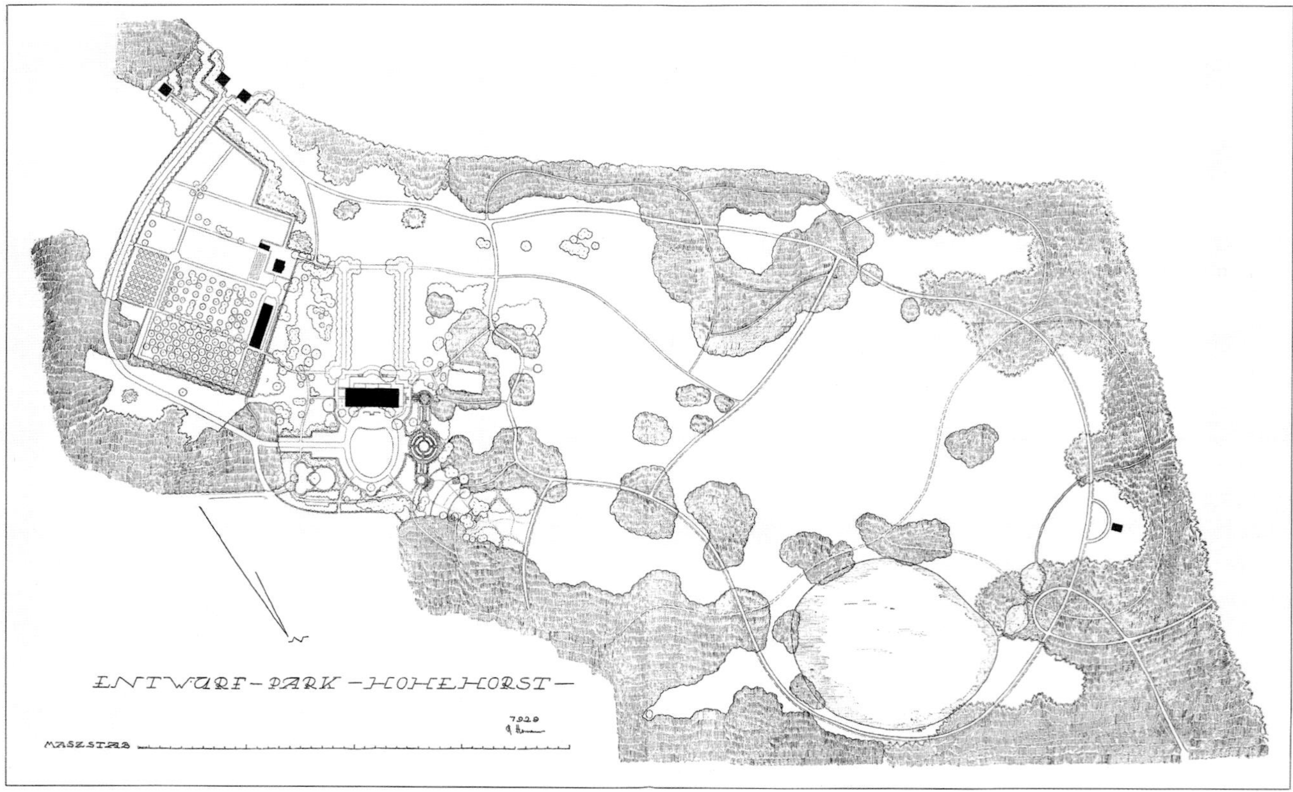

Abb. 7. Ausführlicher Gestaltungsplan von Richard Homann für die Gartenanlagen des Gutes Hohehorst in Schwanewede-Löhnhorst (aus: Blendermann 1929)

Abb. 8. Bauzeitliche Fotografie der Partie mit dem sogenannten Vogelbrunnen im Park des Gutes Hohehorst in Schwanewede-Löhnhorst (aus: BLENDERMANN 1929)

staltung der Außenanlagen des gesamten Landsitzes, mit dem neben einem großen Areal für Wirtschaftsgärten und dem formal gestalteten näheren Umfeld der Villa weite und offene Partien in landschaftlicher Formensprache geschaffen werden sollten. Er orientierte sich damit durchaus an der zeittypischen formalen Gestaltungsweise für Gärten, wie sie sich seit dem beginnenden 20. Jahrhundert insbesondere in der Villen- und Landhausgartenarchitektur entwickelt hatte. Er griff dabei die von der Architektur der Villa vorgegebene große Geste auf und schuf als Antwort auf die Eingangsfront einen oval geformten Platz als geräumiges Entree, das zwischen Zufahrt, Villa und Park vermittelt. Bereits hier wurde die reichhaltige Gestaltung des Landsitzes präsentiert, indem direkt im Anschluss Sondergärten angelegt wurden. Auf der gegenüberliegenden Seite der Villa entstand ein weiter Rasenplatz, der, von rechteckiger Grundform und durch Baumwände gefasst, der Präsentation der Villa diente, vor allem aber in der Kombination von Umfang und Schlichtheit diese hervorhebt und bereits hier die Großzügigkeit der Gesamtanlage ankündigt. So sollte infolge der Sondergärten eine weitläufige Landschaft entstehen, die Richard Homann durch Wiesen, Haine und Teiche prägen wollte. Er beabsichtigte diesen Bereich mit Hilfe eines differenzierten Wegesystems zu erschließen, in dessen Verlauf vor allem die gewaltigen Dimensionen des Landsitzes zum Ausdruck kommen und erlebt werden sollten.[13]

Auch wenn auf den ersten Blick die Außenanlagen dieses Landsitzes in typischer Manier landschaftlicher Gestaltung des späten 19. Jahrhunderts zu folgen scheinen (Abb. 7), orientiert sich Homann doch an Zeitgenössischem. Die Formensprache ist weder rückwärtsgewandt noch besonders fortschrittlich. Sie bewegt sich zwischen diesen Extremen und kombiniert traditionelle wie damals neue Gestaltungsweisen. Ohne Zweifel standen hier große Landsitze des Bremer Bürgertums wie Knoops Park[14] und Wätjens Park[15] Pate, hinsichtlich der Bauaufgabe, die ein autarkes System vorsah, sich

10 Löhnhorst ist ein Ortsteil der Gemeinde Schwanewede im Landkreis Osterholz-Scharmbeck in Niedersachsen.

11 Otto Blendermann (1879–1979) war freischaffender Architekt in Bremen. Er plante und baute über vier Jahrzehnte zahlreiche Objekte insbesondere im Raum Bremen, aber auch darüber hinaus.

12 Richard Homann (1900–63) arbeitete als freier Gartenarchitekt in Bremen. Vgl. GRÖNING/WOLSCHKE-BULMAHN 1997, S. 157.

13 BLENDERMANN 1929.

14 Knoops Park, nach seinem Besitzer dem Bremer Kaufmann Ludwig Knoop (1821–94) benannt, befindet sich im Nordenwesten der Hansestadt Bremen im Ortsteil St. Magnus.

15 Wätjens Park wurde von der Bremer Kaufmannsfamilie Wätjen im 19. und frühen 20. Jahrhundert über mehrere Generationen angelegt. Das Objekt befindet sich im Ortsteil Blumenthal im äußersten Nordwesten der Hansestadt Bremen.

aber vom typischen Gutsbetrieb des landständischen Adels unterschied (Abb. 8). Das Objekt wurde von herrschaftlichem Repräsentationsanspruch zum einen und großbürgerlichen Lebensformen bzw. -bedürfnissen der Zeit zum anderen geprägt. Hohehorst muss heute als eine der letzten Landhausanlagen ihrer Art gesehen werden. Vergleichbares entstand zumindest im niedersächsischen Raum nicht mehr (Abb. 9). Der Hang des Bürgertums, sich mit dem Adel als traditionelle Elite zu vergleichen, fand mehr und mehr ein Ende.[16]

Für Hohehorst galt dies in besonderem Maße, da Georg Carl Lahusen und sein weltweit operierendes Unternehmen nicht nur in die Weltwirtschaftskrise hineingezogen wurden, sondern durch ihr Handeln wesentlich zu dieser beigetragen hatten. Das Unternehmen ging 1931 in Konkurs und zog Vieles und Viele mit sich. Die Folge für Hohehorst war der Übergang in die Konkursmasse, wodurch letztendlich Villa und Park in den Besitz der Freien Hansestadt Bremen gelangte, 1937 Eigentum der SS-Organisation Lebensborn wurde, dann als Lazarett der Wehrmacht diente und nach 1945 schließlich zum Offizierskasino der 29. US-Infanteriedivision wurde. Nachdem zunächst das Land Niedersachsen als Eigentümer folgte und die ständig steigenden Unterhaltungskosten nicht bewältigen wollte, ging das Objekt durch Verkauf an die Bremer Heimstiftung über. In den kommenden Jahrzehnten blieb Hohehorst im Prinzip trotz wenig geeigneter Nutzungen erhalten. Die östliche Hälfte des Parks war bereits frühzeitig abgetrennt und wieder zu landwirtschaftlicher Nutzfläche geworden. Zwar nahm die Pflege des Objekts kontinuierlich ab, doch ist es substanziell überkommen, selbst wenn sich im Parkbereich eine gewisse Verwahrlosung eingestellt hat. 2016 wurde Hohehorst vom Land Bremen an einen privaten Investor verkauft, der erste Planungen zur Schaffung von 64 Wohneinheiten, davon 52 Einzelhäuser, für die Gelände vorlegte. Dies hätte eine völlige Zerstörung der gärtnerischen Außenanlagen zur Folge. Vor dem Hintergrund der geschichtlichen Bedeutung dieses Denkmals ist völlig unverständlich, wie ein derartiger Umgang entwickelt und verfolgt werden kann. Es steht derzeit zu befürchten, dass ein Erhalt von Hohehorst als Ganzes sehr unwahrscheinlich ist.

Fazit

Villen- und Landhausgärten zählen ohne Zweifel zu den am meisten gefährdeten Gartentypen. Ihr Bestand reduziert sich nicht erst in den letzten Jahren deutlich, sondern bereits seit vielen Jahrzehnten. Sie wurden für eine Nutzung geschaffen, die es heute nur noch selten gibt. Sie sind eng verbunden mit einer Lebenshaltung, die in Deutschland immer weniger Akzeptanz findet. Auch früher hat die Unterhaltung derartiger Gärten hohe finanzielle Kosten verursacht, wurde aber geleistet, da die Gärten wesentlicher Teil von Repräsentation waren und Basis für Lebensqualität bedeuteten. Selbst wenn heute Gärten einem Hype zu unterliegen scheinen und Hochglanzmagazine ein großes Interesse suggerieren, auch gigantische

Abb. 9. Zufahrt des Gutes Hohehorst in Schwanewede-Löhnhorst mit ehemaliger Trafostation im Hintergrund (Foto: Niedersächsisches Landesamt für Denkmalpflege, Rainer Schomann)

Gartenmärkte allenthalben aus dem Boden gestampft werden, so ist der Betrieb eines historischen Villen- oder Landhausgartens doch völlig anders dimensioniert und hat mit der Pflege des individuellen Umfelds, zu dem man heute den Garten zählt, kaum noch etwas zu tun.

Die drei hier vorgestellten Objekte stehen für eine Realität, die zur Kenntnis genommen werden muss, wenn Lösungen zur Rettung derartiger Objekte gefunden werden sollen. Dabei ist zu beachten, dass sich Villen- und Landhausgärten in der Regel in privatem Besitz befinden und auch der Unterhalt privat zu finanzieren ist. Weiter muss gesehen werden, dass sich selbst bei einer kontinuierlichen Nutzung der Gesamtanlage die Art und Weise der Nutzung der Gärten verändert. Der notwendige Pflegeaufwand stellt ein Problem für sich dar, da er hohe regelmäßige Kosten erzeugt, für deren Aufwand bei den privaten Eigentümern nur geringes Verständnis vorhanden ist.

Villen- und Landhausgärten sind Zeugnisse eines gesellschaftlichen Habitus, der vielerorts an Relevanz verloren hat. Die Zeiten, in denen diese weitläufigen Anlagen eine Funktion hatten und deshalb betrieben und erhalten wurden, sind vorüber. Anders als Schlösser und Herrensitze des Adels in staatlichem Besitz werden diese Werte des privaten Vermögens wohl kaum alle musealisiert werden können, auch wird die Eventindustrie sie nur in Ausnahmefällen langfristig „behüten" können. Gesetzlicher Schutz allein, zumal einer, der die Verantwortung dem Eigentümer überträgt, wird es schwer haben, auch nur die wichtigsten Objekte zu bewahren.[17] Es darf am Ende jedoch nicht Resignation übrigbleiben. Vielmehr ist das Bewusstsein dafür zu schärfen, dass hier ein Problem ganz neuer Art besteht, dessen Komplexität verstanden werden muss, wenn Lösungen gefunden werden sollen.

Literatur

Abromeit 2013 – Abromeit, Christof et al.: *Das Landhaus „Haghof" in Isernhagen-Kircher Bauerschaft – Eine geschichtliche und gartendenkmalpflegerische Untersuchung*, Bachelor Vertiefungsprojekt im Lehrgebiet Geschichte der Freiraumplanung der Leibniz Universität Hannover in der Betreuung von Birte Stiers und Rainer Schomann (unveröffentlicht)

Blendermann 1929 – Blendermann, Otto: *Herrenhaus Hohehorst*, Bremen 1929

Gröning/Wolschke-Bulmahn 1997 – Gröning, Gert/Wolschke-Bulmahn, Jochen: *Grüne Biographien*, Berlin/Hannover 1997

Hartz-Bentrup 2006 – Hartz-Bentrup, Barbara: *Private Gärten in Bremen. Ein Jahrhundert Gartenarchitektur 1905 bis 2005*, Bremen 2006

Hinz 1974 – Hinz, Gerhard: *Historische Gärten in Niedersachsen*; in: Das Gartenamt 9, 1974, S. 508–513

Kohler 2002 – Kohler, Manfred: *Der Haghof in Isernhagen KB*; in: Berichte zur Denkmalpflege in Niedersachsen, 1/2002, S. 29–34

Schomann 1995 – Schomann, Rainer: *Gartendenkmalpflege in Niedersachsen – eine Zustandsbeschreibung aus Sicht der Denkmalfachbehörde*; in: Niedersächsische Denkmalpflege, Bd. 15. Berichte über die Tätigkeit der Bau- und Kunstdenkmalpflege in den Jahren 1991–1992, Hannover 1995, S. 31–44

Schmaltz/Wiechert 2012 – Schmaltz, Hans Karsten/Wiechert, Reinald: *Niedersächsisches Denkmalschutzgesetz. Kommentar*, 2., völlig neu bearbeitete Auflage, München 2012

16 Hartz-Bentrup 2006, S. 74–76.

17 Vgl. hierzu beispielhaft das Niedersächsisches Denkmalschutzgesetz vom 30. Mai 1978 in der Fassung vom 26. Mai 2011 insbesondere Paragraf 6.

Torsten Volkmann

Die Instandsetzung des Gartens der Villa Henckel in Potsdam und der Faktor Mensch

Ein Situationsbericht aus dem Land Brandenburg

Wenn sich das Wohnumfeld von Bürgern derart verändert, dass sie sich in ihren Gewohnheiten beeinträchtigt sehen, erzeugt das gewöhnlich Unruhe und Protest. So geschah es auch in einem zum Potsdamer Weltkulturerbe gehörenden Villengarten im Zusammenhang mit seiner Sicherung ab 2012. Der zu diesem Zeitpunkt in weiten Teilen verwilderte Park wurde bis dahin von Kindern zum Spielen, von Jugendlichen zum Feiern, von Erwachsenen zum Spazieren und von Hunden für das Einfangen geworfener Stöckchen und für Stoffwechselprozesse genutzt. Saisonal hatte sich auch ein Obdachloser in einer dicht mit Sträuchern bewachsenen Partie eingerichtet. Zwar wurde in der regionalen Presse über geplante Veränderungen und Sanierungsarbeiten berichtet, was schon zu ersten konträren Diskussionen führte, aber als dann schließlich 2014 ein Bauzaun zur Sicherung des Geländes errichtet wurde, eskalierte der Protest. In der Folge wurden der Zaun mehrfach eingerissen und ein prominenter Eigentümer und Unterstützer der Denkmalpflege, dem wichtige Anteile dieses Anwesens gehören, ungerechtfertigter Weise für die Eskalation verantwortlich gemacht.

Es brauchte einige weitere Gespräche und Appelle und insbesondere Zeit, um wieder in geordneten Verhältnissen die Restaurierung dieses historisch und künstlerisch bedeutenden Gartens fortsetzen zu können. Heute sind wichtige Bereiche des Gartens der Villa Henckel restauriert und alle offenen Proteste dagegen vorerst und vielleicht auch endgültig verstummt. Die Heftigkeit der ablehnenden Bürgerreaktionen hatte alle Beteiligten in der Kommunalpolitik und Verwaltung und auch die Eigentümer überrascht. Natürlich wurde die mangelnde öffentliche Information als Hauptursache selbstkritisch erkannt.

Abb. 1. Villa Henckel als markante Landmarke auf einem Höhenrücken am Nordrand Potsdams (Foto: Torsten Volkmann, Mai 2015)

Aber unabhängig davon offenbaren die Ereignisse auch ein tiefergehendes Problem: Das gesellschaftliche Interesse am gartenkulturellen Erbe im Land Brandenburg verringert sich zunehmend. Es werden ‚Leuchtturmprojekte', wie z. B. der Klostergarten in Neuzelle, mit großem, auch finanziellen, Aufwand restauriert und von der Landespolitik entsprechend gefeiert. Das Engagement für die Bewahrung des gartenkulturellen Erbes, z. B. in Form der vielen Gutsgärten im Land, verringert sich dagegen sowohl in weiten Teilen der Bevölkerung als auch in der Landespolitik. Und auch in der Landeshauptstadt Potsdam schrecken die Stadtpolitiker und die Verwaltung nicht davor zurück, das UNESCO-Welterbe „Schlösser und Parks von Potsdam und Berlin" durch die Ausweisung von dringend benötigten Wohngebieten deutlich zu beeinträchtigen. Dabei werden auch eine Verwarnung der UNESCO und eine juristische Auseinandersetzung in Kauf genommen.

Es ist offensichtlich, dass zumindest im Land Brandenburg die Bedeutung der Gartendenkmale für die Landeskultur und auch die touristische Entwicklung als ein wesentliches wirtschaftliches Standbein vieler, gerade auch ländlicher Regionen besser vermittelt werden muss. Insbesondere der Beratung und Unterstützung der Denkmaleigentümer kommt dabei eine wesentliche Rolle zu. Gerade in persönlichen Gesprächen können bestehende Ressentiments und Ängste seitens der Denkmaleigentümer abgebaut und in nicht wenigen Fällen eine Partnerschaft im Bemühen um das historische Erbe begründet werden. Der Schlüssel dazu ist das gegenseitige Vertrauen. Solche wichtigen persönlichen Beratungen erfordern jedoch Personal, und das wurde gerade in Folge der aktuellen Personalpolitik der Landesregierung Brandenburgs im Bereich der Gartendenkmalpflege im Landesdenkmalamt auf nunmehr eine Personalstelle reduziert.

Anhand der Restaurierungsgeschichte des Parks der Villa Henckel wird nachfolgend das Zusammenspiel zwischen den verschiedenen Projektbeteiligten einschließlich der Bevölkerung und die Rolle einer klugen Moderation für ein erfolgreiches Projektmanagement kurz erörtert.

Die Parkgeschichte wurde im Vorfeld der Restaurierungsplanungen von drei verschiedenen Fachplanern erforscht. Die Diplomarbeit von Claudio Dorsch von 1996[1] bildete die wichtigste Grundlage. Darauf aufbauend beschäftigten sich ab 2003 der Landschaftsarchitekt Thomas Guba vom Berliner Büro guba+sgard für den im Privatbesitz befindlichen Teil des Anwesens und 2013 die Landschaftsarchitektin Anja Brückner aus Brandenburg für den in Besitz der Stiftung

Abb. 2. Potsdam, Blick vom Belvedere auf dem Pfingstberg in Richtung Villa Henckel (Turmspitze innerhalb des Gehölzbestandes des Villenparks) und Havel (Foto: Torsten Volkmann, Mai 2015)

Abb. 3. Potsdam, Villa Henckel, historische Gehölzgruppe innerhalb des dicht mit Gehölzaufwuchs bestandenen Parks vor Beginn der Restaurierung (Foto: Torsten Volkmann, Oktober 2012)

Preußische Schlösser und Gärten Berlin-Brandenburg (SPSG) befindlichen Teil intensiv mit der Geschichte und konnten, trotz vereinzelt unterschiedlicher fachlicher Interpretation der Befunde, die Genese des Villenparks sehr präzise herausarbeiten.[2]

Auf einem Höhenzug unweit des Neuen Gartens im Norden der Stadt Potsdam bildet die Villa Henckel heute eine bedeutende Landmarke neben dem Belvedere von Friedrich Wilhelm IV. (Abb. 1, 2). Schon Jahrhunderte vor der gartenkünstlerischen Ausgestaltung dieses markanten Hügels waren seine Hänge als Obst- und Weingärten genutzt worden. Auf den Grundstücken entlang der am Fuß des Hanges später geschaffenen Weinmeisterstraße sind ab 1790 mehrere Weinmeisterhäuser und zugehörige Lusthäuser auf der Höhe nachweisbar.[3] Erste Vorstellungen zur baukünstlerischen Ausschmückung dieses Höhenzuges stammen von Friedrich Wilhelm II., der 1793 auf dem damals sogenannten Judenberg den Bau eines Belvederes in Form eines neogotischen Turmes und Saalgebäudes plante. Ein überhöhter Grundstückspreis infolge dieser offiziell zu früh verkündeten Bebauungsabsicht ließ das Vorhaben jedoch scheitern. Unter Friedrich Wilhelm IV. entstand in mehreren Etappen auf dem Höhenrücken von 1847–63 das Belvedere. Die gartenkünstlerische Ausgestaltung der Umgebung erfolgte ab 1849 nach der Planung von Peter Joseph Lenné, Gartendirektor der königlichen Gärten. Das unmittelbar nördlich angrenzende Gelände des späteren Villengartens blieb zu dieser Zeit noch als Weinberg erhalten.

Zwischen 1865–71 kaufte der Berliner Hypothekenbankdirektor Carl Heinrich Hermann Henckel (verm. 1826–93) die zur späteren Villenanlage gehörenden Grundstücke an der Großen Weinmeisterstraße mit den darauf befindlichen Gebäuden einschließlich der Lust- und Winzerhäuser. 1868 begann der Bau der Villa. Planung und Ausführung stammen von dem Potsdamer Baumeister Friedrich Ernst Petzholtz d. J. (1839–1904).[4] Der Bau wurde 1870 fertiggestellt. Bis 1875 diente die Villa der Bankiersfamilie als Wohnsitz, danach war sie nur noch als Sommersitz genutzt.

Die Gestaltung der Parkanlage erfolgte von 1867–69 nach Planungen von Hermann Vollert und ab 1872 durch Gustav Meyer. Die Anteile der beiden Gartengestalter an der Anlage des Gartens sind nicht abschließend geklärt und werden von Guba und Brückner unterschiedlich bewertet.[5] Ende der 1870er Jahre war die Villa in einen großen, landschaftlich gestalteten Garten mit raffinierten Bestandteilen und Partien eingebunden. Brückner beschreibt den Garten folgendermaßen: „ […] Eine Besonderheit stellt dabei die Grottenanlage dar, die in dieser Form (Dimension und Form, Materialität, Gestaltung der Decke mit künstlichem Stalaktiten u. a.) einmalig im Gartenbestand des Landes Brandenburg ist. Die gestalterische Verbindung der Grotte mit dem felsigen Ufer des Bachlaufs und der Übergang in einen ruhigeren Parkraum am Teich bilden einen Höhepunkt innerhalb der Parkanlage. Eine weitere Besonderheit in der gartenkünstlerischen Komposition stellt die gestalterische Einbindung verschiedenster Gebäude in Randlage des Grundstücks in den Parkraum dar. Mit seiner Lage auf dem Südosthang des Pfingstbergs ist der Park in das System des Grünzugs vom Belvedere auf dem Pfingstberg zum Neuen Garten eingebunden und macht ihn zusammen mit der höhenbetonten Form der Villa Henckel zu einem prägenden Bestandteil der Potsdamer Kulturlandschaft. Er ist durch eine Vielzahl von Sichtbezügen mit der umgebenden Stadt- und Parklandschaft verbunden. Die gartenkünstlerische Komposition inszeniert den Baukörper der Villa auf der höchsten Stelle des Geländes als ein Belvedere.“[6]

1879 erwarb Prinz Carl von Preußen das gesamte Anwesen. Es begann nachfolgend eine lange Phase des Verfalls des Gartenkunstwerks. Durch Erbfolge blieb das Grundstück bis 1926 in prinzlichem Besitz. Bereits 1879 kam es zu ersten Umgestaltungen im Park. Durch die mehrfachen Veränderungen verschob sich allmählich das Verhältnis zwischen dem vermeintlich nutzlosen gartenkünstlerischen Gehalt der Parkanlage und seinem Nutzwert zugunsten einer gärtnerisch bewirtschaftbaren Fläche. Ab 1907 kam es zu fast jährlich wechselnden Verpachtungen, verbunden mit einer

1 Dorsch 1996.
2 Guba+Sgard 2004; Guba 2010; Brückner 2013.
3 Dorsch 1996, S. 55.
4 Ambrosius/Schneider, L/Schneider, U. 2010.
5 Brückner 2013.
6 Ebd., S. 40

Abb. 4. Potsdam, Villa Henckel, Müllablagerungen im Park innerhalb des für die Öffentlichkeit zugänglichen Bereichs (Foto: Torsten Volkmann, Oktober 2012)

Beschleunigung des Verfalls des Parks. Im Zusammenhang mit der Fürstenabfindung gelangten 1926 die Villa und der Park in das Eigentum des Preußischen Staates. Das Anwesen wurde zu dieser Zeit als völlig verwahrlost beschrieben, sein Zustand verbesserte sich auch in den folgenden Jahren nicht. Ab 1930 dienten die Villa und der Park kurzzeitig körperlich behinderten Kindern als Sanatorium. 1932 beauftragte das staatliche Hochbauamt den preußischen Gartendirektor Georg Potente mit einer Planung zur Beseitigung der Schäden in den schlimmsten Bereichen im Zusammenhang mit einer erneuten Umnutzung der Villa als Pension. Von 1934–39 diente die Villa als Schulungsheim der Hitlerjugend. In der letzten Phase des Zweiten Weltkrieges kam es 1945 zu schweren Schäden an den Gebäuden an der Großen Weinmeisterstraße und im Park durch die Errichtung von Verteidigungslinien und durch Bombardierungen. Auch nach Ende des Zweiten Weltkrieges verbesserte sich die Situation für den Park nicht. Das Grundstück wurde geteilt. In der Villa mit einem kleinen Teil des Parks kam ab 1945 ein Altersheim unter. Auf dem größten Teil des Parks entlang der Weinmeisterstraße errichteten die sowjetischen Streitkräfte eine Sperrgebietszone, das sogenannte Sowjetische Militärstädtchen Nr. 7.

Die Situation verbesserte sich erst grundlegend nach der Auflösung des militärischen Sperrgebietes 1994. Die Gebäude, baulichen Anlagen, Versiegelungen und Geländeveränderungen, die während der sowjetischen Nutzungszeit entstanden waren, wurden beseitigt. Große Grundstücksteile des Parks gingen ab 1997 in das Eigentum der Stiftung Preußische Schlösser und Gärten Berlin-Brandenburg über. Sie blieben dabei öffentlich zugänglich und in ihrem ‚verwilderten' Bestand erhalten (Abb. 3). Die Bürger eroberten diesen Freiraum für ihre individuellen und nicht immer den Park schonenden Zwecke. So wurde beispielsweise zahlreicher Müll abgelagert (Abb. 4). Die Villa und der gebäudenahe Parkteil verblieben im Besitz der Stadt Potsdam und wurden bald darauf verkauft. 2004 erwarb eine private Eigentümergemeinschaft die Villa und die angrenzenden Gartenflächen. Das Gebäude wurde 2008 bis 2010 unter der Leitung des Architekten Götz M. Keller (MK Architekten, Berlin) umfassend saniert. 2009 begann die Restaurierung des gärtnerischen Umfeldes der Villa auf Grundlage des 2004 angefertigten denkmalpflegerischen Zielkonzeptes von Guba. Diese sehr erfolgreichen Arbeiten wurden in den letzten Jahren auch auf große Teile des im Besitz der Stiftung Preußische Schlösser und Gärten Berlin-Brandenburg befindlichen Parks ausgeweitet. Erst kürzlich konnten die Arbeiten am Gewässersystem zwischen der Grotte und dem Teich weitgehend abgeschlossen werden (Abb. 5–10).

Die Grundstücksteilung von Gartendenkmalen zwischen verschiedenen Eigentümern führt in den meisten Fällen zu Konflikten, worunter das Gartendenkmal leidet, wenn nicht sogar in der Folge zerstört wird. Ein künstlerisch gestalteter

Abb. 5. Potsdam, Villa Henckel, Partie am Teich mit Insel im Vordergrund. Die ursprüngliche seitliche Fassung aus verputzen Ziegelmauern ist in weiten Abschnitten beschädigt (Foto: Torsten Volkmann, Oktober 2012)

Abb. 6. Potsdam, Villa Henckel, Teichabschnitt nach erfolgter Reinigung im April 2018 (Foto: Torsten Volkmann, April 2018)

Abb. 7. Potsdam, Villa Henckel, Teichmauern nach der Restaurierung im Juni 2018 (Foto: Torsten Volkmann, Juni 2018)

Garten in der Dimension eines Villen- oder Gutsparks erfordert kontinuierliche und fachgerechte Pflege, welche mit erheblichen Kosten verbunden ist. In der Regel kann durch die Nutzung des Gartens und möglicher, dabei erzielter Gewinne nicht der Aufwand zu seiner Erhaltung auch nur annähernd kompensiert werden. Sofern der Garten und das Gebäude eine wirtschaftliche Einheit bilden ist dies möglich, nicht aber in den Fällen, wo die Gärten abgetrennt sind. In den neuen Bundesländern wurden beispielsweise in vielen Fällen in den ländlichen Gutsanlagen nach einer Grundstücksteilung die Gebäude durch die Treuhandanstalt privatisiert und die Parkanlagen den Kommunen übertragen. Die kommunalen Träger sehen sich heute kaum mehr in der Lage, die erforderliche Pflege zu leisten. So sind aktuell in Brandenburg zahlreiche ländliche Parks, welche in den vergangenen Jahren zumindest in ihrer Grundstruktur gesichert wurden, wieder dem Verfall preisgegeben. Und wenn die Grundstücksteilungen dann auch durch Zäune manifestiert werden, ist häufig auch das Erscheinungsbild der Denkmale nachhaltig gestört. Leider haben die Denkmalbehörden in Brandenburg nach wie vor keinen Einfluss auf Grundstücksteilungen, obwohl diese das Denkmal meist erheblich beeinträchtigen.

Das Grundstück der Villa Henckel ist historisch schon länger zwischen verschiedenen Eigentümern geteilt. Der Parkraum um die Villa befindet sich im Privatbesitz. Der den Belangen der Denkmalpflege sehr aufgeschlossene Eigentümer verfügt über ausreichend Kapital, um diesen Parkteil in einer hohen Qualität als Gartendenkmal zu restaurieren. Er nutzt sein Grundstück für rein private Zwecke und hat grundsätzlich ein Interesse, auch den restlichen Park zu restaurieren, dauerhaft zu pflegen und privat zu nutzen. Die Stiftung Preußische Schlösser und Gärten Berlin-Brandenburg ist aus rechtlichen Gründen nicht in der Lage, den ihr übertragenen Parkteil zu restaurieren. Somit könnte eine Verpachtung der Fläche an den Eigentümer der Villa eine Lösung für das Denkmal sein, jedoch nicht für die Öffentlichkeit. Eine öffentliche Besichtigung des Parks wäre vermutlich, wenn überhaupt, nur an wenigen Ausnahmetagen im Jahr möglich. Die Stadt lehnt deshalb eine solche Lösung im Interesse der Bürger ab. Aus denkmalfachlicher Sicht ist eine Unterteilung des Parks durch einen Zaun, was zu einer Abtrennung von Wegen und einer Beeinträchtigung kompositorisch wichtiger Blickachsen führt, abzulehnen. Jedoch ist vor dem Hintergrund des realen Erfordernisses des Personenschutzes für den Eigentümer ein solcher Zaun nicht zu verhindern.

Dank eines zwischen dem Privateigentümer und der Stiftung ausgehandelten Kompromisses konnte eine Lösung gefunden werden, welche die Restaurierung und Pflege des gesamten Parks ermöglicht und die Öffentlichkeit noch große

Abb. 8. Potsdam, Villa Henckel, die ausgegrabene Grotte vor Beginn der Restaurierung 2012 (Foto: Torsten Volkmann, Oktober 2012)

Abb. 9. Potsdam, Villa Henckel, Blick aus der Grotte in Richtung Bachlauf nach erfolgter Restaurierung (Foto: Torsten Volkmann, Juni 2018)

Abb. 10. Potsdam, Villa Henckel, der oberhalb der Öffnung zur Grotte hervortretende Bauchlauf mit seiner nach dem Wunsch des Eigentümers geschaffenen modernen Bepflanzung (Foto: Torsten Volkmann, Juni 2018)

Teile nutzen kann, nunmehr jedoch dem Charakter des Gartendenkmals angepasst. Die Analyse der Parkbereiche offenbarte, dass die bestehende interne Grundstücksgrenze wichtige Gestaltungsbereiche, wie die Wasseranlage, zerschneidet und dadurch deren einheitliche Restaurierung behindert. Es wurden somit Flächen ausgewiesen, welche durch Verpachtung der Privatfläche zugeschlagen und durch einen möglichst ‚unsichtbaren' Zaun (sog. invisible fence), der abschnittsweise innerhalb von dichten Gehölzbeständen geführt wird, geschützt werden (Abb. 11–13). Diese Aufteilung ermöglicht die Restaurierung und Pflege des gesamten Gartendenkmals.

Die Lösung wurde jedoch vor Beginn der praktischen Arbeiten in nicht ausreichender Gründlichkeit der Bevölkerung erläutert mit dem schon beschriebenen Ergebnis, bei dem der Bauzaun stigmatisiert und mehrfach zerstört wurde. Es bedurfte einer intensiven und zum Teil in der Regionalpresse über Jahre ausgetragenen Auseinandersetzung und Klarstellung[7], bis die Protestwelle abebbte und die Restaurierungsarbeiten auch in den öffentlich zugänglichen Bereichen beginnen konnten (Abb. 14, 15).

Das anschauliche Erläutern des gartendenkmalpflegerischen Ansatzes und der diesbezüglichen Aufgabenstellungen und das Werben um ein Verständnis für die Bewahrung des gartenkulturellen Erbes ist eine wesentliche Aufgabe der praktizierenden Gartendenkmalpfleger. Dies schließt neben den Denkmaleigentümern auch die lokale Bevölkerung, die kommunale Verwaltung und die Lokalpolitik mit ein und ist um so wichtiger, je mehr heute die Freiräume durch einen zunehmenden Flächenverbrauch für Infrastruktur-, Wohn-, Gewerbe- und Freizeitnutzungen reduziert werden. Die Erfahrungen aus den letzten drei Jahrzehnten praktischer Gar-

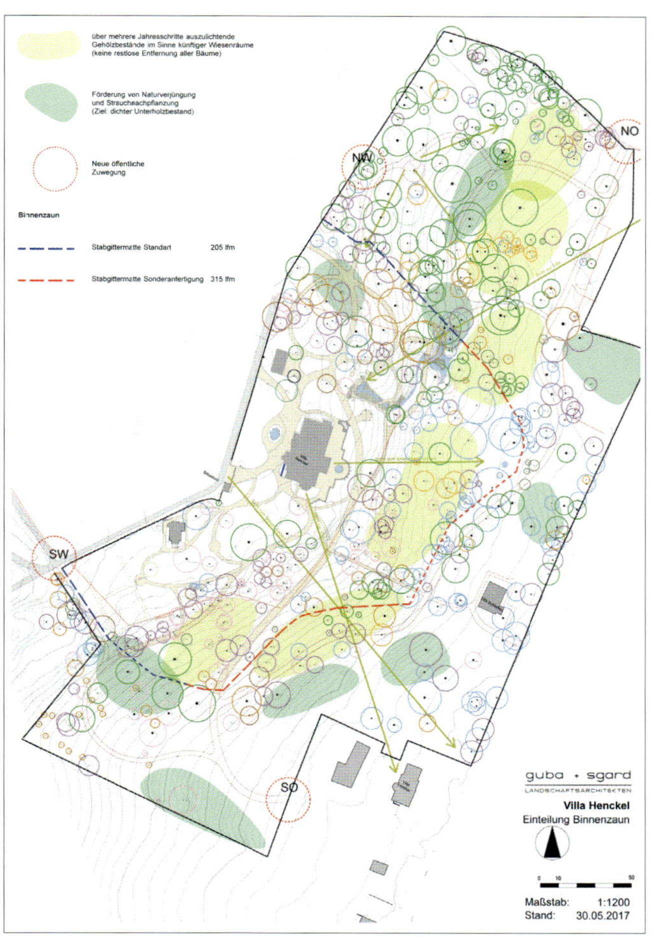

Abb. 11. Potsdam, Villa Henckel, Plan mit Darstellung des Binnenzauns (rot-blaue Strichlinie) zur Abtrennung der zukünftig öffentlichen Parkfläche von dem privat genutzten Teil (Landschaftsarchitekturbüro Gube & Sgard, Mai 2017)

Abb. 14. Potsdam, Villa Henckel, Luftbild vom Frühjahr 2018 mit den deutlich erkennbaren restaurierten Wegeabschnitten (Foto: Google, Luftbild März 2018)

Abb. 12, 13. Potsdam, Villa Henckel, Binnenzaun am Hang innerhalb des Parks und mit verschlossener Pforte unterhalb einer Treppenanlage; Abschnitte des Zaunes werden nachfolgend durch Strauchpflanzungen kaschiert (Fotos: Torsten Volkmann, Juni 2018)

tendenkmalpflege im Land Brandenburg zeigen, dass die zahlreichen und vielfältigen Zeugnisse der Landschafts- und Gartengestaltung nur eine langfristige Erhaltungschance haben, wenn sich die Eigentümer dieser Aufgabenstellung aus Überzeugung annehmen.

7 Potsdamer Neueste Nachrichten 2015, 2017.

Abb. 15. Potsdam, Villa Henckel, neu angelegter Parkweg im Bereich des bis 1994 von der russischen Armee genutzten Geländes (Foto: Torsten Volkmann, Juni 2018)

Literatur

AMBROSIUS/SCHNEIDER, I./SCHNEIDER, U. 2010 – AMBROSIUS, SABINE/SCHNEIDER, ILONA/SCHNEIDER, ULRICH: *POTSDAM – Die Villa Henckel. Ein bisher unbekanntes Frühwerk des Hofbau- und Hofmaurermeisters Ernst Petzholtz*, in: Brandenburgische Denkmalpflege, Jg. 19 (2010), Heft 2, S. 46–62

BRÜCKNER 2013 – BRÜCKNER, ANJA: *Untersuchung zur Geschichte und zu den Grundlagen der Wiederherstellung Gartenteil der SPSG der Villa Henckel, Potsdam, Große Weinmeisterstraße 44–46*, unveröffentlichtes Gutachten, erstellt im Auftrag der Stiftung Preußische Schlösser und Gärten Berlin-Brandenburg, Zernitz-Lohm 2013

DORSCH 1996 – DORSCH, CLAUDIO: *Der Park der Villa Henckel in Potsdam*, Diplomarbeit der TU Berlin, Institut für Management in der Umweltplanung, Berlin 1996

GUBA+SGARD 2004 – GUBA+SGARD LANDSCHAFTSARCHITEKTEN: *Villa Henckel in Potsdam – Gutachten zur gartendenkmalpflegerischen Zielsetzung*, Berlin 2004 (Typoskript)

GUBA/MERK 2010 – GUBA, THOMAS/MERK, FELIX: *Potsdam – Die Parkanlage der Villa Henckel und ihre Restaurierung*, in: Brandenburgische Denkmalpflege, Jg. 19 (2010), Heft 2, S. 66–71

Potsdamer Neueste Nachrichten vom 14.05.2015, online unter: https://www.pnn.de/potsdam/streit-um-zaun-am-pfingstberg-potsdam-sagt-doepfner-ab/21511304.html

Potsdamer Neueste Nachrichten vom 14.02.2017, online unter: https://www.pnn.de/potsdam/potsdam-vertrag-zur-pfingstberg-sanierung-unterzeichnet/21367314.html

Gesine Sturm

Die Villenkolonie Grunewald – ihr gartenkünstlerisches Erbe im Licht aktueller Entwicklungen in Berlin

Gründung, Lage und Voraussetzungen

Der Ausbau des Kurfürstendamms von einem königlichen Reitweg zwischen Berlin und dem Schloss Grunewald zu einem 52 m breiten, befestigten Prachtboulevard nach dem Pariser Vorbild der Champs-Elysées war wohl die wesentliche Voraussetzung für die Anlage der Villenkolonie Grunewald. Die von der Deutschen Bank im Jahr 1882 gegründete „Kurfürstendamm-Gesellschaft" hatte innerhalb von vier Jahren die Parzellen beiderseits des Damms verkauft, die nun mit repräsentativen Villen bebaut wurden und den Übergang von der dichten Innenstadtbebauung zur später großzügig konzipierten Villenkolonie bildeten.

Zwischen der Kurfürstendamm-Gesellschaft und der preußischen Regierung in Potsdam, vertreten durch die Oberförsterei Grunewald, wurde 1889 der Kaufvertrag über 234 ha Grunewaldgelände zur Anlage einer Villenkolonie abgeschlossen. Für die Anlage der Villenkolonie ist ein Gebiet zwischen dem Halensee im Norden und dem Hundekehlesee im Süden vorgesehen, das östlich von der Bahnlinie und westlich von den damaligen Gemarkungen Wilmersdorf und Schmargendorf begrenzt wurde.

Neben der Erschließung durch den Kurfürstendamm und die Bahnlinie mit den Haltestellen „Halensee" und „Grunewald" wurde der Erfolg des Unternehmens auch durch eine gesicherte Trinkwasserversorgung durch die „Charlottenburger Wasserwerke", ein Netz von Handpumpen an den Straßen und die Gasbeleuchtung durch die englische „Imperial Continental Gas Association" bzw. die Elektrifizierung ab 1903 von der „Berliner Vorort-Electrizitätswerke GmbH" gesichert.

Auch steuerliche Gründe trugen zum Erfolg der „Kurfürstendamm-Gesellschaft" und bei den neuen Bewohnern bei. Die ab 1899 eigenständige Landgemeinde Grunewald gehörte bis zur Eingemeindung nach Berlin im Jahr 1920 zum Kreis Teltow. Bis dahin genossen die Bauherren der Kolonie den für Spitzenverdiener im Vergleich zu Berlin günstigeren Steuersatz.

Um das sumpfige Terrain trocken zu legen und Brackwasser zu vermeiden, waren vier künstliche Seen bis zu 1,7 m Tiefe ausgehoben worden (Dianasee und Koenigssee, Hubertussee und Herthasee). Gleichzeitig wurden auf diese Weise lukrative und große Seegrundstücke geschaffen. Die landschaftliche Gestaltung der Seen mit ihren offenen und bepflanzten Uferpartien war neu für eine Villenkolonie und trug wesentlich zu ihrer malerischen Gesamtwirkung bei. Die

Abb. 1. Berlin-Grunewald, Villengärten am Ostufer des Koenigssees, Kiefern des ehem. Grunewalds wurden in die Gartenplanungen integriert, Gärten heute ohne Denkmalwert, Postkarte ohne Datum (Museum Charlottenburg-Wilmersdorf/Archiv, Sig. WM-A 2001/0056)

Seen und die mit Ausnahme der Koenigsallee[1] auf dem Reißbrett konzipierten Straßen bilden bis heute das Grundgerüst der Villensiedlung.

Entwicklung

In der Gründungsphase der Kolonie entstanden auf großen Grundstücken ausgedehnte Garten- und Parkanlagen, die für die Kolonie charakteristisch wurden und so in keiner anderen Villenkolonie Berlins zu finden waren. Auf Lageplänen von 1896 und 1904 ist die rasante Bebauung in allen Teilen der Kolonie nachzuvollziehen (Abb. 2, 3). Nach 15 Jahren sind aber noch Grundstücke jeder Art vakant. Nach einer weiteren Dekade sind viele Quartiere bebaut. Große Gartengrundstücke lassen auf eine entsprechende Bebauung schließen. In der Zeit vor dem Ersten Weltkrieg und zwischen den beiden Weltkriegen wurden weitere Gärten in hoher gestalterischer Qualität angelegt (Abb. 1, 4–6, 11). In den 1930er Jahren setzte bereits vereinzelt eine Parzellierung größerer Grundstücke ein, auf denen wieder neue, hochwertige Gärten entstanden.

Die Kolonie war mehr als 40 Jahre lang politisches und kulturelles Zentrum Berlins. Dazu trugen auch zahlreiche bekannte, verdiente und berühmte Persönlichkeiten jüdischer Herkunft bei (etwa ein Drittel der Kolonie-Bewohner), wie der Außenminister Walther Rathenau, der 1922 auf der Koenigsallee ermordet wurde, der Bankier, Kunstmäzen und Präsident des Deutschen Industrie- und Handelstages Franz von Mendelssohn, die Verleger Hans Ullstein und Samuel Fischer. Mit der Machtübernahme durch die Nationalsozialisten im Januar 1933 setzte der erste Niedergang der kulturellen Viel-

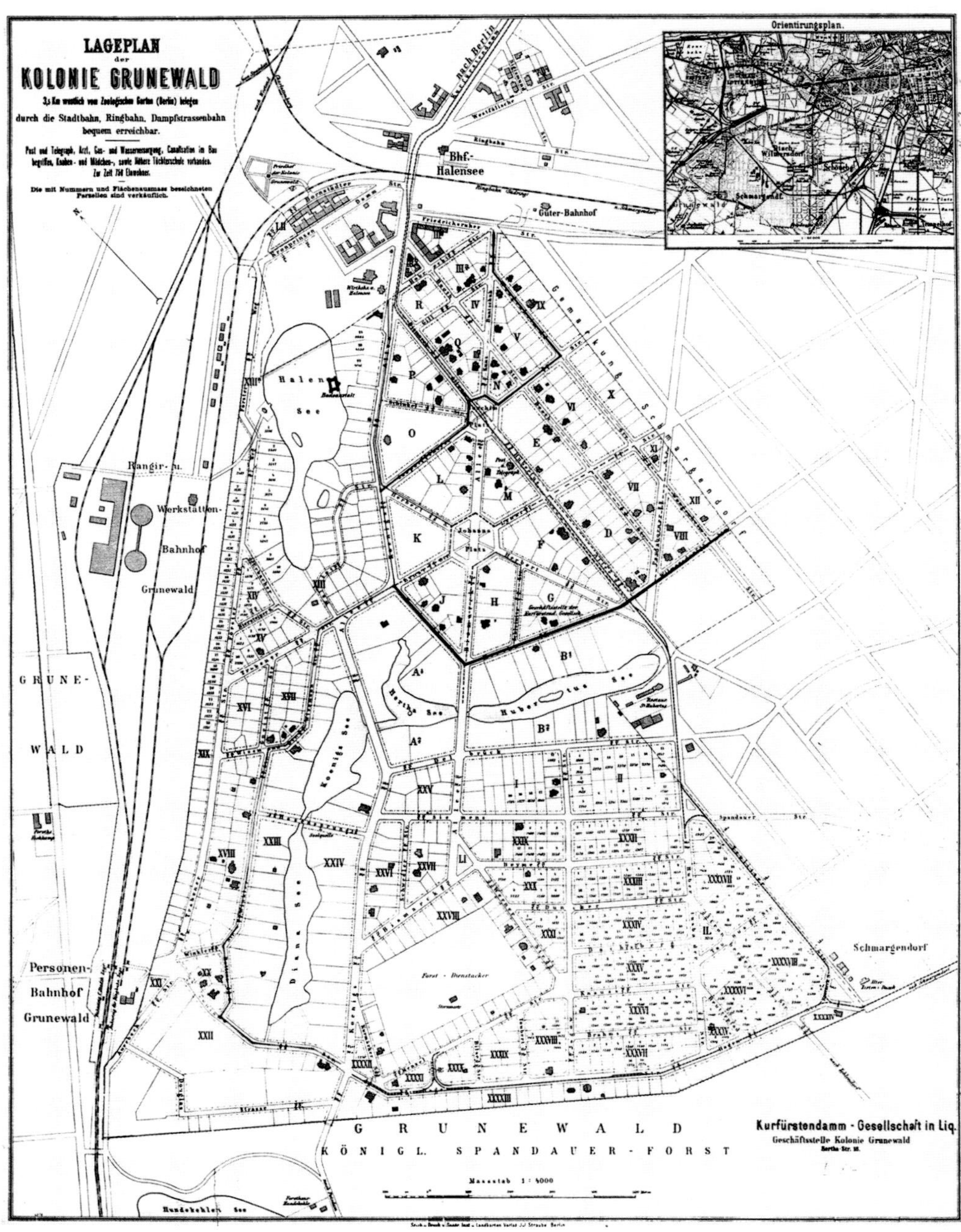

Abb. 2. „Lageplan der Kolonie Grunewald 3,5 km westlich vom Zoologischen Garten (Berlin) gelegen, durch die Stadtbahn, Ringbahn, Dampfstrassenbahn bequem erreichbar. Post und Telegraph, Arzt, Gas- und Wasserversorgung, Canalisation im Bau begriffen, Knaben- und Mädchen-, sowie Höhere Töchterschule vorhanden. Zur Zeit 750 Einwohner. Die mit Nummern und Flächenausmass gekennzeichneten Parzellen sind verkäuflich." Hrsg. von der Kurfürstendamm-Gesellschaft, 1894 (Archiv Landesdenkmalamt Berlin)

falt und damit auch der Gärten ein. Die jüdischen wie die politisch unliebsamen Besitzer wurden enteignet und vertrieben oder ermordet, ihre Gärten verkamen zum Teil oder erhielten eine neue Nutzung. Wegen der Nähe zum Güterbahnhof Grunewald wurde die Kolonie Ziel alliierter Bombenangriffe, die weitere Verluste verursachten.

In der Nachkriegszeit setzten erste Zerstörungen auch im Gefüge der Kolonie ein. Die Koenigsallee wurde zulasten der Vorgärten zu einer breiteren Durchgangsstraße ausgebaut. Bereits in den 1950er Jahren wurde die anfängliche Richtlinie, nach der nur 30 % der Grundstücke bebaut werden dürfen, aufgeweicht, sodass z. B. entlang der Koenigsallee Ein- und Mehrfamilienhäuser, auch Bungalows, unter der Prämisse des sozialen Wohnungsbaus entstanden. Der Bau der Stadtautobahn mit dem heutigen Rathenauplatz überlagert den vorigen Übergang vom Kurfürstendamm in die Koenigsallee. In den 1960er Jahren wurden zugunsten von Wohnungsneubauten bis dahin unbebaute Flächen herangezogen oder gar intakte Villen abgerissen und Grundstücke neu parzelliert. So entstanden zwischen 1961 und 1965 Reihenhäuser an der Koenigsallee. In den 1970er Jahren setzte sich eine intensive Bebauung auch mit Nebenanlagen wie Garagen und Schwimmbädern fort. Der bezirkliche Vorschlag im Jahr 1979 zum Bau eines vier Kilometer langen „Grünzuges Grunewaldseen“ als „Schutzstreifen“ gegen eine Bebauung entlang der künstlichen Seen konnte nur zum Teil realisiert werden und scheiterte letztlich an den Anrainern und mangelnden Finanzen.

1 Koenigsallee und Koenigssee wurden nach Felix Koenigs benannt, einem der Gründer und Finanziers der Kolonie, in der er mehrere Grundstücke besaß.

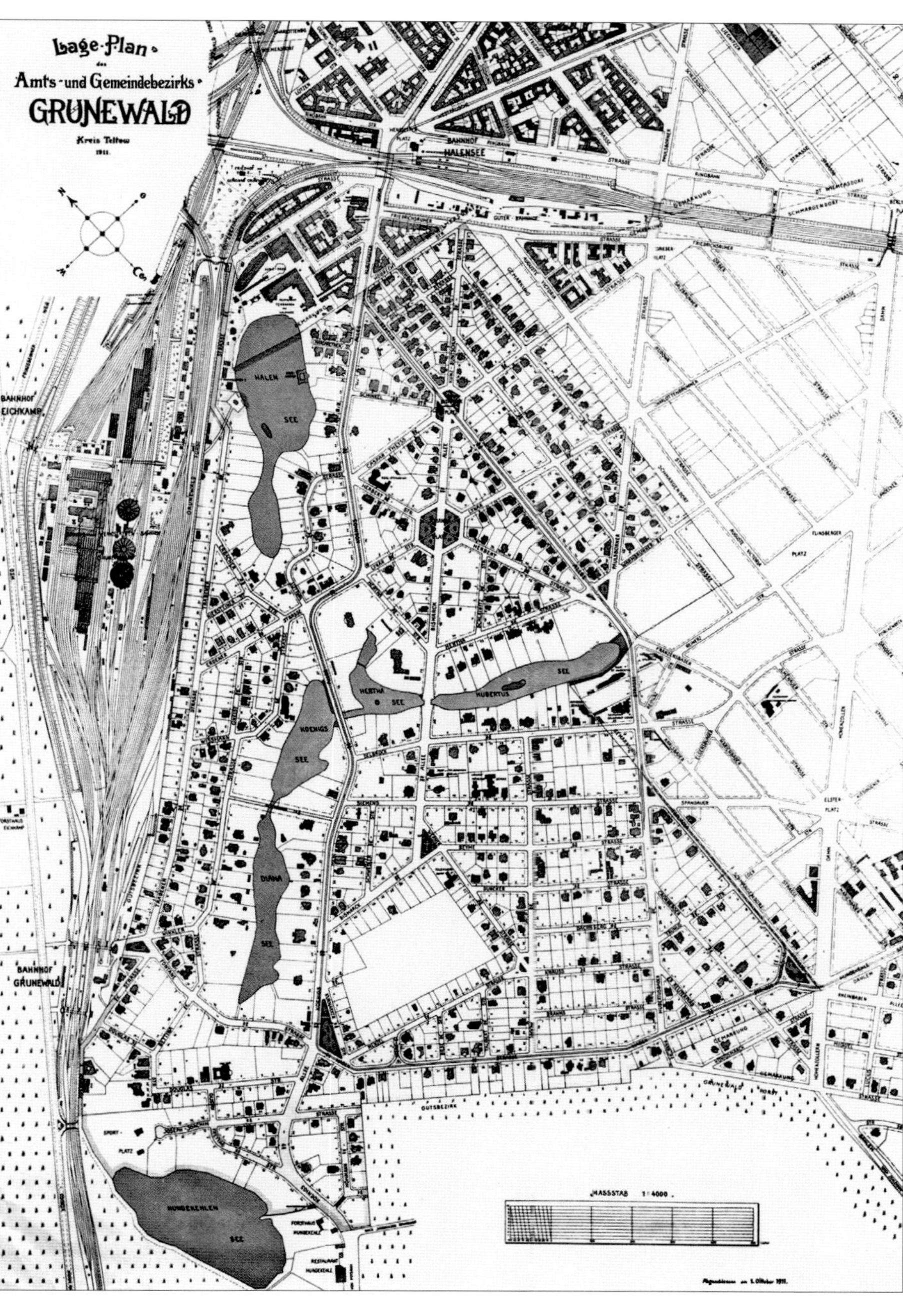

Abb. 3. „Lageplan des Amts- und Gemeindebezirkes Berlin-Grunewald, Kreis Teltow, 1911“, die Bebauung ist nahezu abgeschlossen (Archiv Landesdenkmalamt Berlin)

Ein Umdenken ist erst seit Beginn der 1980er Jahre zu beobachten, als z. B. der Garten Harteneck als erster Garten der Kolonie unter Denkmalschutz gestellt wurde. Gleichzeitig wurde dem Abriss historischer Villen seitens des Bezirkes aber weiterhin zugestimmt – mit der Auflage „moderne" Villenbauten zu errichten. Diese Entwicklung zwischen Erhaltung, Überbauung und Verlust setzt sich bis heute fort – umso mehr, als der Bauboom in Berlin unvermindert anhält und die finanzkräftige Klientel so wie damals nach der Gründung der Kolonie auch heute in die exklusive Siedlung in Citynähe strebt.

Abb. 4. Blick von der Sphinxbrücke auf den künstlich angelegten Hubertussee, Nordufer mit Gartenwegen, Südufer noch nicht gestaltet, Postkarte um 1910 (W. Herbig, Museum Charlottenburg-Wilmersdorf/Archiv, Sig. WM-A 2001/0029)

Abb. 5. Villengärten am Westufer des Koenigssees, Kiefern des ehem. Grunewalds wurden in die Gartenplanungen integriert, Gärten heute ohne Denkmalwert, Postkarte um 1910 (Museum Charlottenburg-Wilmersdorf/Archiv, Sig. WM-A 2001/0044)

Abb. 6. Brücke über den künstlich angelegten Herthasee zwischen den Gärten der Brüder Franz und Robert Mendelssohn, um 1910, zerstört (Foto: Archiv Landesdenkmalamt Berlin)

Inventarisation und Denkmaltopografie

Die denkmalwerten Gärten und Freiflächen in der Villenkolonie Grunewald wurden im Jahr 1986 im Rahmen der Inventarisation des Ortsteiles Grunewald im Bezirk Wilmersdorf systematisch und flächendeckend, einschließlich ihrer Ausstattung und Einfriedungen, erfasst.

Hagen Eyink und Rainer Schomann hatten neben dem kolonieeigenen, 1892 eröffneten Friedhof an der Bornstedter Straße, dem Johannaplatz als zentralem Kreuzungspunkt dreier Hauptverkehrsverbindungen innerhalb der Kolonie, und einer weitläufigen Tennisanlage aus der Mitte der 1920er Jahre, gestaltet von der renommierten Firma Ludwig Späth, vor allem 13 Villen- und Landhausgärten aus der Zeit von 1896 bis 1923 sowie vier Hausgärten aus der Zeit von 1933 bis 1941 als schützenswert identifiziert. Hinzu kamen drei ehemals von Hermann Muthesius, Max Vogeler oder Carl Kempkes gestaltete Gärten, von denen nur noch die Vorgärten die Kriterien des Denkmalschutzes erfüllten. Aus der Hochzeit der Villenkolonie seit ihrer Gründung im Jahr 1889 bis 1933 war also Mitte der 1980er Jahre nur noch ein verschwindend geringer Teil des zuvor reichen und vielfältigen Gartenerbes vorhanden und erlebbar.

Die Ergebnisse dieser Analyse wurden zusammen mit den Erkenntnissen über den baukünstlerischen Denkmalbestand in der Denkmaltopographie Grunewald von der damaligen Senatsverwaltung für Stadtentwicklung und Umweltschutz publiziert.[2] Mit dieser Publikation wollte man nicht nur die Bau- und Gartendenkmale dokumentieren, sondern die frühzeitige Einbindung der Denkmalpflege in Planungen gewährleisten und das Bewusstsein für historische Freiraumstrukturen schärfen sowie insbesondere die Bewohner der Kolonie motivieren, „der Gestaltung ihrer Gärten wieder mehr Beachtung zu schenken."[3]

2 *Denkmaltopographie Bundesrepublik Deutschland Baudenkmale in Berlin. Bezirk Wilmersdorf. Ortsteil Grunewald*, Berlin 1993, S. 43–82. In der Denkmalliste Berlin mit Stand vom 21.03.2018 sind bis auf einen Hausgarten alle im Jahr 1986 inventarisierten Gartendenkmale verzeichnet.

3 Erhard Mahler, der damalige Leiter der Abteilung Landschaftsentwicklung und Freiraumplanung in der Senatsverwaltung für Stadtentwicklung und Umweltschutz, in seinem Vorwort zur Denkmaltopographie Grunewald (ebd., S. 7).

Unterschutzstellung und Begründung

Auf der Grundlage der Inventarisation konnten die ersten denkmalwerten Gartenanlagen privater oder öffentlicher Eigentümer ab 1986 in dem zeitaufwendigen, konstitutiven Eintragungsverfahren unter Schutz gestellt werden. Ausschlaggebend waren dabei die Quantität und Qualität der überkommenen Gartensubstanz, die Dringlichkeit und Notwendigkeit wegen drohender baulicher Veränderungen sowie die Bereitschaft der Eigentümer zur Mitwirkung bei der Denkmaleintragung. Eine Prioritätenliste, die sich etwa an ausgesuchten Gärten einer bestimmten Stilphase oder an Gestaltungscharakteristika bestimmter Gartenarchitekten orientierte, gab es aus Zeitgründen nicht.

Mit der Novellierung des Denkmalschutzgesetzes Berlin im Jahr 1995 wurden alle bis dahin als denkmalwert erkannten Gärten nach dem nun geänderten, nachrichtlichen Verfahren zu eingetragenen Gartendenkmalen.

In zwei Ausnahmefällen erfolgte die Eintragung von Gärten bereits vor der vergleichenden Inventarisation in enger Abstimmung mit der Baudenkmalpflege, denn es standen gravierende Veränderungen an. Der Garten Harteneck wurde auf Betreiben des Bezirkes bereits 1981 eingetragen und in der Folge bis 1985 denkmalgerecht wiederhergestellt. Der Garten Konschewski drohte völlig zu verfallen und wurde 1985 als zweiter Garten der Villenkolonie in die Denkmalliste eingetragen.

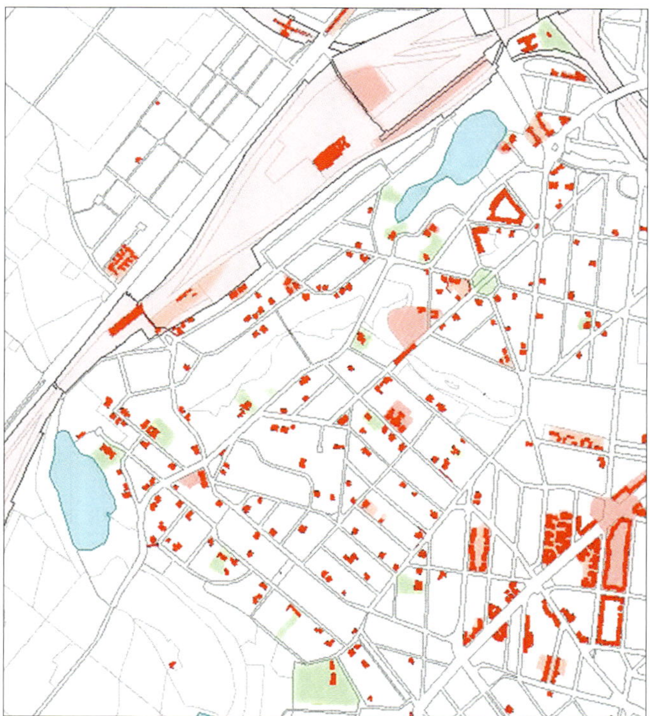

Abb. 7. Denkmalkarte Berlin (Ausschnitt) mit 23 Gartendenkmalen (grün markiert) im Ortsteil Grunewald, Stand 2017 (Landesdenkmalamt Berlin)

Die Denkmalbegründungen für die Villen- und Landhausgärten stützten sich auf die vier im Denkmalschutzgesetz[4] vorgegebenen Kriterien. Die Gärten haben geschichtliche Bedeutung, weil sie in ihrer Struktur und Ausstattung erhaltene Beispiele für großbürgerliche Lebens- und Wohnverhältnisse in der Villenkolonie sind. Oft hatte auch die künstlerische Bedeutung den Denkmalwert mitbegründet, denn vielfach konnte eine architektonische oder landschaftliche Gartengestaltung mit reicher Pflanzenverwendung und Bodenmodellierungen sowie einem charakteristischen Altbaumbestand konstatiert werden. Gab eine wissenschaftliche Bedeutung meist keinen Ausschlag, so war doch überwiegend die städtebauliche Bedeutung der Gärten herausragend. Zum Teil erstrecken sie sich noch in ihrer ursprünglichen Größe über mehrere Teilgrundstücke und prägen mit ihrem Baumbestand, den Einfriedungen, Uferabschnitten und Vorgärten das Siedlungsbild der Kolonie maßgeblich (Abb. 7).

Aus der Praxis

Drei Beispiele der letzten Jahrzehnte zeugen beispielhaft von der ursprünglichen Gartenpracht und den unterschiedlichen Bemühungen der Gartendenkmalpflege, diese denkmalgerecht zu bewahren.

Der Garten Harteneck[5] entstand in den Jahren 1911/12 nach Plänen des Regierungsbaumeisters Adolf Wollenberg für den Großindustriellen Carl Harteneck. Bereits ein Jahr nach Fertigstellung wurde das Brunnenparterre mit Blick auf die Gartenfront des Hauses in der kurz zuvor gegründeten Illustrierten Zeitschrift „Die Dame“ veröffentlicht. Im Eigentum der öffentlichen Hand, befürwortete das zuständige Bezirksamt Wilmersdorf von Berlin die, in den Jahren 1981–85 erfolgte, originalgetreue Wiederherstellung des Gartens. Dieser war zu Beginn der Arbeiten mit seinem repräsentativen Brunnenparterre und landschaftlichen Teil in Größe, Lage und Ausstattung nahezu vollständig vorhanden und ablesbar. Nur der Küchengarten war inzwischen bebaut worden. Der bis heute öffentlich zugängliche Garten erhielt auf der Grundlage eines Pflegekonzepts im Jahr 2009 seinen letzten großen Pflegerückschnitt der Hecken- und Strauchpflanzungen.[6]

Der Garten Konschewski ist ein herausragendes Beispiel für die Gartenkunst in der letzten Entwicklungsphase der Kolonie. Die Firma Ludwig Späth legte nach Plänen des Theaterarchitekten Oskar Kaufmann, der auch die expressionistische Villa entwarf, 1922/23 für den Generaldirektor der Papierfabrik AG Köslin in Pommern, Dr. Moritz Konschewski, auf einem über 9000 m² großen Areal einen nahezu symmetrischen und zum Hundekehlesee abfallenden Garten an, der seitlich durch geschwungene Treppenläufe eingefasst wurde. Die Luftaufnahme von 1937 (Abb. 8) zeigt die differenzierte Abfolge und Einbindung in das Gelände bis zum Seeufer. Konschewski hatte sich verspekuliert und zog selbst nie ein. Schon 1934 wurde die Villa in mehrere

Abb. 8. Garten Konschewski am Hundekehlesee, Gottfried von Cramm Weg 33, angelegt 1922/23 von der Firma Ludwig Späth, Schrägluftbild 1937, Fotograf unbekannt (Foto: Archiv Landesdenkmalamt Berlin)

Wohnungen aufgeteilt. Schließlich verwahrloste das Anwesen wie die Aufnahmen von 1981 zeigen (Abb. 9). Das Objekt wurde zum Investorenprojekt. Der Kompromiss zur Erhaltung des Bau- und Gartendenkmals sah die Restaurierung der 3-geschossigen Villa mit Wohnungen und Büroräumen, den Umbau der Orangerie zu zwei Atelierwohnungen, die Instandsetzung des Gartens in den Jahren 1992–95 mit der Einrichtung von seitlichen, individuellen Eigentümer- und Mieterbereichen sowie den Abriss der erhaltenen Remise zugunsten von sechs Eigentumswohnungen an gleicher Stelle vor (Abb. 10).

Der Bankier, Staatssekretär im Kaiserreich und Kunstmäzen Bernhard Dernburg ließ 1901 durch den Architekten Hermann Dernburg seine Villa in historisierendem Stil in der Erbacher Straße errichten. Der dazu gehörende Garten Dernburg erstreckte sich auf einer Fläche von rund 13000 m² bis an den Halensee und umfasste einen landschaftlich geprägten Garten mit großer Treppenanlage am Hang und einem seitlich gelegenen Obstgarten (Abb. 11). Besondere Aufmerksamkeit erhält der Garten auch heute noch durch seine barocken Sandsteinfiguren aus der ersten Hälfte des 18. Jahrhunderts (vermutlich aus dem Würzburger Raum), die auch auf historischen Abbildungen zu sehen sind und 1978 als Filmkulisse dienten (Abb. 12).[7]

Nach Grundstücksverlusten sowie diverser Anbauten an die Villa Anfang der 1980er Jahre und dem damit verbundenen Bau zahlreicher Parkplätze im ehemaligen Vorgarten war bis auf die Topografie, einige ältere Gehölze, die lange Treppe zum See und die Figuren, die in den Jahren 2010 bis 2013 restauriert wurden, aber nicht mehr an ihren originalen Standorten platziert werden konnten, nur noch wenig von dem früheren Reichtum der Gartenanlage zu sehen.

---

4 Gesetz zum Schutz von Denkmalen in Berlin (Denkmalschutzgesetz Berlin) v. 22.12.1977, geänd. i.d.F. v. 30.11.1981, novelliert i.d.F. v. 24.4.1995. Seit 1995: Gesetz zum Schutz von Denkmalen in Berlin (Denkmalschutzgesetz Berlin – DSchG Bln) vom 24. April 1995, (GVBl. S.274), zuletzt geändert durch Artikel 30 des Gesetzes vom 02.02.2018 (GVBl. S. 160).

5 Zu allen genannten Gärten nähere Informationen in: Haspel, Jörg/ Krosigk, Klaus-Henning von (Hrsg.): *Gartendenkmale in Berlin. Privatgärten*, Petersberg 2009.

6 Werkstatt Zwo: *Pflegemanagementplan für den Garten Harteneck, im Auftrag der Gartendenkmalpflege*, unveröffentlicht, Berlin 2008.

7 Filmkulisse „Der Pfingstausflug“ von Michael Günther, 1978.

Abb. 9. Garten Konschewski vor der Instandsetzung (Foto: Archiv Landesdenkmalamt Berlin, Fotograf unbekannt, 1981)

Abb. 10. Garten Konschewski, Seeseite mit Orangerie und Nymphäum, Instandsetzung des Gartens 1992–95 (Foto: Archiv Landesdenkmalamt Berlin, Gesine Sturm, 2006)

Abb. 11. Garten Dernburg, Erbacher Straße 1/3, angelegt 1901, Gartenpartie oberhalb des Halensees, Die Dame, 40.1912, H. 3, S. 3 (Foto: Archiv Landesdenkmalamt Berlin)

Abb. 12. Garten Dernburg, Erbacher Straße 1/3, angelegt 1901, barocke Sandsteinfiguren auf der oberen Hangkante, restauriert 2010–13, vorne Figur des „Mars“, wie in Abb. 11 am rechten Bildrand (Foto: Archiv Landesdenkmalamt Berlin, Gesine Sturm, 2013)

Abb. 13. Garten Ohmke, Wallotstraße 12/Koenigsallee 17/17A, angelegt 1901 (?), formal angelegter Gartenteil mit Rosenbeeten und Boulingrin, Figurenschmuck und geschnittenen Eiben, Foto 1957 (Archiv Landesdenkmalamt Berlin)

Die folgenden drei aktuellen Beispiele zeigen das unveränderte Dilemma zwischen dem gesetzlichen Erhaltungsauftrag der Gartendenkmalpflege und dem von Eigentümern und Investoren betriebenen Veränderungsdruck.

Der Industrielle Fritz Ohmke erwarb um 1923 eine bereits im Jahr 1901 erbaute Villa an der Wallotstraße mit einem ca. 3000 m^2 großen Garten, der sich bis zur Koenigsallee erstreckte (Abb. 13). In der Achse der Villa befanden sich unterhalb der Terrasse ein kleiner Rosengarten mit Puttengruppe (Abb. 14), ein abgesenkter Rasenspiegel, gerahmt von orthogonalen Wegen und begleitender Pflanzung ehemaliger Formgehölze (Eiben). Seitlich eines erhöhten Fahrweges senkte sich ein mit alten Eichen und Robinien bestandener Gartenraum ohne besondere Gestaltung ab. Der Erhaltungszustand des Gartendenkmals war dank kontinuierlicher Pflege der langjährigen Eigentümerin gut. Die Wege, Treppen, Gehölze und Ausstattungselemente waren überkommen. Die drei Teilgrundstücke lagen laut gültigem Bebauungsplan im „allgemeinen Wohngebiet“. Das Baurecht ließ aufgrund der Größe der Grundstücke und ihrer kleinen Bauauslastung eine Nachverdichtung zu. Ziel der Denkmalpflege war es, das Anwesen als gewachsene Einheit zu erhalten. Eine Trennung in Teilgrundstücke und Nachverdichtung würde dem zuwider laufen. Nachdem die Denkmalbehörden zahlreiche „Verwertungsvorschläge“ abgelehnt hatten, fand sich schließlich eine Investorengruppe, die einerseits die Auflagen der Denkmalpflege, nämlich die denkmalgerechte Restaurierung der

Abb. 14. Garten Ohmke, Wallotstraße 12/Koenigsallee 17/17A, angelegt 1901 (?), Rosenbeete mit kleiner Puttengruppe und hohem Sockel (Figur verloren) zwischen Villa und Boulingrin (Foto: Archiv Landesdenkmalamt Berlin, Gesine Sturm, 2009)

Abb. 15. Garten Goldberg, Koenigsallee 17B/19, angelegt 1921/22 von der Firma Ludwig Späth, verändert 1927, Pavillon, Treppen, Mauern, Gehölze und Raumaufteilung überkommen (Foto: Archiv Landesdenkmalamt Berlin, Gesine Sturm, 2012)

Villa und Instandsetzung des formalen Gartens erfüllte, aber andererseits eine Wohnbebauung auf dem seitlichen Grundstücksteil durchsetzte.

Der Garten Goldberg, gestaltet von Ludwig Späth in den Jahren 1921/22, verändert 1927, zeigt im Luftbild von 1928 verschiedene Gartenräume, die durch ein Achsensystem miteinander verbunden sind. Im langjährigen Besitz der gleichen Familie verblieb der Garten jahrzehntelang nahezu unverändert. Lediglich die breite Zufahrt hat eine Asphaltdecke erhalten und die Pergola, deren ursprüngliche Konstruktion nicht bekannt war, wurde in der Nachkriegszeit erneuert (Abb. 15).

Mit einem Eigentümerwechsel gingen gravierende Veränderungswünsche für den Garten einher. Grundsätzlich wurde das Gartendenkmal durch den neuen Eigentümer anerkannt, doch persönliche Vorlieben und ein erhöhtes Sicherheitsempfinden führten zu einem langwierigen Abwägungsprozess über den denkmalgerechten Umgang mit dem Garten zwischen Eigentümer und Denkmalpflege. Im Sinne des Gartendenkmals waren die Entsiegelung der Zufahrt und der Rückbau von Einbauten der 1960er Jahre. Tolerable Eingriffe in das Gartendenkmal waren der Rückbau von kleineren Wegen entlang der Grundstücksgrenzen, die Reduzierung der Pergola auf eine einseitige Rankkonstruktion, welche immer noch den Blumengarten mit dem ehemaligen Obstgarten verbindet. Kritisch wurden seitens der Denkmalbehörden der Einbau eines Schwimmbeckens in den Obstgarten, die Errichtung eines Carports neben dem Chauffeurshaus und der Bau einer neuen Zufahrt am Grundstückrand gesehen. Der Einbau einer Lärmschutzwand entlang der Koenigsallee wurde seitens der Stadtplanung abgelehnt. Letztlich bleibt der Garten nach der Instandsetzung (2018/19) in seiner ursprünglichen Größe mit unterschiedlichen Gartenräumen erhalten, doch diese erhalten neue Prioritäten und zum Teil neue Nutzungen.

Die Architekten Alfred Breslauer und Paul Salinger bauten 1913/14 ein heute in Berlin einzigartiges Atriumhaus für den Bankier Franz Friedrich Andreae (Abb. 16). Die Urheberschaft des Gartens Andreae ist nicht bekannt, seine Gestaltung ist repräsentativ und großzügig. Die drei Teilgrundstücke mit einer Fläche von 7000 m² nehmen neben dem Gebäude einen in die Tiefe gehenden Rasenraum mit einem Tennisplatz sowie einen mit Bäumen bestandenen Gartenteil ein, der keine sichtbare Gestaltung erkennen lässt.

Überlegungen der derzeitigen Eigentümerinnen zum weiteren Umgang mit dem Erbe haben zu dem Entschluss geführt, den Verkauf mit der Option zur Bebauung des Grundstücks zu betreiben. Der gültige Bebauungsplan weist „allgemeines Wohngebiet“ aus und würde eine Zusatzbebauung zulassen. Nach einer Bauvoranfrage für den Bau von zwei zweigeschossigen Wohnhäusern im Garten wurde seitens der Unteren Denkmalschutzbehörde im Einvernehmen mit der Gartendenkmalpflege im Landesdenkmalamt die Bebauung mit höchstens einem Gebäude in dem abseitigen

Abb. 16. Garten Andreae, Kronberger Straße 7/9, angelegt um 1913/14, repräsentative Doppelvorfahrt (Foto: Archiv Landesdenkmalamt Berlin, Gesine Sturm, 2015)

Gartenteil in Aussicht gestellt. Dieser Eingriff abseits des bedeutenden Baudenkmals und des formal gestalteten Gartens wurde als weniger erheblich bewertet als die Bebauung des Tennisplatzes in der Achse der Villa.

Fazit

Das Denkmalschutzgesetz Berlin benennt ausdrücklich Gartendenkmale bzw. „Gartenanlagen, … deren Erhaltung wegen der geschichtlichen, künstlerischen, wissenschaftlichen oder städtebaulichen Bedeutung im Interesse der Allgemeinheit liegt. Zu einem Gartendenkmal gehören sein Zubehör und seine Ausstattung, soweit sie mit dem Gartendenkmal eine Einheit von Denkmalwert bilden."[8] Gesetzlich verankert ist ebenfalls die Pflicht des Verfügungsberechtigten, „ein Denkmal im Rahmen des Zumutbaren instand zu halten und instand zu setzen, es sachgemäß zu behandeln und vor Gefährdungen zu schützen. …"[9] Außerdem ist fixiert, dass „Denkmale so zu nutzen sind, dass ihre Erhaltung auf Dauer gewährleistet ist."[10]

Es bleibt eine der Hauptaufgaben der Denkmalpflege, bereits im Vorfeld von Planungen und im Gespräch mit Eigentümern und Investoren die Denkmalwerte so zu vermitteln, dass sie als selbstverständlicher und wertstabiler Teil der zukünftigen Nutzung angesehen werden. Nicht immer wird die Balance zwischen den Denkmal- und Eigentümerinteressen ausgewogen gestaltet werden können. Es ist zu beachten, dass andere Gesetze in Konkurrenz zum Denkmalschutzgesetz stehen. Das führt im Einzelfall zu Kompromissen, die selten zur denkmalgerechten Erhaltung eines Gartens führen.

8 DSchG Bln § 2, Abs. 4.
9 Ebd., § 8, Abs. 1.
10 Ebd., § 9.

Wenzel Bratner

Beispiele verschiedener Lösungsansätze im Umgang mit Villengärten

Von Wiedergewinnung bis Nachverdichtung am Taunushang

Es ist sicher kein neues Phänomen, dass Villengärten spätestens seit der 2. Hälfte des 20. Jahrhunderts verschiedenen Gefährdungen ausgesetzt sind. Sei es geringer, durch ausbleibende regelmäßige Pflege, oder schwerwiegender durch Parzellierung und Bebauung, am Rande oder auch mittendrin, wenn Nutzung oder Nutzer wechseln.

Die Orte am Taunushang nordwestlich von Frankfurt am Main, wie Königstein, Kronberg, Oberursel und natürlich Bad Homburg gelten seit jeher als beliebte und durchaus noble Wohnorte. Nicht zuletzt, aber zusätzlich befördert wurde die Entwicklung durch die Werbeschrift „Auf zum Taunus" vom Landrat Ernst Ritter von Marx, der 1908 den Taunus einer vermögenden Bürgerschaft als Wohnort und zum Bau von entsprechenden Villen anempfahl.[1] Als Gegenpol zur Hektik der industrialisierten Stadt sollte sich hier das Großbürgertum auf der Suche nach Ruhe und Erholung ansiedeln. Schon zuvor wohnte hier ein enger Kreis wohlhabender Familien, oftmals untereinander durch Heirat verbunden, was manchen vielleicht tatsächlich mit der Aussicht auf prominente Nachbarn zur Ansiedlung am Taunushang bewogen haben mag. Mit einem gewissen Repräsentationsanspruch konnte hier aristokratischen Vorbildern nachgeeifert werden, die sich teilweise in regelrecht schlossartigen Anwesen ausdrückten.

Für unser Thema interessante Beispiele für solche Familien, hier aber nur kurz genannt, wären die Familien Rothschild und Mumm – in dem Fall der Bankenzweig, nicht der Sektzweig.

1 Ritter von Marx 1908.

Abb. 1. Königstein, Villa Rothschild (Foto: Landesamt für Denkmalpflege Hessen, Wenzel Bratner, Januar 2016)

Königstein, Villa Rothschild

Ein Beispiel für eine frühe Villa mit Garten einer prominenten Familie steht in Königstein mit der Villa Rothschild (Abb. 1)[2]. Der Bau der Villa erfolgte 1888–94, ausführender Architekt war Franz van Hoven für die Bauherrschaft Wilhelm Carl von Rothschild (1828–1901) und seine Frau Mathilde (1832–1924). Mit dem eigentlichen Wohnsitz der Rothschilds in Frankfurt diente die Villa ab 1895 als Sommersitz. Der Park, angelegt durch die Gebrüder Siesmayer, wird durch drei große Wiesenräume bestimmt, gefasst durch Baumgruppen aus Laub- und Nadelgehölzen, mit einem Blick von der Terrasse in die Mainebene bis nach Frankfurt. Eine Besonderheit bildet ein beeindruckender, alpin anmutender Felsengarten mit Sitzplätzen, früher auch mit Wasserläufen versehen, die heute leider außer Funktion sind.

Schon 1894 kamen die Kaiserin Friedrich und der Prince of Wales zu Besuch, auch sonst war die Villa Treffpunkt der internationalen High Society. Nach dem Zweiten Weltkrieg bestand die Idee, Auswärtiges Amt und Sitz des Bundespräsidenten nach Königstein zu verlegen. Doch statt Frankfurt wurde Bonn Hauptstadt, die Villa Rothschild wurde zum Hotel umgenutzt, was sie nach weiterer, vor allem in ihrer Umgebung baulich wechselvoller Geschichte bis heute geblieben ist.

Durch die Nutzung als Hotel bekam die Villa einen Küchenanbau, ein benachbarter Bettentrakt aus den 1960er Jahre wurde inzwischen abgerissen, es gab zuvor jedoch einen Wettbewerb zur Neugestaltung des Bettentraktes, ein Bebauungsplan wurde aufgestellt. Diese Planungen sind bislang jedoch nicht umgesetzt. Man hat sich an diesen wohltuenden Zustand ohne Bettentrakt neben der Villa inzwischen fast gewöhnt, es ist aber nur eine Frage der Zeit, wann die Umsetzung erfolgen wird.

Kronberg, Villa Mumm

Auf dem Gelände eines Kastanienhains in Kronberg, der als Schießplatz genutzt wurde, ließ Fritz Mumm von Schwarzenstein 1909–11 durch Otto Bäppler eine Villa bauen (Abb. 2)[3]. Der Garten, von Philipp Siesmayer angelegt, besticht durch eine zunehmend modernere Formensprache, mit symmetrischer Mittelachse von der Terrasse über Treppen, ein Wegeoval und Baumpaare, die den Blick über einen Wiesenraum zur Burg Kronberg bis nach Frankfurt rahmen. Seitlich im Garten liegt ein Tennisplatz mit Pavillon, markante Esskastanien und Mammutbäume sind bis heute in den Baumbestand integriert.

Abb. 2. Kronberg, Villa Mumm (Foto: Landesamt für Denkmalpflege Hessen, Wenzel Bratner, Dezember 2011)

Abb. 3. Bad Homburg, Villa Wertheimber im Gustavsgarten (Foto: Landesamt für Denkmalpflege Hessen, Wenzel Bratner, November 2015)

Nach dem Verkauf an den Gemeinnützigen Schulungsverein Hessen-Nassau im Jahr 1936 diente die Villa bis 1945 als Lazarett, ab 1948 als Genesungsheim und Fortbildungsstätte der Arbeiterwohlfahrt, schließlich als Flüchtlingsunterkunft bis zum Leerstand 1996. Im Jahr 2000 wurden Villa und Garten von einem amerikanischen Investmentunternehmen gekauft, Villa und Garten umfangreich saniert und ein enormes Bürogebäude mit unterirdischer Verbindung zur Villa verblüffend gut integriert. Dazu musste ein Landschaftsschutzgebiet aufgelöst werden, da sich der Bauplatz für das neue Bürogebäude in einem ursprünglich geschlossenen Waldbestand als Teil des extensiver gestalteten Bereichs des Areals befand. Die Anlage neuer Außenanlagen am Bürogebäude erfolgte in durchaus gelungener Koexistenz zu dem zentralen historischen Gartenraum.

Bad Homburg, Villa Wertheimber im Gustavsgarten

Eine Villa mit Garten auf älterem, gar landgräflichem Terrain stellt die Villa Wertheimber im ehemaligen Gustavsgarten[4] an der Tannenwaldallee in Bad Homburg dar (Abb. 3). Seit 1775 landgräfliches Gelände, war dort 1822 ein Lustgarten im englischen Stil entstanden.

Im Jahre 1898 kaufte und erweiterte der Bankier Wertheimber das Grundstück. 1899/1900 ließ er eine Villa mit Remise und Pförtnerhaus auf dem Gelände errichten (Architekt: Franz van Hoven) und in der Folge den nun deutlich vergrößerten Garten anlegen. Im Zuge dieser Gestaltung blieb der vorhandene Garten weitgehend mit dem vielfältigen alten Baumbestand und dem Dorischen Tempel als Jagdhaus des Prinzen Gustav von 1830 erhalten.

„Bankier Wertheimber nutzte die heute nach ihm benannte Villa mit seiner Familie als Wohnhaus und fuhr jeden Tag mit dem Zwei- oder Vierspänner in sein Bankhaus nach

2 Löw 2006.

3 Götte 2002/2006.

4 Die LandschaftsArchitekten 2003.

Abb. 4. Bad Homburg, abgerissene Klinikbauten an der Villa Wertheimber (Foto: Landesamt für Denkmalpflege Hessen, Wenzel Bratner, September 2013)

Frankfurt am Main. Aus dieser Zeit sind mehrere Besuche des deutschen Kaisers Wilhelm II. in der Villa belegt; dies ein Zeichen für den großen Einfluss des Bankiers und die hohe Wertschätzung, die der Familie Wertheimber in Deutschland zukam. Aufgrund ihres jüdischen Glaubens musste die Tochter der Familie Homburg im Jahr 1937 verlassen und das Grundstück wurde von den Nationalsozialisten konfisziert."[5]

Nach dem Krieg, nach Rückgabe an die Erben Wertheimber, wurde 1948 ein Hirnverletztenheim eingerichtet. 1950–59 folgten erste Anbauten und eine Umgestaltung des östlichen Gartens mit Minigolfanlage, Liegewiese, Sitzplatz und Fontäne für die Patienten.

Reste dieser Gestaltung haben sich, zusammen mit der abschirmenden Bepflanzung zur Tannenwaldallee hin, erhalten und bilden gemeinsam mit dem Landschaftspark der Villa den schützenswerten Bereich der Sachgesamtheit aus Gebäuden und Parkanlage. Auch der Bereich des ehemaligen Wirtschaftsgartens mit der verbleibenden Remise und den alten Obstbaumpflanzungen ist trotz teilweiser gestalterischer Überformung durch Parkplätze Bestandteil des historischen Gustavsgartens.

Innerhalb der Landgräflichen Gartenlandschaft stellt der Gustavsgarten aufgrund seiner vollständig erhaltenen Größe mit Nebenanlagen und Wirtschaftsbereich eine Besonderheit dar. Im Gegensatz zu den anderen, heute bebauten Prinzengärten entlang der Tannenwaldallee ist er als Zeugnis dieser Zeit in voller Ausdehnung erhalten.

1970–80 wurden die Gebäude an der Villa als Klinikgebäude um- und angebaut und fortan als Neurologische Klinik betrieben, bis ins Jahr 2003. Seit 2012 gehören nach Auszug der Klinik Villa und Gustavsgarten der Stadt Bad Homburg, der Klinikanbau ist mittlerweile abgerissen (Abb. 4), die Villa wird aktuell saniert und ist für öffentliche Nutzungen unter anderem durch das Stadtarchiv und städtische Kulturveranstaltungen vorgesehen, der Garten ist öffentlich zugänglich.

Es wurden erste verschiedene Planungsvarianten entwickelt, wie der Bereich des Gartens, wo vormals die Klinikgebäude standen, gestalterisch an die Parkanlage angebunden werden könnte. Konkrete historische Pläne zur Orientierung sind (bislang) nicht vorhanden, sodass momentan die Tendenz zu einer sehr untergeordneten und zurückhaltenden Gestaltung geht, d. h. Schließen von Wegeverbindungen und Integration weniger, den Raum strukturierender Pflanzungen.

Die Ideen bei der Frage des Umgangs mit dem weiteren Park begannen mit einer möglichen Bebauung im Bereich von Gärtnerei und Obstwiesen, was bislang mit Hinweis auf den Status als Kulturdenkmal nicht weiterverfolgt worden ist. Reste der alten, stark verfallenen Gärtnerei wurden allerdings nach Übernahme durch die Stadt niedergelegt. In der Presse wurde der Gustavsgarten wegen des Denkmalschutzes sogar zwischenzeitlich als unbebaubar deklariert.

Aktuell hört man gelegentlich von Ansinnen, den Park durch Aufstellung von Skulpturen für temporäre oder auch dauerhafte Kunstausstellungen zu gebrauchen. Dies kann insgesamt aber als Beispiel für die Wiedergewinnung von Parkfläche in einem großflächigen Villengarten durch Abriss späterer Anbauten, bei geplanter öffentlicher, städtischer Nutzung stehen.

Königstein, Villa Gans

Gleich drei bemerkenswerte Villen mit Gärten im Taunus sind aus dem Besitz der Familie Gans in Oberursel, in Königstein sowie in Kronberg überkommen.[6] Ich beschränke mich hier auf eine davon (Abb. 5).

Die Familie Gans ist untrennbar mit dem Aufstieg der Farbenfabrik Cassella zum Weltunternehmen im Chemie- und Pharmabereich verbunden, das erst einen Verbund mit den Farbwerken Höchst einging und ab 1925 Bestandteil der IG Farben wurde.

Adolf Gans beauftragte 1910 Bruno Paul mit dem Bau der Villa Gans in Königstein. Nach Aufgabe der Inhaberschaft der Firma Cassella in Frankfurt wegen Krankheit, wollte er dort seinen Lebensabend verbringen. Doch kurz vor Vollendung der Bauarbeiten starb Adolf Gans im Jahr 1912. Die Erben versuchten lange Zeit – seit 1929 –, die Villa zu verkaufen, bis sie 1938 nach Zwangsverkauf an die Reichspost zum Erholungsheim wurde.

Ab 1945 war die Villa Residenz und Gästehaus der amerikanischen Armee unter General Eisenhower und zählte viele berühmte Personen zu ihren Gästen (u. a. Georg C. Marshall, Rockefeller, Paul Getty, Henry Ford II, Harry Warner, Bette Davis, Erroll Flynn, Rita Hayworth). 1952 nach Rückgabe an die Erben der Familie Gans wurde sie an die Landesversicherungsanstalt Hessen verkauft und zur Rehaklinik umgebaut. Verschiedene bauliche Erweiterungen nach Norden in den Eichenwald hinein folgten bis in die 1980er Jahre, seit 1998 ist es Verwaltungsgebäude der Deutschen Rentenversicherung.

Zur Anlage des Parks ist unklar, ob diese durch Bruno Paul selbst im Zusammenhang mit der Villa erfolgte, es gibt Spekulationen über eine Beteiligung von Max Läuger, mit dem Paul etwa zeitgleich bei der Villa Feinhals in Köln 1909 zusammenarbeitete (Abb. 6).[7]

Wesentliche Teile des Parks sind bis heute erhalten, besonders bestechend die Westterrasse mit abgesenkten Rasenflächen sowie die Südterrasse mit geschnittenen Lindenalleen

5 Ebd., S. 117.
6 Gans/Groening 2006.
7 Löw 1992, S. 6.

Abb. 5. Königstein, Villa Gans, Südseite (Foto: Landesamt für Denkmalpflege Hessen, Christine Krienke, Juni 2000)

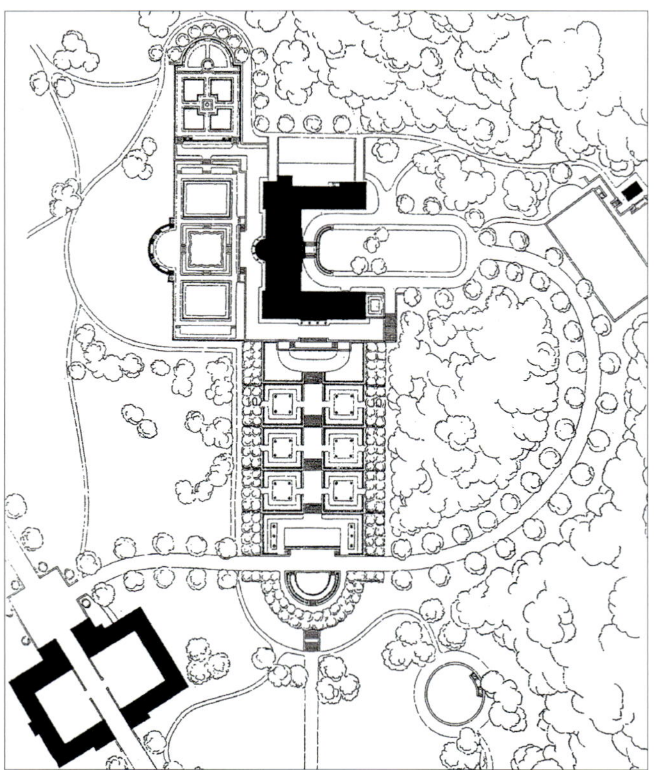

Abb. 6. Königstein, Lageplan Villa Gans (aus: Popp 1916)

und Formgehölzen. Der weitläufige Parkraum zieht sich den Hang hinauf, begleitet von Baumgruppen, darunter einige mächtige Mammutbäume als typische Vertreter eines Villengartens im Taunus.

Die größten Beeinträchtigungen an der Parkanlage haben sicher durch den Klinikbau ab 1960 stattgefunden (Abb. 7). Später folgten verschiedene, zum Glück kleinere Parkplätze in Randlagen, oder auch die Pflanzung zahlreicher Koniferen in den 1970er–80er Jahren. Zwischenzeitliche Überlegungen für den Bau eines mehrgeschossigen Parkdecks unterhalb der Südterrasse im Zusammenhang mit dem Umbau zum Verwaltungsgebäude ab dem Jahr 2000 konnten abgewendet werden, stattdessen erfolgte eine recht gut integrierte Parkplatzplanung durch das Büro Löw, welches auch im Jahr 2003 ein Parkpflegewerk zu der Anlage verfasst hat.[8]

Insgesamt kann man der Villa Gans und ihrem mächtigen Anbau eine halbwegs friedliche Koexistenz bescheinigen. Da man sich der Villa stets vom Tale aus nähert, tritt der Anbau doch verblüffend spät ins Blickfeld, sodass die Wirkung der Villa aus der Ferne zumindest gewahrt bleibt. Eine grundlegende regelmäßige Parkpflege findet statt, notwendige Sanierungsarbeiten an den Baulichkeiten, wie z. B. den Brunnenbecken, werden jedoch immer wieder aufgeschoben.

Nach dem Verkauf ehemaliger Personalhäuser am Nordrand der Anlage gab es immer mal wieder Bebauungsabsichten auch bis in nördliche Parkbereiche hinein. Die Denkmalbehörden kommunizieren aus ihrem Belang heraus hier stets eine Unbebaubarkeit, auch die sehr aufmerksame Nachbarschaft hat kein Interesse an einer Bebauung ihrer Parkrandlage – dies als Beispiel für eine gewerbliche, halböffentliche Nutzung.

Abb. 7. Königstein, Klinikanbau Villa Gans, Postkarte 1980er Jahre (Stadtarchiv Königstein)

Abb. 8. Kronberg, Villa ter Meer (Foto: Landesamt für Denkmalpflege Hessen, Wenzel Bratner, September 2016)

Kronberg, Villa ter Meer

Fährt man ein Stückchen weiter, gelangt man nach Kronberg im Taunus, wo hier ein durchgängig in privatem Besitz befindlicher Villengarten vorgestellt werden soll (Abb. 8). Um 1892 erwarb der Geheime Kommerzienrat Max von Guaita nordwestlich der Kernstadt ein 12 ha großes Gelände und ließ sich dort eine schlossartige Villa errichten. Zur Gestaltung dieser ersten Anlage gibt es nur wenige Hinweise auf einen zeittypischen Landschaftsgarten, mit einer großen Gehölzvielfalt im Sinne eines Arboretums.

Von Guaita starb 1903, die Villa blieb lange unbewohnt und musste nach dem Ersten Weltkrieg verkauft werden. Nach Parzellierungen am Rand des Parks in den 1920er Jahren kaufte der Direktor der IG Farben, Fritz ter Meer, eine zentrale Geländepartie und beauftragte 1935 den aus dem Umfeld von Paul Bonatz stammenden Architekten Kurt Dübbers mit dem Bau eines großzügigen Landhauses[9]. Das gewinkelte Gebäude in traditionalistischen Formen krönt einen Wiesenhang, seitlich befinden sich ein ruhiger geometrischer Gartenhof und eine Pergola.

Hangabwärts gestaltete der Landschaftsarchitekt Heinrich Wiepking-Jürgensmann[10] ausgehend von einer Steinterrasse mehrere Rasenterrassenstufen, die durch Staudenpflanzungen gesäumt wurden. Diese Stufen leiten schließlich in einen großzügigen Wildwiesenraum über, mit Einzelbäumen als Blickfang und einer Gehölzkulisse, die das Anwesen gegenüber der Umgebung bis heute abschirmt. Es entstand also ein neuer Park im Rest des alten Guaitaparks, und auch die leer stehende Villa Guaita blieb zunächst am Rand bestehen. Erst 1961 wurde sie abgerissen, ihr Gelände parzelliert und sukzessive bebaut. Der alte Baumbestand konnte dabei als Teil der Kulisse überwiegend erhalten werden.

1953 erwirbt der Chef der Deutschen Bank, Hermann Josef Abs, Villa und Park ter Meer, vergrößert die Parkfläche wieder durch Zukäufe auf ca. 5 ha, um so Puffer und etwas Abstand zu den umgebenden Grundstücken zu gewinnen. Im Laufe der Jahre werden zahlreiche Baum- und Straucharten zum Garten hinzugefügt und integriert, oftmals Geschenke der zahlreichen Gäste der Familie Abs, die um die Gartenleidenschaft von Hermann Josef Abs wussten.

Ab den späten 1980er Jahren wird der Garten durch zwei Landschaftsgärtner kontinuierlich gepflegt und im Sinne des historischen Konzepts erhalten und bei Bedarf auch saniert.

8 Löw 2003.
9 Keller-Keller-Wolf 1998; *Moderne Bauformen* 1938.
10 Kellner 1998; Gröning/Wolschke-Bulmahn 1997.

Abb. 9, 10. Kronberg, gegen das Gartenkonzept angelegte, ungepflegte Bepflanzungen an der Villa ter Meer: links der Gartenhof, rechts Unterpflanzung der Pergola (Fotos: Landesamt für Denkmalpflege Hessen, Wenzel Bratner, November 2014)

Diese Sanierungskampagnen wurden glücklicherweise auch gut in Text und Bild dokumentiert.

Nach Abs Tod stand die Villa einige Jahre leer und erhielt um das Jahr 2000 einen neuen Eigentümer. Neben notwendigen Sanierungen am Gebäude wurden im Garten bedauerlicherweise in Teilbereichen unpassende Bepflanzungen vorgenommen, sodass der kontinuierlich durch Pflege erhaltene Charakter in diesen Bereichen verlorenging, wie z. B. in dem ruhigen Gartenhof oder unter der Pergola, wo jeweils regelrecht unsinnig Buchsbaumhecken und Beete eingebracht wurden (Abb. 9, 10).

Nach offensichtlich nur wenigen Jahren wurde der Garten dann in der Pflege völlig vernachlässigt. Die Verwilderung setzte ein, im hausnahen Bereich türmten sich über die Jahre die Brombeeren auf, Ausläufer der Scheinzypressen bildeten eine mächtige Barriere, hinter der der seitliche Gartensaal und die Blicke in den Garten verschwanden (Abb. 11).

Abb. 11. Kronberg, überdimensionierte Gruppe von Scheinzypressen an der Villa ter Meer (Foto: Landesamt für Denkmalpflege Hessen, Wenzel Bratner, Dezember 2014)

In den waldartigen Randbereichen fand keinerlei Pflege und Kontrolle der Bäume statt, sodass hier und dort marode Gehölze sogar von selbst umfielen oder auseinanderbrachen.

Durch Versteigerung des Anwesens kam es vor wenigen Jahren erneut zu einem Eigentümerwechsel. Die beiden Landschaftsgärtner, die schon unter Hermann Josef Abs den Garten gepflegt hatten, standen sofort wieder mit dem neuen Eigentümer in Kontakt. Und somit bestehen Absicht und Hoffnung, dass die Parkpflege in Zukunft wieder intensiviert werden kann, indem man von dem Wissen der Gärtner profitiert, die den Garten über Jahre gepflegt und betreut hatten und nun wieder an den erreichten Zustand zu Zeiten von Hermann Josef Abs bis Mitte der 1990er Jahre anknüpfen kann.

Erste wesentliche Schritte konnten dazu schon umgesetzt werden. Der gesamte Garten wurde aktuell vermessen, der Baumbestand überprüft und bewertet. Die Flächen wurden von Aufwuchs, wie den massiven Brombeeren, und den unsachgemäßen Pflanzungen befreit, überarbeitet und neu eingesät. Die Stufen des Staudengartens wurden wieder herausgearbeitet. Die Stauden waren natürlich seit langem verschwunden, Gehölzaufwuchs drängte durch die Fugen, man konnte keine gestaltete Geländestufe mehr erkennen. Dieses Herausarbeiten wurde nunmehr mit relativ kleinem Gerät und viel Handarbeit bewerkstelligt. Nach der Freilegung wurden inzwischen auch die Stufen stabilisiert. Und nun kann man auch wieder über eine zukünftige Bepflanzung nachdenken. In den Randbereichen haben bereits umfangreiche Nachpflanzungen zur Sicherung einer geschlossenen Kulisse stattgefunden.

Auch das Gebäude wird parallel schon schrittweise saniert, die Dächer repariert, die Fenster überarbeitet. Und so können nach und nach die kleinen und großen Gartenräume wiedergewonnen werden. Die Pergola ist wieder vollständig begehbar, der Gartenhof am Haus strahlt schon jetzt wieder Ruhe und Klarheit aus. Das hat fast schon etwas Asiatisches. (Abb. 12, 13).

Das Landhaus thront wieder gut sichtbar über dem sanft abfallenden Wiesengrund. Viel Detailarbeit und vor allem eine erneute kontinuierliche und regelmäßige Pflege werden noch notwendig sein, um dem Landhaus mit seinem Garten zu seiner früheren Pracht zu verhelfen.

Direkt nach dem letzten Eigentümerwechsel durch Versteigerung gab es im Ort Gerüchte über angebliche Bebauungsabsichten des neuen Eigentümers, aufgrund des Pflegerückstands vielleicht verständlich. Eine Bürgerinitiative war sofort gegründet, die nur sehr schwer von der Meinung abzubringen war, dass das Grundstück fast vollständig bebaut werden würde. Dies trotz bestehenden Denkmalschutzes, auch für den Naturschutz ist das große Gelände in Teilen hoch interessant, was auch nicht mit der Gartenanlage kollidieren muss.

Abb. 12. Kronberg, überarbeiteter Gartenhof an der Villa ter Meer
(Foto: Landesamt für Denkmalpflege Hessen, Wenzel Bratner, September 2016)

Abb. 13. Kronberg, überarbeitete Pergola an der Villa ter Meer
(Foto: Landesamt für Denkmalpflege Hessen, Wenzel Bratner, September 2016)

Es ist nicht von der Hand zu weisen, dass es sich auch für Kronberger Verhältnisse um ein sehr großzügiges Grundstück handelt, aber eben auch mit einigen Randbereichen, die erst unter Abs als Puffer hinzugekauft wurden und nicht unbedingt zentrale Teile einer historisch zusammenhängenden Gartengestaltung darstellen. Die Prüfung einer Bebaubarkeit ist allenfalls am Rand zur Straße hin vorstellbar, was sicher auch noch verfolgt werden wird. In meinen Augen muss das eigentliche Kulturdenkmal aus Villa und Garten dadurch nicht tangiert werden, wenn man denn alle Belange gleichberechtigt beteiligt. Die Denkmalpflege wird das entsprechend begleiten.

Abschließend einige thesenartige Gedanken zu den Möglichkeiten des Erhalts großflächiger Villengärten:

1. Aufgrund der teilweise gewaltigen Grundstücksgrößen droht der Verlust von Villengärten durch Parzellierung und Bebauung. Dies gilt besonders für Hochpreislagen in Gegenden mit hohen Bodenrichtwerten.

2. Nur in solchen Hochpreislagen hat man überhaupt die Möglichkeit das Klientel zu finden, das sich für den eigenen Bedarf eigentlich viel zu große Villengärten leisten kann und manchmal auch möchte.

3. Eine öffentliche oder gewerbliche Nutzung (wie bei der Villa Wertheimber oder der Villa Gans) stellt oft eine Alternative dar, bleibt aber in ihrer Auswirkung auf den Garten stets Gefahr und Chance zugleich.

Quellen/Literatur

Die LandschaftsArchitekten 2003 – Die LandschaftsArchitekten Bittkau-Bartfelder+Ingenieure: *Gartendenkmalpflegerische Rahmenplanung zur Landgräflichen Gartenlandschaft Bad Homburg – Der ehemalige Gustavsgarten*, unveröffentlichtes Gutachten, Wiesbaden 2003

Gans/Groening 2006 – Gans, Angela von/Groening, Monika: *Die Familie Gans 1350–1963*, Heidelberg 2006

Goette 2002/2006 – Landschaftsarchitekturbüro Götte: *Parkpflegewerk Villa Mumm*, unveröffentlichtes Gutachten, Frankfurt a. M. 2002/2006

Gröning/Wolschke-Bulmahn 1997 – Gröning, Gerd/Wolschke-Bulmahn Joachim (Hrsg.): *Grüne Biographien*, Berlin 1997

Hoffmann 1938 – Hoffmann, Julius (Hrsg.): *Arbeiten von Architekt Kurt Dübbers*, Stuttgart, Sonderdruck aus: Moderne Bauformen. Monatshefte für Architektur und Raumkunst, 37. Jahrgang, Stuttgart 1938

Keller-Keller-Wolf 1998 – Landschaftsarchitekturbüro Keller-Keller-Wolf: *Gartendenkmalpflegerisches Gutachten für die Villa ter Meer in Kronberg*, unveröffentlichtes Gutachten, Bad Homburg 1998

Kellner 1998 – Kellner, Ursula: *Heinrich Friedrich Wiepking (1891–1973). Leben, Lehre und Werk*, Selbstverlag o. O. 1998. Zugleich Dissertation, Leibniz Universität Hannover, Hannover 1997

Löw 1992 – Löw, Irmela: *Villa Gans in Königstein, Gartenhistorische Aufarbeitung*, Abschlussarbeit für das Aufbaustudium Denkmalpflege an der Otto-Friedrich-Universität Bamberg und der FH Coburg, 1992

Löw 2003 – Landschaftsarchitekturbüro Löw: *Parkpflegewerk für die Parkanlage Villa Gans in Königstein*, unveröffentlichtes Gutachten, Frankfurt a. M. 2003

Löw 2006 – Landschaftsarchitekturbüro Löw: *Parkpflegewerk für die Parkanlage der Villa Rothschild in Königstein*, unveröffentlichtes Gutachten, Frankfurt a. M. 2006

Moderne Bauformen 1938 – *Moderne Bauformen. Monatshefte für Architektur und Raumkunst*, Bd. 37, Stuttgart 1938

Popp 1916 – Popp, Joseph: *Bruno Paul*, München 1916

Ritter von Marx 1908 – Ritter von Marx, Ernst: *Auf zum Taunus. Unternehmungen zur Hebung des Verkehrs und Förderung der Besiedelung im südlichen Taunus*, Frankfurt am Main 1908

Heike Tenzer

Villengärten in Sachsen-Anhalt – 100 Jahre später: zwischen Anspruch und Realität

Das heutige Bundesland Sachsen-Anhalt ist reich an Zeugnissen der Gartenkunst vergangener Zeiten. Gegenstand dieses Beitrags sind die in der Öffentlichkeit weniger bekannten Gärten der Reformzeit. Ihnen ist gemein, dass sie unmittelbar nach der Gründung des Deutschen Werkbundes (1907) entstanden, sie in der Fachliteratur ihrer Zeit publiziert wurden und ihre eigentliche „Blütezeit" nur kurz war. Die weitere Entwicklung der Gärten erfolgte vor dem Hintergrund sich rasant ändernder politischer Verhältnisse: der Ausbruch des Ersten Weltkrieges, die Weltwirtschaftskrise Ende der 1920er Jahre, der Zweite Weltkrieg, die Enteignung und Vertreibung der Alteigentümer 1945, die politische Wende 1989. Bis in die Gegenwart erfuhren die nachfolgend vorgestellten Anlagen weitere Veränderungen durch Umnutzung, Überformung und Eigentumswechsel. Es handelt sich um das Haus Dryander in Zabitz, die Saalecker Werkstätten in Bad Kösen und das Landhaus Wendgräben bei Möckern.

Haus Dryander in Zabitz

Der Ort Zabitz befindet sich im Mansfelder Land, ungefähr 30 km nordwestlich der alten Salzstadt Halle (Saale). Die umgebende Kulturlandschaft ist reich an Kontrasten: kleinteilige Ackerstrukturen auf fruchtbaren Böden, unmittelbar angrenzend die Saaleniederung mit ihren markanten Porphyr-Felsen. 992 wird Zabitz in einer Schenkungsurkunde von König Otto III. an das Stift Quedlinburg erstmalig erwähnt.[1] Der gleichnamige Gutshof, Gegenstand dieses Beitrags, ist seit spätestens dem 18. Jahrhundert nachgewiesen[2].

1 Siabudisci (Zabitz) RI II,3 n. 1047, in: Regesta Imperii Online, URI: http://www.regesta-imperii de/id/0992-01-06_1_0_2_3_0_418_1047 (abgerufen am 10.04.2019).

Abb. 1. Zabitz, Haus Dryander von Norden, historische Ansicht vor Errichtung der benachbarten Neubausiedlung (Foto: Landesamt für Denkmalpflege und Archäologie Sachsen-Anhalt, Archiv Bau- und Kunstdenkmalpflege)

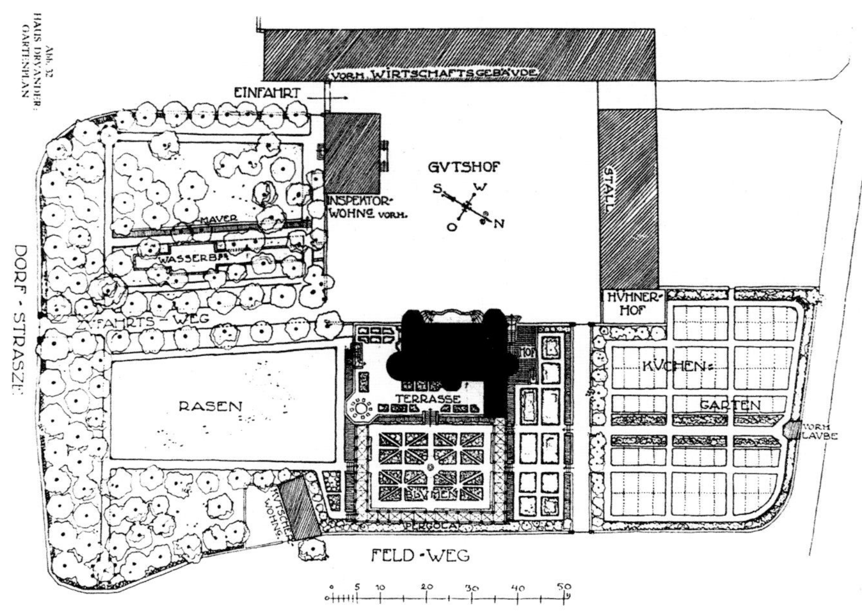

Abb. 2. Zabitz, Lageplan Haus Dryander (aus: MUTHESIUS 1922, Abb. 97, S. 53)

1909 beauftragte der Geschäftsmann Hermann Dryander, Nachkomme einer angesehenen Hallenser Beamtenfamilie, den Architekten Hermann Muthesius (1861–1927) damit, den bereits erwähnten alten Gutshof mit einem neuen Herrenhaus auszustatten. Dieses wurde in den Jahren 1910/11 errichtet (Abb. 1–3). Muthesius schreibt dazu: „An einen vorhandenen Gutshof sollte ein neues Herrenhaus gefügt werden. Es wurde so gesetzt, daß es die vierte Seite des Gehöftes schloß, dabei aber seine Wohnseite nach außen kehrte, zumal die östliche Himmelsrichtung dieses Vorhaben begünstigte und auch der neu anzulegende Garten sich dem Hause hier gut anschloß. [...] Beiden Gebäudeseiten ist eine Terrasse vorgelegt, die 1 m über dem Garten liegt, als Geländer hat sie lediglich ein 42 cm hohes Mäuerchen, das die Aussicht nicht behindert, gegen rauhe Nordwinde ist sie durch eine bedeckte Laube geschützt.“[3]

Abb. 3. Zabitz, Haus Dryander, Ansicht von Osten (Foto: aus MUTHESIUS 1912, S. 22)

Abb. 4. Haus Dryander, Schwimmbassin südlich des Blumengartens (Foto: Landesamt für Denkmalpflege und Archäologie Sachsen-Anhalt, Archiv Bau- und Kunstdenkmalpflege, 2009)

Abb. 5. Haus Dryander, Rasenparterre (Foto: Landesamt für Denkmalpflege und Archäologie Sachsen-Anhalt, Heike Mortell, 2003)

Der Entwurf Muthesius wurde nicht vollständig umgesetzt (Abb. 2). Auffallend sind die veränderte Terrassenstruktur sowie der Verzicht auf gestalterische Details, wie beispielsweise die Binnenstruktur des Blumengartens und die geplante Pergola. Die Beweggründe dafür lassen sich nur vermuten; möglicherweise stehen sie in Zusammenhang mit der im Vorfeld des Ersten Weltkrieges angespannten Wirtschaftslage. Muthesius war es ein wichtiges gestalterisches Anliegen, das neue Landhaus in den umgebenden Naturraum zu integrieren, dies insbesondere durch die Verwendung heimischer Natursteine.

„Das Haus ist durchweg in Bruchsteinmauerwerk unter Vermeidung jedweder Steinmetzarbeit errichtet. Die Steine konnten in nächster Nähe gebrochen werden. Da die heimischen Maurer an die notwendige saubere Arbeit nicht gewohnt waren, wurde eine italienische Maurergesellschaft mit der Ausführung betraut."[4]

Nach der Fertigstellung des Landhauses 1911 erfolgten bis auf den Bau eines Gewächshauses nur geringfügige bauliche Veränderungen. Zeitzeugen erwähnten, dass in den 1940er Jahren das Lieblingspferd des Eigentümers in der Mitte des Blumengartens begraben wurde.[5] Vermutlich gab es zu diesem Zeitpunkt den auf der Abbildung aus dem Jahr 1912 erkennbaren Blumenschmuck nicht mehr. Auf einem Luftbild der Alliierten aus dem Jahr 1945 sind weitere Abweichungen zu dem Entwurf von Muthesius erkennbar. So fehlt der an die nördliche Grundstücksmauer angrenzende Pavillon und eine aus Richtung Ost kommende Allee verläuft direkt auf das Gewächshaus zu. Nach dem Ende des Zweiten Weltkrieges verlor die Familie Dryander ihren Besitz. In das Landhaus zogen vorerst amerikanische, später russische Soldaten; es folgte von 1946 bis 1990 die Nutzung als Kinderheim.[6] Bereits im Oktober 1945 wurde das Gut mit allem Inventar an 45 Neubauern aufgeteilt. Der Garten unterhalb des Inspektoren-Hauses, auf dem erwähnten Luftbild mit dichten Gehölzgruppen bestanden, wurde gerodet und in Ackerfläche umgewandelt. Nach und nach wandelte sich das Erscheinungsbild der Gärten. Auch das Umfeld des Landhauses änderte sich gravierend: Entlang der östlich gelegenen Feldstraße entstanden Siedlungshäuser und nördlich des Parks eine Landwirtschaftliche Produktionsgenossenschaft (LPG). Der durch Hermann Muthesius bewusst gewählte freie Blick auf das Landhaus, die Inszenierung des Gebäudes in der umgebenden Landschaft, ging verloren (vgl. Abb. 1). Eine andere wesentliche gestalterische Intention, die aus der architektonischen Einheit von Innen und Außen resultierende Fortsetzung der Wohnqualität im Garten, konnte offensichtlich in ihrer Gänze nur unmittelbar nach der Errichtung des Landhauses erlebt werden.

Es folgten weitere bauliche Veränderungen, wie beispielsweise der Bau eines Heizhauses mit Kohlelager zwischen dem ehemaligen Inspektorenhaus und dem Landhaus. Die gärtnerische Gestaltung wurde vereinfacht, nutzungsbedingte Veränderungen wie ein Spielbereich, eine zusätzliche Betonterrasse und vor allem ein Schwimmbassin südlich des Blumengartens, führten zu weiteren Störungen. Die auf den Entwurf von Muthesius zurückgehenden Terrassierungen wurden teilweise zugeschüttet, um das Schwimmbassin leichter zu erreichen (Abb. 4). Weitere Weichenstellungen erfolgten nach der politischen Wende 1989: das Kinderheim wurde aufgelöst, bis 1994 wohnten Spätaussiedler im Landhaus. Die Gärten wurden kleingärtnerisch bewirtschaftet, bzw. verwilderten. Die Entscheidungen der mit der Vermarktung der Liegenschaft beauftragten Treuhandanstalt führten dazu, dass weitere Grundstücksteilungen erfolgten. Die Anzahl der Eigentümer nahm zu, der Gesamtzustand der Gutsanlage verschlechterte sich. Seit 1997 befindet sich das Landhaus einschließlich eines großen Teils des Gartens in Privatbesitz.

---

2 Darstellung in dem historischen Kartenwerk von Karl Graf von Schmettau 1778.

3 Muthesius 1912, S. 22.

4 Ebd.

5 Bankert & Menn 2003.

6 48 Kinder aus sozial schwachen Familien wohnten im Landhaus, dazugehörig entstanden Tischlerei, Nähstube und Gärtnerei.

Die neuen Eigentümer ließen das Schwimmbassin und andere bauliche Veränderungen der 1970er Jahre abbrechen und die historischen Terrassenstrukturen wiederherstellen. Die restlichen Freiflächen sind in kommunalem Eigentum, bzw. gehören weiteren privaten Besitzern (vgl. Abb. 5). Der heutige Besucher kann die zu ihrer Entstehungszeit viel bewunderte Gestaltung Muthesius vor allem in dem sorgfältig restaurierten Landhaus nachvollziehen. Das Miteinander von Innen und Außen ist zu erahnen, die Inszenierung der durch Muthesius modernisierten Gutsanlage in der umgebenden Landschaft weitgehend zerstört.

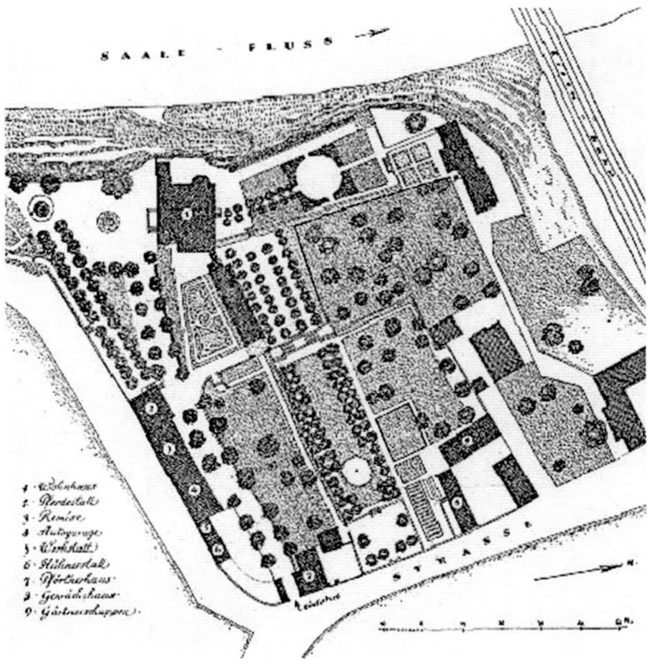

Abb. 7. Lageplan Saalecker Werkstätten (aus: Schultze-Naumburg 1927)

Die Saalecker Werkstätten

Der Ort Saaleck ist dem Naumburger Stadtteil Bad Kösen zugehörig. Er befindet sich inmitten der durch die Flusstäler von Saale und Unstrut und zahlreiche Bauwerke geprägten mittelalterlichen Kulturlandschaft. Das im Vergleich zu den angrenzenden Regionen mildere Klima und die durch das Vorkommen von Muschelkalk begünstigten geologischen Verhältnisse befördern traditionell den Weinanbau in der nördlichsten deutschen Weinregion.

Bauherr und Architekt des 1901 bis 1925 errichteten Ensembles der Saalecker Werkstätten, bestehend aus Wohnhaus, Atelier, einer terrassierten Gartenanlage, angrenzendem Wald und etlichen Nebengebäuden, war Paul Schultze-Naumburg (1869–1949), Protagonist der Heimatschutzbewegung und späterer Rassenideologe des Nationalsozialismus. Schultze-Naumburg erarbeitete in Saaleck Grundlegendes zur Theorie der Kulturlandschaft.[7] Gemeinsam mit Ernst Rudorff (1840–1916) gründete er 1904 den „Deutschen Bund Heimatschutz". 1907 gehörte Schultze-Naumburg mit Hermann Muthesius zu den Mitbegründern des Deutschen Werkbundes, zu dessen Zielen die Verbindung moderner Technik mit traditionellen Formen zählte (Mitgliedschaft bis 1927).

Das Ensemble der Saalecker Werkstätten platzierte Schultze-Naumburg bewusst an einer steilen Hangkante der Saaleniederung (Abb. 6).[8] Der Architekt plante zuerst den Standort sämtlicher Gebäude, bevor er sich mit der eigentlichen Gartenanlage beschäftigte. Dabei verfolgte er das ge-

Abb. 6. Saaleck, Blick aus den Saalecker Werkstätten, um 1930 (Foto: Landesamt für Denkmalpflege und Archäologie Sachsen-Anhalt, Archiv Bau- und Kunstdenkmalpflege)

Abb. 8. Blick von der Burg Saaleck auf die gegenüberliegenden Saalecker Werkstätten (Foto: Landesamt für Denkmalpflege und Archäologie Sachsen-Anhalt, Walter Bettauer, 2011)

stalterische Ziel einer langen terrassierten Gartenachse, die über Rasen, Wasserbecken, Treppen und Laubengänge hinweg, den freien Durchblick auf die benachbarte Burg Saaleck ermöglichte (Abb. 7). Das angestrebte räumliche Zusammenspiel von Wohnhaus und zentraler Gartenachse konnte Schultze-Naumburg erst durch das Hinzufügen eines Seitenflügels an das vorhandene Gebäude erreichen.[9] In seinem 1927 erschienenen Buch zu Saaleck beschreibt Schultze-Naumburg detailliert seine Vorgehensweise.[10] Bemerkenswert sind seine Auffassungen zur Pflanzenverwendung: Für die markante Doppelallee verwendete er die Holländische Linde (*Tilia x europaea*), deren große, glatt glänzenden Blätter ihn beein-

7 Zu seinen bekanntesten in Saaleck verfassten Publikationen zählen die „Kulturarbeiten", die er von 1901 bis 1917 als Buchserie veröffentlichte.

8 Das Grundstück ist von einer einzigartigen Landschaftskulisse umgeben: oberhalb der schroffen Felswände des Saaletals blickt man weit in die Saaleniederung, während sich auf dem gegenüberliegenden Berg die mittelalterlichen Burgen Saaleck und Rudelsburg erheben. Vgl. Benecken 2002.

9 Die fehlende Berücksichtigung der vorhandenen Topographie, der planerische Umgang mit der vorhandenen „schiefen" Ebene führten zu der Erweiterung der vorhandenen Baulichkeiten.

10 Schultze-Naumburg 1927.

Abb. 9. Blick aus dem Wohnhaus auf das Ateliergebäude der Saalecker Werkstätten (Foto: Landesamt für Denkmalpflege und Archäologie Sachsen-Anhalt, Heike Mortell, 2003)

Abb. 10. Wendgräben, historische Ansicht vom Zufahrtsweg (Foto: aus MUTHESIUS 1922, Abb. 179, S. 99)

druckten. Zwischen die noch jungen Bäume ließ er Blumen pflanzen, später ersetzte man diese durch eine immergrüne Unterpflanzung. Vermutlich erwies sich auch die den Mittelweg säumende Buchshecke nicht als günstig, da man sie bald durch ein niedriges Kreuzspalier ersetzte. Die der Allee folgende Terrasse liegt beträchtlich tiefer. Man erreicht sie über eine doppelläufige Freitreppe, in deren Mitte sich eine kleine Grotte mit Wasserbecken befindet. Anfangs zierte es eine Bronzefigur, später wurde es mit Seerosen bepflanzt. An den zahlreichen Terrassenmauern rankten Rosen. Auf der Randeinfassung eines achteckigen Wasserbeckens standen vier alte Steinputten aus Vicenza. Schultze-Naumburg brachte diese und einen steinernen Früchte- und Blumenkorb[11] von einer Studienreise aus Italien mit. Eine leicht erhöhte Nische, darin befand sich die Figur einer Venus, markiert den Endpunkt der langgestreckten Gartenachse. Beidseitig grenzen verschieden ausgebildete, mit Obst- und Ziergehölzen bepflanzte Gartenterrassen an. Gegen das Saaletal nach Norden zu, begrenzt die Hauptterrasse ein langes niedriges Gebäude, dessen Fenster nur flussabwärts gerichtet sind (Abb. 9). Hier befand sich das Atelier der Saalecker Werkstätten. Es liegt ein Stockwerk tiefer als die ursprünglich mit Hecken bestandene Gartenterrasse, auf deren Höhe das Wohnhaus steht. Das Grundstück erstreckt sich oberhalb des Wohngebäudes auf eine südlich davon gelegene mit Wald bestandene Anhöhe. 1945 wurde Schultze-Naumburg enteignet.

In dem Wohnhaus befand sich von 1945 bis 1991 ein Altenheim. Seitdem steht es leer, die Gesamtanlage wird nur notdürftig gesichert. Das gleichfalls leerstehende Ateliergebäude befindet sich seit 2002 im Besitz einer Stiftung. Erste Nutzungsversuche scheiterten, das Grundstück drohte zu einer lokalen Müllhalde zu werden. Die markanten Kalksteinklippen bröckelten und konnten nur notdürftig gesichert werden. Der zunehmend schlechte Zustand der Liegenschaft veranlasste die kommunale Wohnungsgenossenschaft zu einer Grundstücksteilung. Seitdem befinden sich ca. 4/5 der Flächen, das eigentliche Wohnhaus und große Teile des Gartens, in Privateigentum. Damit ist ein großer Teil der Saalecker Werkstätten dem öffentlichen „Zugriff“ entzogen. Das eigentliche Ziel der Grundstücksteilung, den Gesamtzustand der Anlage zu verbessern, konnte bisher nicht erreicht werden. Der Zustand der einst viel gerühmten Anlage gibt zu denken: Gartenmauern brechen ein, Wohnhaus und Ateliergebäude stehen leer. Seit 2018 gibt es eine neue Perspektive für die Saalecker Werkstätten. Das Wohnhaus einschließlich Hauptliegenschaft haben einen neuen Eigentümer[12], der derzeit die Instandsetzung/Nutzung als Seminargebäude vorbereitet.

Der Landhausgarten Wendgräben

Am Südrand des Fläming, in der Nähe von Loburg, liegt der Ort Wendgräben. Ihre erste Erwähnung findet die „wuste veltmarke Wentgreden vor Louborch“ 1459 in einem Vertrag zwischen dem Kloster Berge und der Familie von Treskow.[13] In den folgenden Jahrhunderten wurden verschiedene Familien mit Wendgräben belehnt.[14]

Der abseits gelegene Ort Wendgräben erwachte aus seiner Verschwiegenheit, als Hans Waldemar von Wulffen ei-

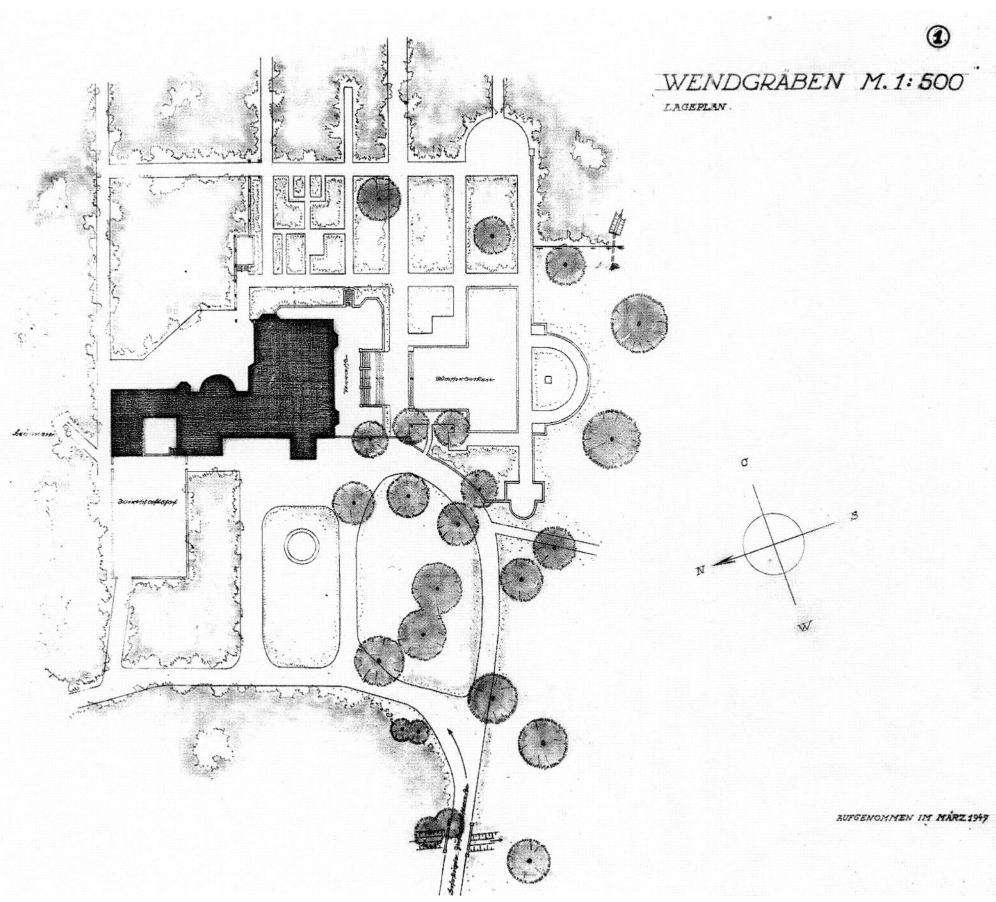

Abb. 11. Wendgräben, Lageplan (auf der Grundlage des Entwurfs von Walter von Engelhardt), 1949 (Landesamt für Denkmalpflege und Archäologie Sachsen-Anhalt, Archiv Bau- und Kunstdenkmalpflege)

Abb. 12. Wendgräben, Entwurf zur Ausbildung eines „Blumentischs" aus einem Briefwechsel von Walter von Engelhardt mit Hans Waldemar von Wulffen, 1919 (Landesamt für Denkmalpflege und Archäologie Sachsen-Anhalt, Archiv Bau- und Kunstdenkmalpflege)

nen Platz für ein kleines Jagdhaus für sich und seine Frau suchte, welcher „idyllisch gelegen, von einem Gärtchen und Waldwiese umgeben" sein sollte. Über den Baumeister ist nicht viel bekannt, der Berliner Gartenarchitekt Prof. Willy Lange (1864–1941) entwarf das dazugehörige Umfeld. Nach der Geburt ihres Sohnes sollte der Wohnsitz der Familie von Wulffen nach Wendgräben verlegt werden. Die Suche nach einem geeigneten Architekten gestaltete sich schwer, sollte doch das bewährte englische Landleben auf deutsche Verhältnisse übertragen werden. In die engere Auswahl kamen Paul Schultze-Naumburg und Hermann Muthesius, auf den letztendlich die Wahl fiel.

Die im Landhausstil konzipierte Villa entstand 1910–12 mit Unterstützung italienischer Fachleute. Findlingsbrocken sowie Granitsteinmauerwerk aus dem nur 7 km entfernten Rittergut Groß-Lübars wurden dafür wiederverwendet. Der leicht erhöhte Standort des Landhauses, umgeben von

11 Der Blumenkorb wurde mehrfach kopiert und ziert zahlreiche Mauern und Portale in Naumburg und Umgebung.

12 MARZONA-STIFTUNG NEUE SAALECKER WERKSTÄTTEN. Akademie der Moderne für Handwerk, Design und Architektur.

13 HOLSTEIN 1897, S. 243, NR. 808.

14 1563 ist die Familie von Arnim genannt, 1655 Günther Friedrich von Körbitz und 1660 die Familie von Wulffen. Im Jahr 1782 umfasste das Vorwerk Wendgräben 583 Morgen, 2 Mühlen sowie 10 Feuerstellen mit 48 Bewohnern (s. HEINECCIUS 1785, S. 244 f). Über die nachfolgenden zweihundert Jahre ist nicht viel bekannt.

Abb. 13. Wendgräben, Blick auf das Landhaus (Foto: Landesamt für Denkmalpflege und Archäologie Sachsen-Anhalt, Heike Tenzer, 2015)

niedrigen feuchten Waldwiesen, war in der Nähe eines alten Eichenbestandes gewählt worden. Der Zugang zum Hause erfolgte über einen alten Waldweg von Westen her. Noch heute ziert das Eingangsportal des Landhauses ein bereits 1909 entstandenes Flachrelief des Bildhauers Gerhard Marcks (1889–1981), das einen Wolf darstellt (Abb. 10). Der Bauherr äußerte zahlreiche Wünsche für die Gestaltung des Umfeldes, zu denen ein Rosengarten, Blumen- und Staudenflächen sowie Wasserbecken gehörten. Der erste Gartenentwurf stammte von Muthesius. Sein vorrangiges gestalterisches Ziel, die Fortsetzung des Innenraums im Freien, sowie seine Auffassung, dass beim neuzeitlichen Landhausgarten im Gegensatz zur Unregelmäßigkeit des Baukörpers, die Regelmäßigkeit dominieren möchte, standen dabei im Widerspruch zu den vorhandenen landschaftlichen Gegebenheiten[15]. So plante er symmetrisch an die Südseite des Hauses ovale Rosenbeete. Darin sollten sich Pavillons befinden, die den Auftakt zu zirka 60 m langen Laubengängen bildeten. Zwischen ihnen begrenzen Rasenspiegel einen 8 m breiten Kanal. Von Wulffen lehnte den vorgelegten Gartenplan ab. Auf der Suche nach einem geeigneten Gartenarchitekten, nahm er Kontakt zu Walter von Engelhardt auf.[16] Dessen gartenkünstlerische Auffassungen unterschieden sich deutlich von denen Muthesius', da er den Baukörper mit einem gleichfalls unsymmetrischen Garten umgab. Das Wasserbecken wurde nach 26 m abgewinkelt, dadurch entstand eine neue westöstliche Wasserachse (Abb. 11). Skulpturen steigerten die Wirkung der angedachten axialen Beziehungen: Eine Sonnenuhr des Frankfurter Bildhauers Paul Seiler betonte den architektonischen Endpunkt der Nord-Südachse, die Ost-Westachse markierten eine alte Eiche sowie eine weitere Plastik. Eine 1 m hohe Granitmauer umfasste das Wasserbecken. Engelhardts Gestaltungsidee, dass der Wasserspiegel dieselbe Höhe wie der Weg erreicht, konnte aus baulichen Gründen (der Bauherr lehnte den notwendigen großflächigen Einsatz von Beton ab) nicht verwirklicht werden. Eine Treppe ersetzte die nördliche Bassinmauer, zwischen Wasserfläche und Mauer entstanden schmale Rasenböschungen. Östlich des Landhauses wurde ein Hausgarten angelegt. Von Engelhardt begrenzte ihn in Richtung Norden mit einer Pergola. Die Beete sind mit Kantensteinen eingefasst. Die gruppenweise geometrische Anordnung der mit Stauden und Blütensträuchern bepflanzten Beete erinnert an Blumentische (Abb. 12). Den Übergang zum nahen Wald stufte Engelhardt bewusst nicht ab, um damit einen weiteren Kontrast zum gärtnerisch gestalteten Hausumfeld zu schaffen. Diese gestalterischen Akzente minderten nicht den unter aktiver Beteiligung des Bauherrn entstandenen organisch anmutenden Zusammenhang zwischen Haus, umgebenden Gärten und dem angrenzenden Wald. Die Ränder der sich in

Abb. 14. Wendgräben, Blick vom Landhaus in die umgebende Landschaft (Foto: Landesamt für Denkmalpflege und Archäologie Sachsen-Anhalt, Gunnar Preuss, 2010)

Richtung Süden erstreckenden Waldwiese ließ von Engelhardt kulissenartig bepflanzen. Um 1920 entstand entlang des Bachs die ausgedehnte Rhododendrensammlung. 1921 entwarf von Engelhardt ein Familienbegräbnis, dem er den Grundriss eines Kirchenschiffes gab. Dazu wählte er einen Platz südöstlich des Hauses, inmitten des Waldes. Noch heute kann man ihn, begrenzt durch Eibenhecken, im dichten Waldbestand erkennen: Zwei Eichen markieren den Platz für eine Grabstelle, ein einfacher Findlingsblock erinnert an Hans Waldemar von Wulffen und seine Frau. Mitte der 1920er Jahre befasste sich von Engelhardt mit der Frage, wie bei einer künftigen Entwicklung des Waldes mit dem reich ausgestatteten Blumengarten umzugehen sei. Er erkannte, dass die zu erwartende Maßstabsverschiebung dazu führt, dass der Gartenraum von der Waldmasse erdrückt und dadurch „kleinlich" wirkt. Als Lösung empfahl er die Entfernung von größeren Sträuchern aus dem Garten. In einen flachen Raum mit wenigen Höhenpunkten könne so mehr Sonne gelangen und die verbliebenen Pflanzen sich besser entwickeln. Der Gartenentwurf von Engelhardts wurde nicht vollständig realisiert. Während des Zweiten Weltkrieges wurde das Anwesen an die nationalsozialistische Volkswohlfahrt verpachtet. Nach 1945 wurde im Zuge der Bodenreform die Familie von Wulffen enteignet. Das Landhaus nutzte man zu einer Schule um.[17] 1960 befanden sich zirka 150 verschiedene Gehölzarten, unter ihnen Azaleen, Esskastanien, Stechpalmen und Rhododendren in Wendgräben. 1986 erfolgten umfangreiche Ausholzungsarbeiten unter fachlicher Anleitung von Reinhard Schelenz[18]. Das Umfeld von Herrensitz und Garten wurde sorgfältig gestaltet und die Pflanzungen entlang der Wiese zwischen Schloss und Seerosenteich wurden überarbeitet. In den Jahren 1994–97 baute die Konrad-Adenauer-Stiftung das Landhaus zum Bildungszentrum Wendgräben um, 2013 verkaufte sie es an einen Privateigentümer. Seit 2017 befindet sich im Landhaus eine Privatklinik für psychosomatische Erkrankungen. Die Gesamtanlage ist nur eingeschränkt zu besichtigen (Abb. 13, 14).

---

15 Schneider 1998.

16 In einem Schreiben vom 10. November 1910 bittet Walter von Engelhardt den Oberbürgermeister, ihm zu gestatten, „einer Aufforderung des Herrn von Wulffen-Mahndorf zu Wendgraeben bei Loburg (nahe Magdeburg) Folge zu leisten, um daselbst bei der Ausgestaltung des Parks ratend behilflich zu sein" (Stadtarchiv Düsseldorf, Akte V 5384, Blatt 129).

17 1947–75 Heimoberschule, nach 1975 Sonderschule.

18 Von 1978–96 zuständiger Gartendenkmalpfleger am Institut für Denkmalpflege der DDR (später LFD, jetzt LDA Sachsen-Anhalt).

Den in diesem Beitrag vorgestellten Gärten ist unabhängig vom begonnenen Substanz- und Bildverlust ein hoher gartenhistorischer Wert gemein. Sie dokumentieren das Wirken bedeutender Vertreter des Werkbundes im heutigen Sachsen-Anhalt, auch wenn eine Diskrepanz zum gestalterischen Anspruch der Entstehungszeit besteht. Häufiger Eigentümerwechsel, begleitet von Fehlnutzungen und -entscheidungen, wie beispielsweise Grundstücksteilungen, verstärken diesen Eindruck. Dennoch sind sie weiterhin aufgrund ihrer verbliebenen kulturhistorisch wertvollen Substanz und ihrer wissenschaftlichen Bedeutung denkmalfähig. Alle drei Anlagen stellen exemplarische Beispiele für die Freiraumgestaltung im Übergang zur Moderne dar. Denkmalpflegerisches Anliegen ist die Stärkung ihrer Präsenz im öffentlichen Bewusstsein. Dies kann nur in enger Zusammenarbeit mit den Eigentümern geschehen. Zielführend können ergänzend zu Fragen der praktischen denkmalpflegerischen Betreuung die Unterstützung bei der Erarbeitung von Nutzungskonzepten oder beispielsweise der Gründung von Interessensgemeinschaften zum Erhalt der Gesamtanlage sein. Dabei sollte bei künftigen Entscheidungen stets die Einheit von Gebäude und umgebenden Freiraum betrachtet werden.

Einer der ersten Erfolge des denkmalpflegerisch-touristischen Landesprojekts „Gartenträume – Historische Parks in Sachsen-Anhalt" ist die positive Wahrnehmung des Gartens als Kunstwerk in der breiten Öffentlichkeit.[19] Indem sich die Öffentlichkeit mit Interesse dem Thema der historischen Gärten zuwendet, wächst die Lobby zum Schutz und Erhalt dieser ohne Pflege vom Untergang bedrohten Kleinode.[20] Die Akzeptanz des Gartenkunstwerks als Teil unseres kulturhistorischen Erbes wird auch für kommende Generationen eine wichtige Bildungsaufgabe sein.

19 Die Landesinitiative startete im Jahr 2000. Zunächst waren es 40, derzeit sind es 50 Parks, die auf der Grundlage ihrer denkmalgerechten Wiederherstellung vermarktet werden.

20 Aufgrund ihres derzeitigen Zustands pausiert seit 2006 die Mitgliedschaft der Anlagen in Freist und Saaleck. Wendgräben war von 2010 bis 2019 Teil des Netzwerkes, musste jedoch aufgrund von betrieblichen Gründen seine Mitgliedschaft beenden.

Literatur und Quellen

Bankert & Menn 2003 – Bankert & Menn. Landschaft–Architektur–Planung: *Denkmalpflegerische Rahmenkonzeption für den Garten des Hauses Dryander in Freist,* erarbeitet im Auftrag des Landesheimatbundes Sachsen-Anhalt, Halle (Saale) 2003 (unveröffentlicht)

Benecken 2002 – Benecken, Peter: *Die Gärten an den Saalecker Werkstätten und am Haus Dryander in Freist. Formale Gestaltungen von Paul Schultze-Naumburg und Hermann Muthesius*, in: Denkmalpflege in Sachsen-Anhalt (2002), H. 2, S. 161 ff.

Heineccius 1785 – Heineccius, Johann Ludwig: *Ausführliche topographische Beschreibung des Herzogthums Magdeburg und der Grafschaft Mansfeld, Magdeburgischen Antheils*, Berlin 1785

Holstein 1897 – Holstein, H. (Bearb.): *Urkundenbuch des Klosters Berge bei Magdeburg*, Halle 1897

Muthesius 1912 – Muthesius, Hermann: *Landhäuser: Abbildungen und Pläne ausgeführter Bauten mit Erläuterung des Architekten*, München 1912

Muthesius 1922 – Muthesius, Hermann: *Landhäuser: Ausgeführte Bauten mit Grundrissen, Gartenplänen und Erläuterungen*, 2. ergänzte Auflage, München 1922

Schneider 1998 – Schneider, Uwe: *Hermann Muthesius Vorstellungen zur Gartenarchitektur: Seine Auseinandersetzung mit dem Vorbild England*, in: Die Gartenkunst 10 (1998), H. 1, S. 87–106

Schultze-Naumburg 1927 – Schultze-Naumburg, Paul: *Saaleck. Bilder von meinem Haus und Garten in der Thüringer Landschaft*, Berlin 1927

Volkmar Eidloth und Petra M. Martin

Die Villengärten in Baden-Baden – eine gemeinsame Aufgabe für Städtebauliche und Gartendenkmalpflege

„Amphitheatralisch breitet sich die Stadt aus; an beiden Seiten, von herrlichem Waldesgrün umflossen, ziehen sich nach West, Süd und Ost, an den Vorhügeln des in malerischen Formen steil abfallenden Batterts, sowie an sanfter sich senkenden Beutig- und Friesenberghalden geschmackvolle Villen empor…“ So beschreibt Karl Wilhelm Schnars in C. Wilds „Führer durch Baden-Baden und Umgegend“ 1909 die Kurstadt am Rand des Nordschwarzwalds (Abb. 1).[1]

Villen in Kurstädten

Die Villen in den Kurstädten des 19. Jahrhunderts dienten nicht nur als luxuriöser Wohnsitz regelmäßig wiederkehrender oder sich dauerhaft niederlassender Besucher mit entsprechendem Einkommen. Badeärzte richteten in Villen private Sanatorien ein. So betrieb der bekannte Kardiologe und Tuberkulosearzt Dr. Albert Fraenkel seine diätetische Kuranstalt in Badenweiler, die 1909 und 1910 auch Hermann Hesse als Patient aufsuchte, in der „Villa Hedwig“.[2] Während der Saison wohnungs-, geschossweise oder komplett vermietet, bereicherten Villen die kurstädtische Beherbergungsinfrastruktur. Das Unterkunftsverzeichnis des oben genannten Baden-Badener Stadtführers von 1909 beispielsweise listet neben über 30 Hotels namentlich auch 20 Villen auf.[3] Große Hotels verfügten häufig über kleinere Villen als Dependancen, die länger verweilenden Gästen Privatheit und Exklusivität trotz öffentlicher Unterbringung versprachen.[4] Und wenn 1857/58 der im Kaffee- und Tabakhandel engagierte Hamburger Kaufmann und österreichische Generalkonsul Ernst von Merck sich in Baden-Baden eine Villa errichten ließ, dann nicht nur als standesgemäßes Domizil sondern auch als repräsentatives Ambiente, um internationale Kontakte zu knüpfen und Geschäfte anzubahnen.[5]

Städtebaulich ergänzten die Villengebiete mit ihren Gärten häufig die öffentlichen Parks und Kuranlagen und trugen dazu bei, die Offenheit der Kurstädte und ihre enge Verzahnung mit der umgebenden Kulturlandschaft zu unterstreichen. Diese doppelte stadträumliche Funktion kennzeichnet auch frühe Planungsansätze wie den von Peter Joseph Lenné 1847 entworfenen Entwicklungsplan für das erst im Werden begriffene Bad Oeynhausen. Dieser sah um den Kurpark einen Rundweg vor, der einen Kranz von Villen erschloss, die als „Logierhäuser“ dienen sollten.[6] In Wiesbaden hatte schon Christian Zais in seinem Gutachten zum Stadterweiterungsplan von 1818 den nördlich an die Kuranlagen anschließenden „Abhang beim Sonnenberger Weg“ als „nur zum Bau von Landhäusern“ geeignet angesehen.[7] Der 1862 von dem herzoglichen Gartendirektor Carl Friedrich Thelemann vorgelegte Generalbebauungsplan sah schließlich großflächige Villengebiete vor, deren Gärten einen fließenden Übergang von den öffentlichen Parkanlagen zu den umgebenden Taunushängen schaffen.[8]

Der überaus reiche Bestand an Villen in Wiesbaden wurde bereits 1988 in einem eigenen Band „Die Villengebiete“ der „Denkmaltopographie Bundesrepublik Deutschland“ dokumentiert.[9] In jüngerer Zeit erschienen meist reich be-

1 Schnars 1909, S. 3.
2 Diedrichs 2009; ders. 2008, S. 38–43.
3 Schnars 1909, S. 7–15.
4 Vgl. Wenzel 1991, S. 87 f..
5 Mengele 2009.
6 Köster 1985, S. 12–16; Jöchner 1989, S. 35–38.
7 Zit. n. Russ 1988, S. 22.
8 Ebd., S. 35 f.
9 Russ 1988.

Abb. 1. Blick auf Baden-Baden, im Vordergrund die Villa Solms, hinten der Annaberg, Klapp-Ansichtskarte um 1900 (Archiv Volkmar Eidloth)

bilderte monothematische Publikationen zu Villen in einer ganzen Reihe von Kurstädten.[10] Mehrheitlich sind diese Veröffentlichungen allerdings vornehmlich architektur- und kulturgeschichtlich auf die Einzelbauten ausgerichtet. Stadtbaugeschichtliche Aspekte geschweige denn das Thema Villengärten finden allenfalls marginal Erwähnung. Eine rühmliche Ausnahme bildet der 2009 erschienene Band über Meran,[11] der unter anderem einen eigenen Aufsatz zur „Gartenkunst der Meraner Villen“ enthält.[12]

Baden-Badener Villengebiete

Wie sehr die Stadtstruktur Baden-Badens bis heute von der offenen Bebauung der Villengebiete geprägt ist, belegt allein schon ein Vergleich zwischen historischen Stadtplänen und dem aktuellen Schwarzplan (Abb. 2). Im Zug der Verlagerung des Kurviertels aus der Stadt in die Oosaue entstanden hier schon im ersten Viertel des 19. Jahrhunderts einzelne klassizistische „Landhäuser“ vor der Stadt.[13] In der Folgezeit setzte ein regelrechter Villenbauboom ein. Ein Stadtführer aus den 1860er Jahren nennt bereits 31 Villen und beschreibt insbesondere deren Lage;[14] eine Generation später ist im Stadtplan (Abb. 3) schon beinahe die dreifache Zahl an Anwesen als Villa mit Namen gekennzeichnet. Bis zum Ersten Weltkrieg hatten sich dann mehrere Gebiete endgültig als bevorzugte Villenstandorte herauskristallisiert und verdichtet. Vier dieser Bereiche, die die Reichhaltigkeit und Vielfalt des historischen Villenbestandes in Baden-Baden in besonderer Weise widerspiegeln, sollen im Folgenden kurz einzeln vorgestellt werden (vgl. auch Abb. 2).

Der älteste unter ihnen ist der von Beutig und Quettig südwestlich des Kurviertels. Die frühesten Villen in diesem Gebiet stammen aus dem ersten Quartal des 19. Jahrhunderts. Vor Entstehung des Villenviertels prägten noch überwiegend von Zäunen und Hecken eingefriedete Baumgärten und Wiesen das Gelände, im oberen Bereich des Beutigs auch größere Ackerflächen.[15] Direkt oberhalb des Kurhauses und der Promenade der Lichtentaler Allee gelegen, waren diese Hanglagen mit dem Aufstieg Baden-Badens zum internationalen Modebad rasch sehr begehrt und erzielten schon damals bei einem Grundstücksverkauf Höchstpreise. Die errichteten Villen waren von meist großzügigen, landschaftlich gestalteten Gartenflächen umgeben. In der Folgezeit dehnte sich diese Villenbebauung sukzessive schnell aus und verdichtete sich. Leitlinien der Entwicklung bildeten das bestehende Feldwegenetz und die nach Steinbach führende Landstraße; ein übergreifender Entschließungsplan ist nicht bekannt. Dementsprechend präsentierten sich die Hänge von Beutig und Quettig um 1900 als unregelmäßig bebautes und stark durchgrüntes, vornehmes Wohngebiet mit einem vielfältigen Bestand an Villenanwesen unterschiedlicher zeitlicher Entstehung und architektonischer Gestaltung (Abb. 4). Auf dieses Gebiet wird unten mit zwei Beispielen noch zurückzukommen sein, sodass diese knappe Charakterisierung vorerst genügen mag.

Im Gegensatz zu dem von Beutig und Quettig entstand das Villengebiet der sogenannten Neustadt, im Süden der

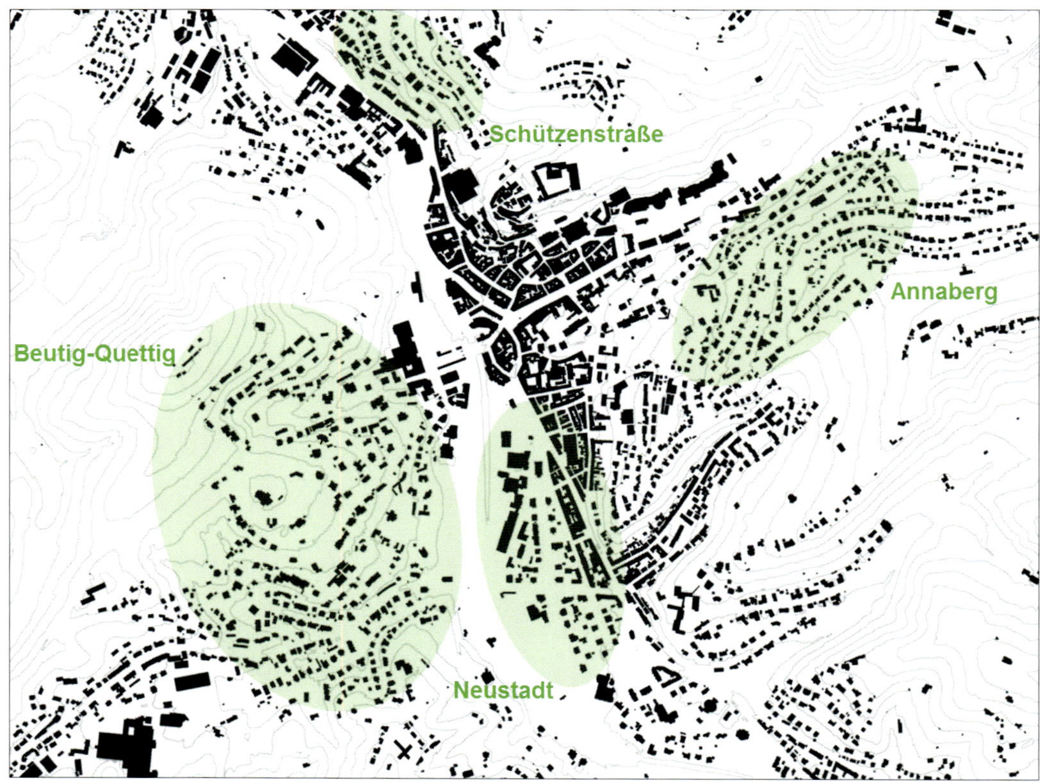

Abb. 2. Baden-Baden, Schwarzplan mit Kennzeichnung der besprochenen Villengebiete, Stand 2017 (Stadt Baden-Baden, Fachbereich Planen und Bauen)

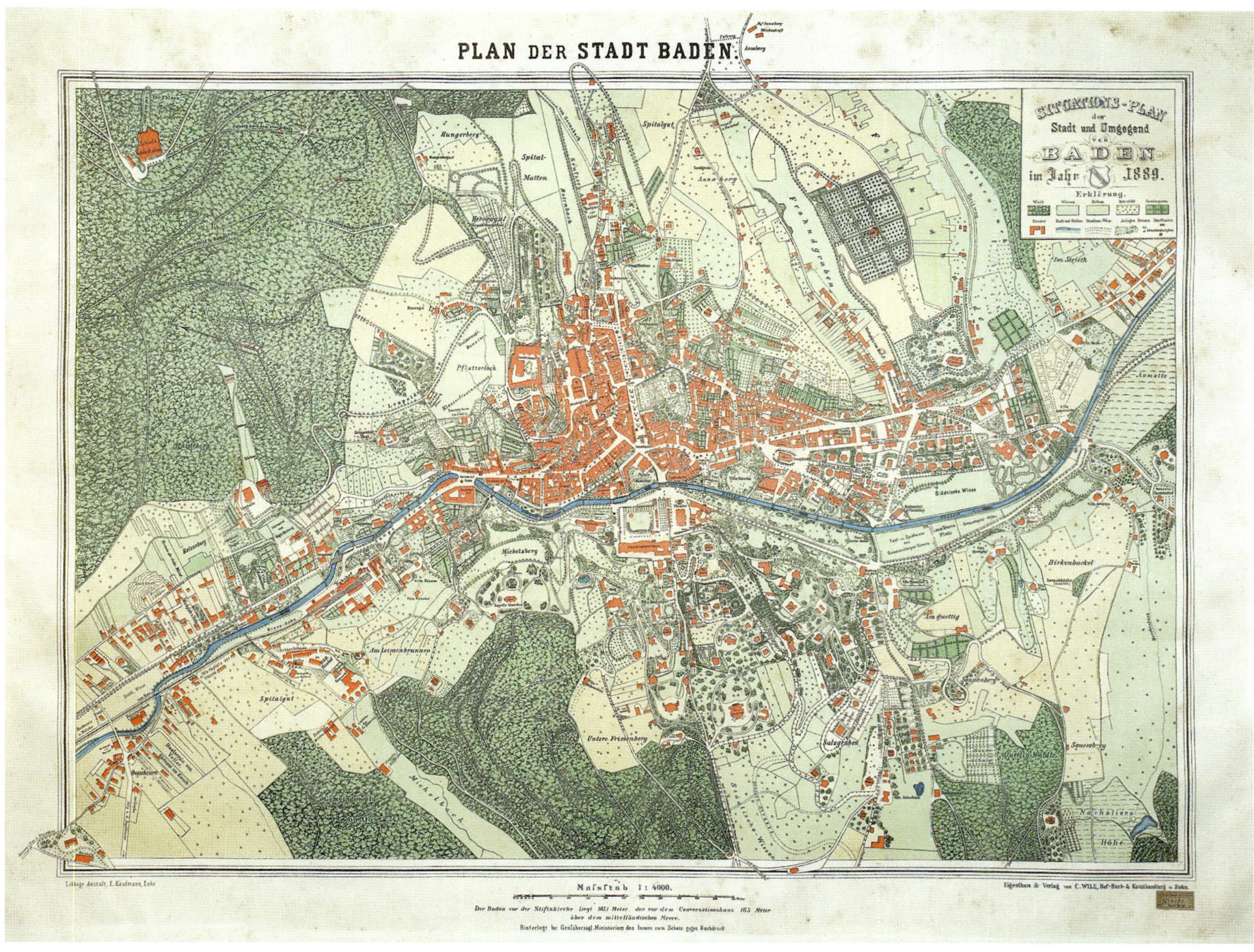

Abb. 3. „Situations-Plan der Stadt und Umgegend von Baden im Jahr 1889", Lithographische Anstalt E. Kaufmann in Lahr, Verlag von C. Wild Hof-Buch & Kunsthandlung in Baden, geostet (Stadtmuseum/-archiv Baden-Baden)

Altstadt, auf der Grundlage einer durchgreifenden Planung.[16] War das Quartier auf dem Gelände des ehemaligen städtischen Holzplatzes im Stadtplan von 1864 noch als „Projektirter Stadt-Theil" skizziert,[17] enthielt das Adressbuch der Stadt Baden-Baden von 1873 unter der Anschrift Ludwig-Wilhelm-Straße bereits neun als „Bauplätze" bezeichnete Grundstücke.[18] Städtebauliches Kennzeichen dieses Villenviertels ist ein von der ab 1855 errichteten Evangelischen Stadtkirche ausgehender Achsen-Dreistrahl mit der Ludwig-Wilhelm-Straße als Mittelachse sowie Maria-Viktoria-Straße im Osten und Schillerstraße im Westen. Südlich der querenden Bertholdstraße sollte der Grundriss in ein orthogonales Straßenraster übergehen. Die Baublöcke in dem Gebiet waren regelmäßig parzelliert und mit Villen in kleinen Gartengrundstücken bebaut, was auf gezielte bauunternehmerische Aktivitäten schließen lässt (Abb. 5). Tatsächlich war es der Baden-Badener Baumeister Bernhard Belzer, der sich beim Ausbau der „Protestantischen Neustadt", wie die Stadterweiterung auch genannt wurde, besonders hervortat.[19] Schon in den 1850er Jahren hatte er erste Grundstücke am Rande des Gebiets erworben. Die seit dem im 2. Viertel des 19. Jahrhunderts stetig steigende Nachfrage nach entsprechenden Immobilien machte den Villenbau zu einem der lukrativsten Zweige des Baden-Badener Baugewerbes. Die Pläne für die Villen in der Lichtentaler Vorstadt, die Belzer als Unternehmer ausführte, ließ er sich von verschiedenen Architekten fertigen.

10 Z. B. für Karlsbad (Zeman 1998), Baden bei Wien (Nezval 2008), Badenweiler (Diedrichs 2008), Vichy (Pouradier Duteil 2013), Baden-Baden (Fischer 2014) oder Bad Oeynhausen (Lehmann 2016).

11 Pixner Pertoll 2009.

12 Kofler Engl 2009.

13 Zur Entwicklung der Villengebiete in Baden-Baden s. Niemann 1953; Deiseroth 1993, S. 30, 42–46 und 54–57; Coenen 2008, S. 512–527.

14 Reichel/Kissling 1864, S. 92–96.

15 Erhard 2007, S. 5 f.

16 Vgl. dazu Deiseroth 1993, S. 42; Coenen 2008, S. 239–241.

17 Situationsplan der Stadt und Umgegend von Baden im Jahr 1864. Entworfen und bearbeitet durch Jos. Weidel, ehem. Stabs-Guide des Grossherz. Bad. militar. topogr. Bureaus, Verlag der lithographischen Anstalt von Ernst Kaufmann in Lahr (Stadtmuseum/-archiv Baden-Baden). Vgl. auch Abb. 21 in Deiseroth 1993, S. 43 und Abb. 112 bei Coenen 2008, S. 240.

18 Adressbuch der Grossh. Stadt Baden einschließlich Badenscheuern und Oosscheuern. 1873. Herausgegeben von Polizei-Commisär A. Sachs. Stand vom 14. April 1873. Baden-Baden. Verlag der Hof-Buchdruckerei von J. Hohmann (Stadtmuseum/-archiv Baden-Baden).

19 Siehe dazu auch Deiseroth 1993, S. 45; Coenen 2008, S. 521.

Abb. 4. Baden-Baden, Villenquartier am Beutig, Fotografie von Gustav Salzer um 1900 (Repro: Stadtmuseum/-archiv Baden-Baden)

Zu den Besonderheiten der vormaligen „Protestantischen Vorstadt" gehören außerdem die 1864–67 für die englische Kolonie in Baden-Baden errichtete Anglikanische Kirche und die 1882 eingeweihte Russische Kirche nach den Plänen des St. Petersburger Architekten Iwan Strom, bei der Bernhard Belzer ebenfalls an der Bauausführung beteiligt war.

An der Wende vom 19. zum 20. Jahrhundert entstand ein kleines Villenquartier auch am nördlichen Stadteingang in Nachbarschaft des 1895 neu gebauten Bahnhofs. 1891 taucht die zum städtischen Schießhaus führende und namensgebende Schützenstraße erstmals im Adressbuch auf.[20] Noch um 1900 war sie weitgehend unbebaut, die angrenzenden Grundstücke allerdings bereits ausparzelliert. Die Bebauung mit von kleinen Gärten umgebenen Villen und Landhäuser zog sich bis in die 1920er Jahre hin und reicht stilistisch vom Späthistorismus bis zu Formen des Heimatschutzes. Ein besonderes stadträumliches Gepräge erhielt das Quartier durch die Steilheit des Geländes und die zu seiner Beherrschung notwendigen Stützmauern sowie eine mehrläufige Treppenanlage (Abb. 6).

Auch im Osten am Fuß des Friesen- heute Annabergs entstanden schon Mitte des 19. Jahrhunderts einzelne Villen (s. Abb. 1). Die städtebauliche Dynamik wie in dem gegenüberliegenden Gebiet von Beutig und Quettig blieb hier al-

Abb. 5. Baden-Baden, Maria-Viktoria-Straße (Foto: Landesamt für Denkmalpflege Baden-Württemberg, Bernd Hausner, 2015)

Abb. 6. Baden-Baden, Treppenanlage zwischen Schützen- und Wetzelstraße (Foto: Volkmar Eidloth, 2017)

lerdings zunächst aus, obwohl die Aussicht vom Annaberg auf die Stadt das ganze 19. Jahrhundert hindurch besonders gerühmt wurde.[21] Kurz vor 1900 erwarb die Stadt Baden-Baden große Teile des Geländes, um es als Wohngebiet gehobenen Charakters zu erschließen. Dazu legte 1901 das städtische Tiefbauamt einen Plan vor;[22] zwei Jahre später war das geplante Villengebiet bereits an das Wasser- und Gasnetz sowie die Kanalisation angeschlossen. Ein den Verkauf von „Villen-Bauplätzen" auf der „Friedrichshöhe" ankündigendes Werbeblatt von 1904 weist 40 zum Teil großzügig bemessene Grundstücke aus (Abb. 7). Geplant war außerdem ein öffentlicher Park, der das neue Wohnquartier diagonal durchziehen sollte und zu dem Richard Riemerschmid Entwürfe schuf.[23] Das Parkprojekt wurde allerdings nicht realisiert und auch die Bebauung des Villengebietes erfolgte zunächst nur zögerlich, kam mit dem Ausbruch des Ersten Weltkrieges dann ganz zum Erliegen und setzte erst in den 1920er Jahren wieder verstärkt ein.

Inzwischen hatte der Annaberg mit dem 1922–25 nach Plänen Max Laeugers geschaffenen „Paradies" eine besondere Attraktion erhalten, die bis heute zu den Hauptsehenswürdigkeiten Baden-Badens zählt (Abb. 8).[24] Auf dem für den öffentlichen Park vorgesehenen Gelände schuf Laeuger eine am Vorbild italienischer Renaissancegärten orientierte Wasserkunstanlage aus Treppen, Terrassen, Brunnen, Bassins, Kaskaden und einer Grotte, sowie geschnittenen Hecken und Formbäumen. Wesentlicher Bestandteil der Gesamtanlage sind auch die der Riesenstaffel mit wechselndem Abstand paarweise zugeordneten Wohnhäuser und Gärten, deren Gestaltung von Laeuger selbst bis ins bauliche Detail mitentworfen und durch städtische Richtlinien geregelt wurde. Die Genehmigung der Gartenpläne war dem Stadtrat vorbehalten.[25] Bis über die Mitte des 20. Jahrhunderts hinaus folgte die übrige Bebauung des Annabergs weitgehend diesem Vorbild in Maßstab und Ausformung.

20 Adressbuch der Grossherzoglichen Stadt Baden. Aufgestellt von Carl Rausch, Kreis-Secretär, und H. Weber, Polizei-Commisär, Juni 1891. E. Koelblin, A. v. Hagen'sche Hof-Buchdruckerei Baden-Baden (Stadtmuseum/-archiv Baden-Baden).

21 Zum Villengebiet am Annaberg vgl. Zimmermann 1992; Deiseroth 1993, S. 57; Coenen 2008, S. 251–253.

22 Uebersichts-Plan über die projektierten Straßen auf dem Annaberg und in Langengehren. Januar 1901 (Stadtmuseum/-archiv Baden-Baden). Abgedruckt bei Coenen 2008, S. 250, Abb. 119c.

23 Eckert 1989, S. 273; Zimmermann 1992, S. 77.

24 Eckert 1989, S. 273–277; Coenen 2008, S. 472–475.

25 Dazu Eckert 1989, S. 274 f.; Zimmermann 1992, S. 79 f.; Mehlstäubler 2014, S. 263–265 und 272 f.

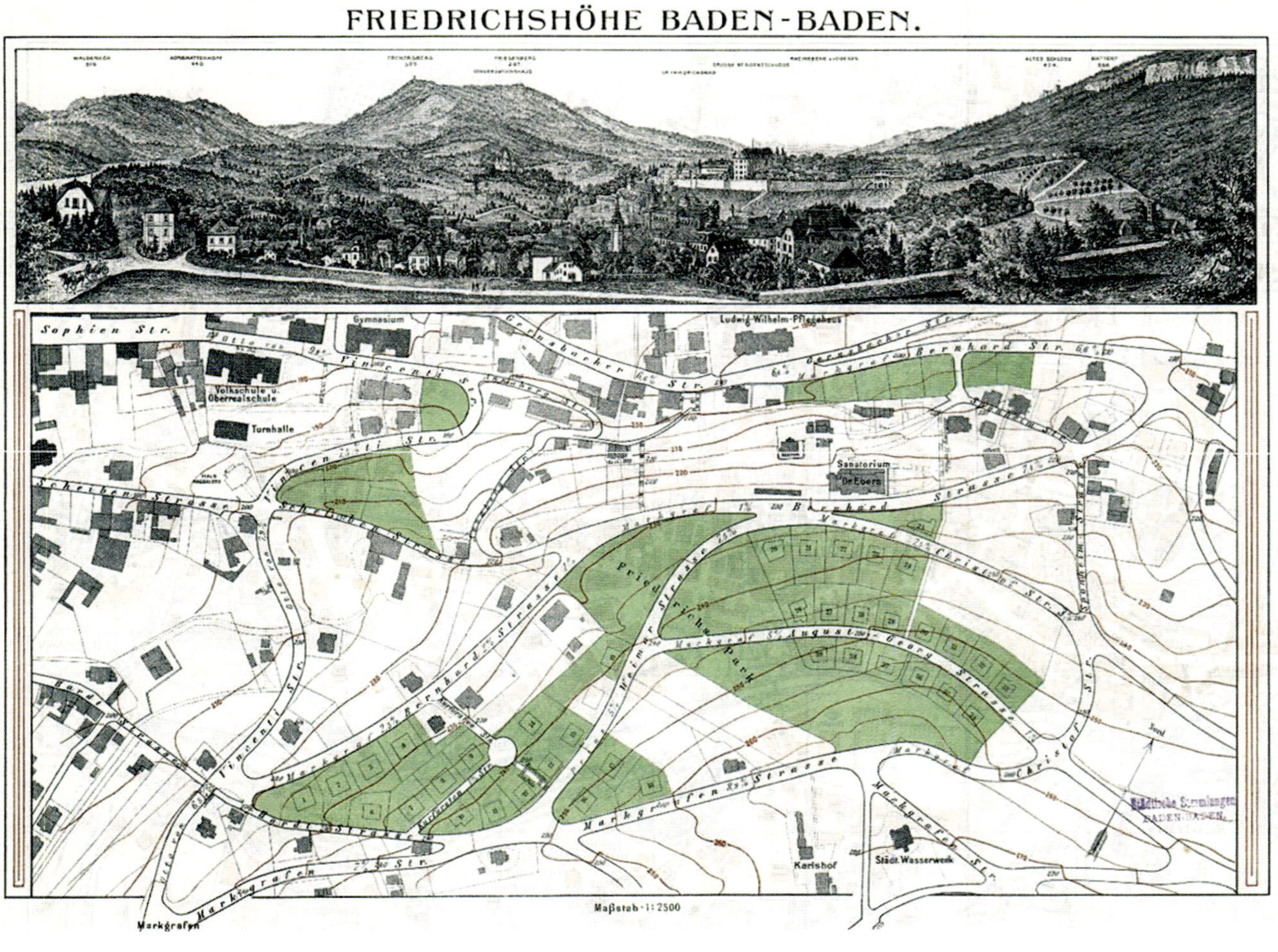

FRIEDRICHSHÖHE BADEN-BADEN.

Abb. 7. „Verkauf von Villen-Bauplätzen auf der Friedrichshöhe durch den Stadtrath der Stadt Baden-Baden", Werbeprospekt von 1904 (Ausschnitt) (Stadt Baden-Baden, Fachbereich Planen und Bauen)

Abb. 8. Baden-Baden, Wasserkunstanlage „Paradies" von Max Laeuger am Annaberg (Foto: Volkmar Eidloth, 2017)

Denkmalbedeutung der Villengärten in Baden-Baden

Ein aktueller Blick auf den Annaberg zeigt, dass die Kontinuität der architektonischen und städtebaulichen Entwicklung in der jüngeren Vergangenheit nicht immer gewahrt wurde. Augenfällig sind vor allem die unmaßstäblichen und gestalterisch kontrastierenden Nachverdichtungen. Großvolumige Neubauten haben auch besonders im Gebiet von Beutig und Quettig nicht nur die historisch-städtebaulichen Qualitäten des Villenviertels geschmälert, sondern auch wertvolle Gartendenkmale zumindest partiell zerstört (Abb. 9). Doch auch zahlreiche erhaltene historische Freiflächen haben Schaden genommen, sei es durch den Ausbau und die Befestigung von Zufahrten, die Versiegelung für Stellplätze oder durch vereinfachende und pflegeleichte gärtnerische Neugestaltungen. Vorgärten müssen sogar als Werbeträger herhalten (Abb. 10).

Die sich häufenden Fälle insbesondere von Nachverdichtungen waren für das Landesamt für Denkmalpflege Anlass, sich intensiver mit den Baden-Badener Villengärten zu beschäftigen. Das geschah auf zweierlei Weise: Zum ei-

Abb. 9. Baden-Baden, Neubauten in einem Villengarten an der Kaiser-Wilhelm-Straße (Foto: Volkmar Eidloth, 2017)

Abb. 10. Baden-Baden, zum Werbeträger umfunktionierter Vorgarten in der Ludwig-Wilhelm-Straße (Foto: Volkmar Eidloth, 2017)

Abb. 11. Baden-Baden, Bestandsskizze des Gartens der Villa Solms, Stand 2012, Verfasser Helmut Wiegel (Landesamt für Denkmalpflege Baden-Württemberg, Gartendenkmalpflege)

nen wurde ein in der Gartendenkmalpflege erfahrenes Landschaftsarchitekturbüro beauftragt, für ausgewählte Gärten eine Kurzanalyse und einfache Bestandsaufnahme zu erstellen.[26] Bearbeitet wurden vorrangig schon als Kulturdenkmale erkannte Anlagen, wobei sich die Begründungstexte in der Denkmalliste allerdings meist auf den Hinweis „mit Garten" beschränkten.

Ein solches Beispiel ist die Burgvilla Solms, häufig auch „Schloss Solms" genannt.[27] Es handelt sich dabei um „die älteste und monumentalste Gründerzeitvilla Baden-Badens"[28] (s. Abb. 1). Die Villa wurde 1873–78 nach Plänen der Hannoveraner Architekten Edwin Crones, Edwin Oppler, Ferdinand Schorbach und Carl Seiler von dem schon erwähnten Baden-Badener Bauunternehmer Bernhard Belzer erstellt. In exponierter Halbhöhenlage über dem Kurhaus errichtet, fand die pittoreske neugotische Villenarchitektur zu ihrer Erbauungszeit großen Anklang und diente anderen Villen in Baden-Baden als Vorbild. Dem Bauherrn Prinz Georg zu Solms-Braunfels sollte „Schloss Solms" als Sommersitz dienen, das er aber wegen seines frühen Todes nie bewohnte. Seine Witwe verkaufte das Anwesen 1897 an den Freiherrn Karl von Vennigen-Ullner, den Präsidenten des Internationalen Clubs, der im Ersten Weltkrieg fiel. In den 1920er Jahren vermietet, dann lange leerstehend, beherbergte die Villa nach dem Zweiten Weltkrieg das französische Konsulat. 1995 übernahm die Stadt Baden-Baden das Anwesen, das seitdem

26 Auftragnehmer war das Büro Wiegel – Landschaftsarchitektur/Gartendenkmalpflege in Bamberg.

27 Dazu Fischer 2014, S. 138–141.

28 Ebd., S. 138.

Abb. 12. Baden-Baden, bepflanzte Steinschüttung im Garten der Villa Solms (Foto: Helmut Wiegel, 2012)

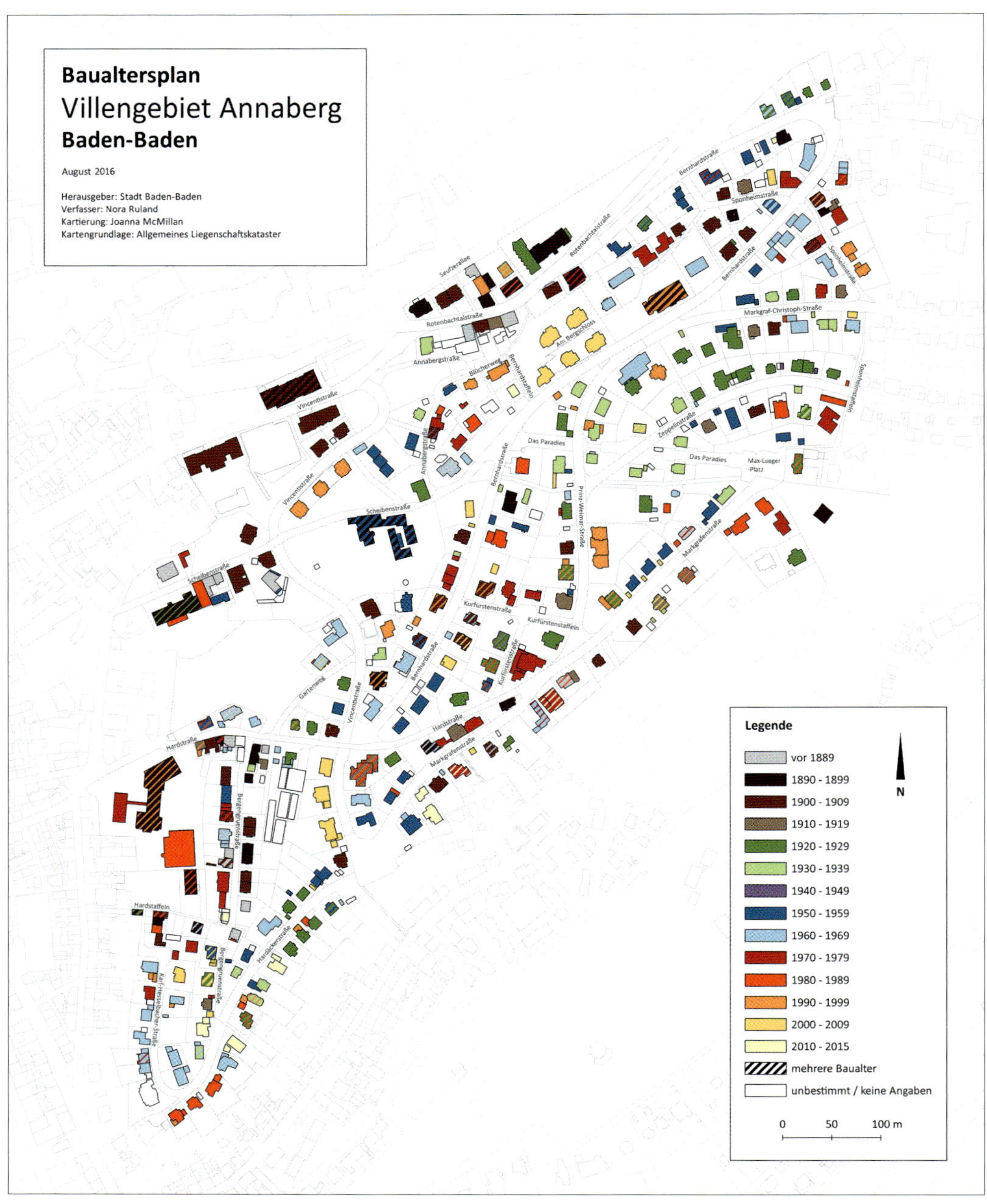

Abb. 13. Baden-Baden, Baualtersplan des Villengebietes Annaberg, Stand 2016, Verfasserin Nora Ruland, Kartografie Joanna McMillan (Stadt Baden-Baden, Fachbereich Planen und Bauen)

als Verwaltungsgebäude der Baden-Baden Kur & Tourismus GmbH genutzt wird.

Die zeitgleich mit dem Villenbau entstandene Gartenanlage zeigt sich als typischer Vertreter der Villengärten des späten 19. Jahrhunderts im Stil der Lenné-Meyer-Schule (Abb. 11). Vom Torhaus schlängelt sich serpentinenartig, das kleine aber steile Grundstück geschickt ausnutzend, eine Auffahrt zu der an höchster Stelle gelegenen Villa. Sie ermöglicht bei der Annäherung unterschiedliche Ansichten auf das Bauwerk. Vom Koniferen betonten Gehölzbestand haben sich einige ältere Riesen-Thujen erhalten. Entlang der Auffahrt finden sich zusätzlich Scheinzypressen, Thujen, Taxus und Spitzahorn, östlich des Schlosses eine große Rhododendrongruppe. Eine Besonderheit stellt eine künstliche Böschung aus großformatigen Bruchgesteinen dar, die mit Eiben, Buchsbäumen und Farnen bepflanzt ist (Abb. 12). Die Grundstruktur der Gartenanlage ist gut überliefert, der Pflegezustand lässt allerdings Einiges zu wünschen übrig.

Der andere methodische Ansatz, den das Landesamt für Denkmalpflege hinsichtlich der Baden-Badener Villengärten verfolgte, war ein Objekt übergreifender. Er zielte vorrangig auf die Villenquartiere als städtebauliche Ensembles und betrachtete insbesondere auch jene Villenanwesen, die nicht in der Denkmalliste verzeichnet oder bei denen bislang nur dem Villengebäude selbst Kulturdenkmaleigenschaft zuerkannt worden war. So konnte die Stadt Baden-Baden dafür gewonnen werden, für ihre historischen Villengebiete städtebaulich-denkmalpflegerische Gutachten in Auftrag zu geben, die ausgehend von einer akribischen Auswertung aller Bau- und Planungsakten eine vollständige Bestandserfassung, -analyse und -bewertung beinhalten.[29] Wichtigstes Ergebnis der Untersuchungen sind neben detaillierten Baualtersplänen (Abb. 13) flächendeckende und differenzierte denkmalpflegerische Wertepläne (Abb. 14). Diese weisen über den denkmalwerten Bau- und Gartenbestand hinaus auch erhaltenswerte Gebäude und Freiflächen aus sowie be-

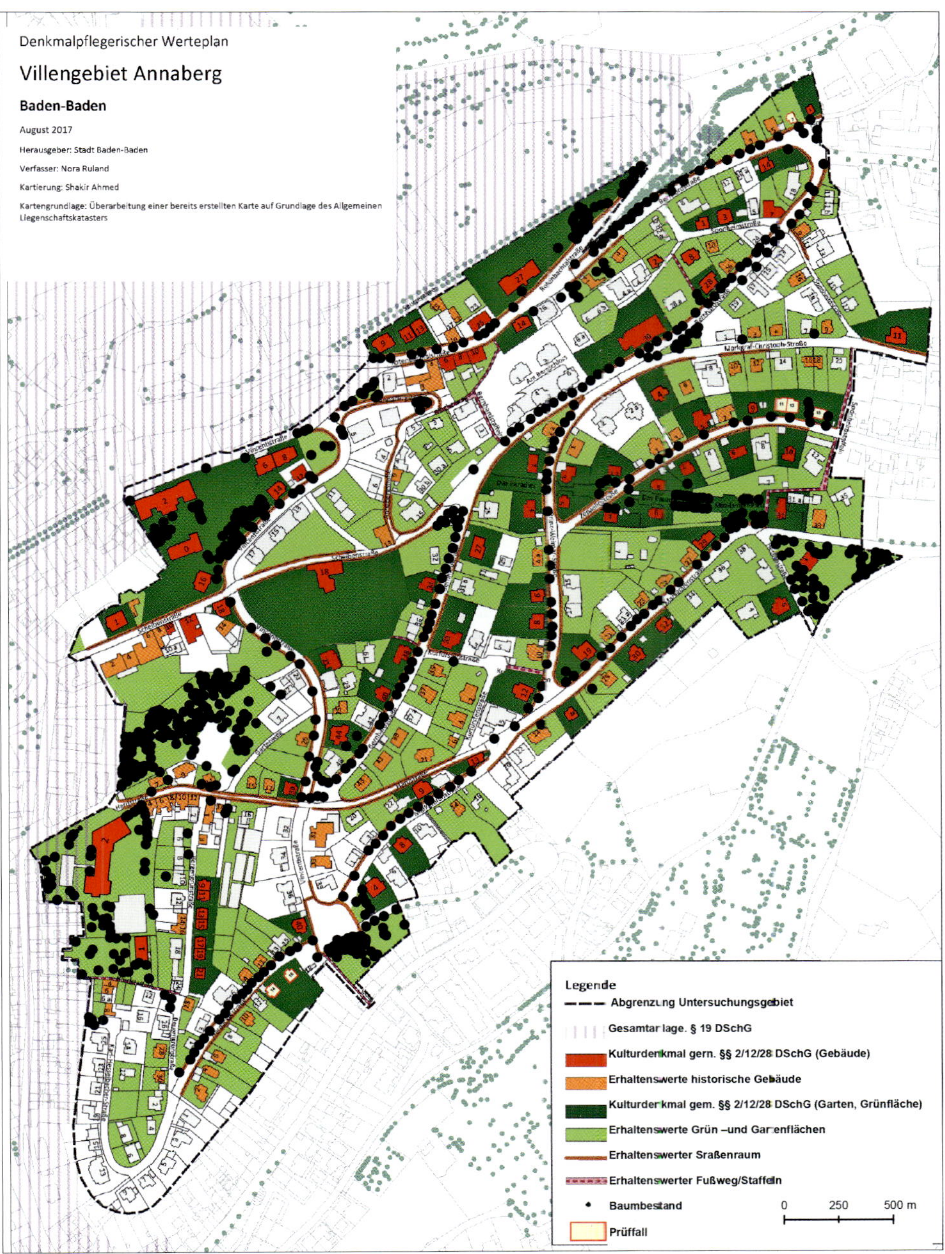

Abb. 14. Baden-Baden, Städtebaulich-denkmalpflegerischer Werteplan des Villengebietes Annaberg, Stand 2017, Verfasserin Nora Ruland, Kartografie Joanna McMillan (Stadt Baden-Baden, Fachbereich Planen und Bauen)

sonders gut überlieferte und das Quartier prägende Straßenräume, Fußwege und Staffeln.

Der historische Wert der Baden-Badener Villengebiete war zwar schon vor 25 Jahren erkannt und in dem 1993 vom Landesdenkmalamt herausgegebenen Ortskernatlas gewürdigt worden.[30] Allerdings blieb die Bewertung damals unscharf. Nur die Villengebäude waren als Kulturdenkmale kartiert. Die Freiflächen wurden durchgängig lediglich als Bereiche mit „siedlungsgeschichtlicher Bedeutung" dargestellt und auch im Text ist von Gärten nur andeutungsweise die Rede.

Die damalige denkmalpflegerische Beurteilung spiegelt sich auch in der Bauleitplanung der Stadt wider. So hat die Stadt Baden-Baden für große Teile ihrer Villengebiete Erhaltungssatzungen gemäß Paragraph 172 Baugesetzbuch erlassen und das Schutzziel, „die Erhaltung der städtebaulichen Eigenart" dieser Gebiete aufgrund ihrer „städtebaulichen Gestalt" durch qualifizierte Bebauungspläne unterstützt.[31] Nachrichtlich übernommen wurden in diese Pläne aber nur die denkmalgeschützten Villengebäude. In einem 2002 in Kraft getretenen Bebauungsplan für das Villengebiet Beutig-Quettig lautete lediglich für drei Gartenräume die Festsetzung „Private Grünfläche ‚historische Parkanlage'". Zwei davon wurden sogar als denkmalgeschützt gekennzeichnet, was allerdings nicht davon abgehalten hat, genau in einer dieser Flächen ein neues Baufenster auszuweisen.[32] Befreiungen von den Festsetzungen der Bebauungspläne hatten zudem wiederholt die planerische Erhaltungsabsicht unterlaufen.

29 Auftragnehmerin war Nora Ruland B.A. M.sc., Leipzig.

30 Deiseroth 1993.

31 Vgl. dazu Poetschki 2012.

32 Bebauungsplan Beutig-Quettig, Teil 2 „Lindenbuckel" vom 02.10.2001, in Kraft getreten am 07.02.2002 (Stadt Baden-Baden, Fachbereich Planen und Bauen).

Abb. 15. Baden-Baden, Villa von Ende, später Bénazet-Dupressoir (Foto: Volkmar Eidloth, 2017)

Dank der städtebaulich-denkmalpflegerischen Analysen und Wertepläne lassen sich nun die Ziele der bauplanungsrechtlichen Erhaltungssatzungen für die Villengebiete parzellenscharf fachlich untermauern. Des Weiteren wurden auf ihrer Grundlage inzwischen die Denkmalliste der Stadt Baden-Baden überarbeitet und konsequent alle Villengrundstücke als Sachgesamtheiten aus Gebäude und Garten, sofern dieser wenigstens als grünbestimmter Freiraum überliefert ist, ausgewiesen. Dass historische Villenanwesen in der Regel immer eine typologische Einheit aus Villa, Garten Einfriedung und gegebenenfalls Nebengebäuden bilden, die ein Denkmal darstellen und denkmalfachlich gleichrangig zu behandeln sind, diese Erkenntnis hatte bei der Denkmalerfassung zuvor nur vereinzelt Niederschlag gefunden und führt deshalb in der denkmalpflegerischen Praxis bis heute zu Unsicherheiten.

Fallbeispiel Villa von Ende

Ein Fallbeispiel liefert die Villa von Ende. Sie zählt zur frühesten Villenarchitektur in Baden-Baden und ist das älteste Villengebäude im Gebiet von Beutig und Quettig (Abb. 5).[33] Der Bau wurde 1818 wohl von Friedrich Weinbrenner für den Großherzoglichen Kammerjunker Baron Karl Wilhelm von

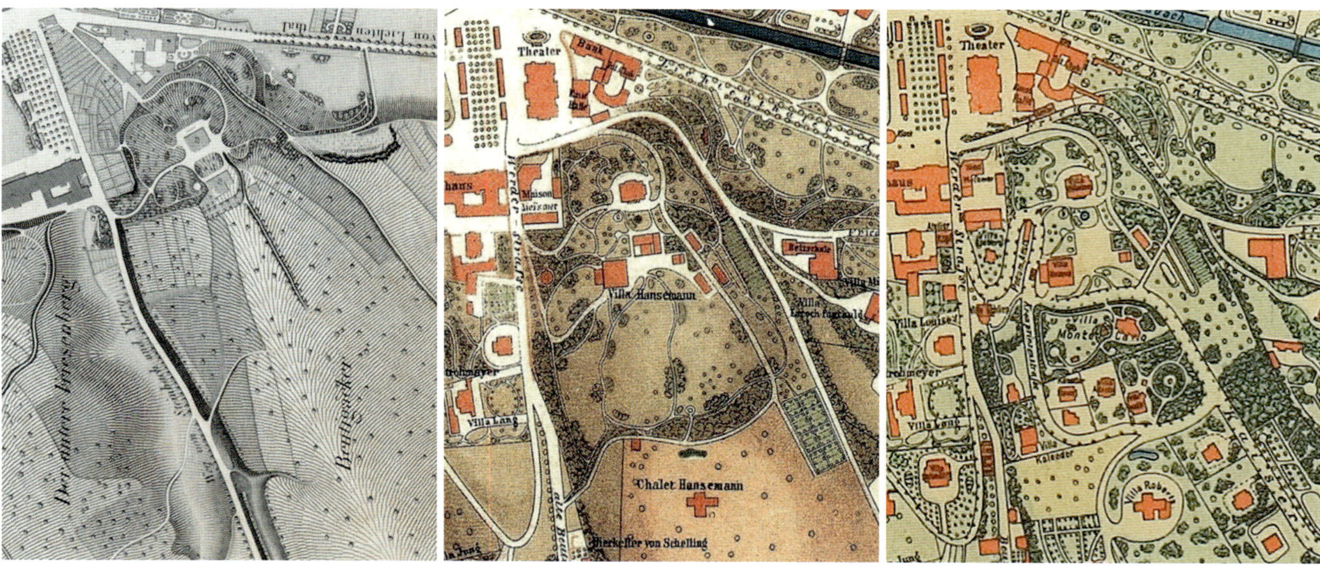

Abb. 16. Baden-Baden, Gebiet des „Lindenbuckels", Ausschnitte aus den Stadtplänen 1825, 1873 und 1889 (alle geostet) (Stadtmuseum/-archiv Baden-Baden)

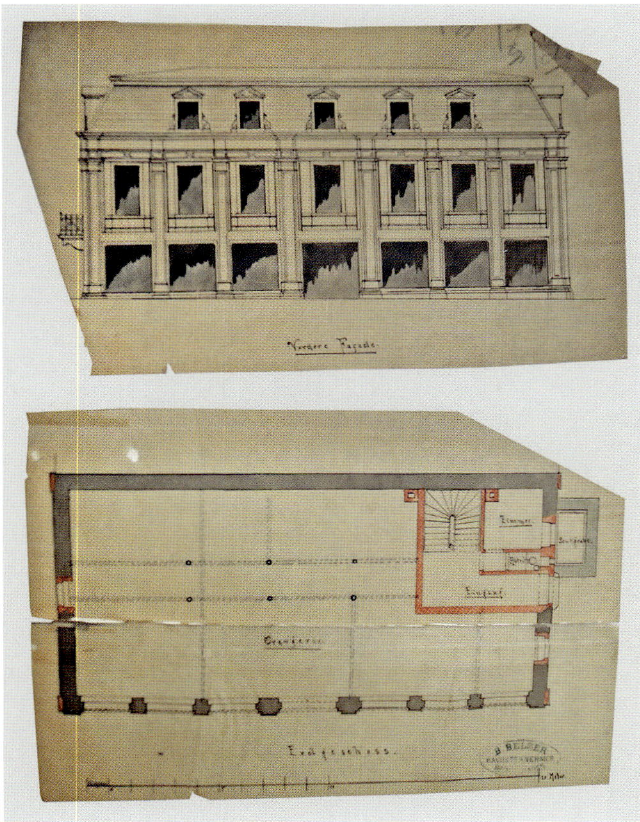

Abb. 17. Baden-Baden, Orangerie der Villa Bénazet-Dupressoir, Planzeichnungen „Vordere Façade" und „Erdgeschoss", B. Belzer, Bauunternehmer, Baden-Baden, undatiert (Bauakte Kaiser-Wilhelm-Straße 3–7) (Stadt Baden-Baden, Fachbereich Planen und Bauen)

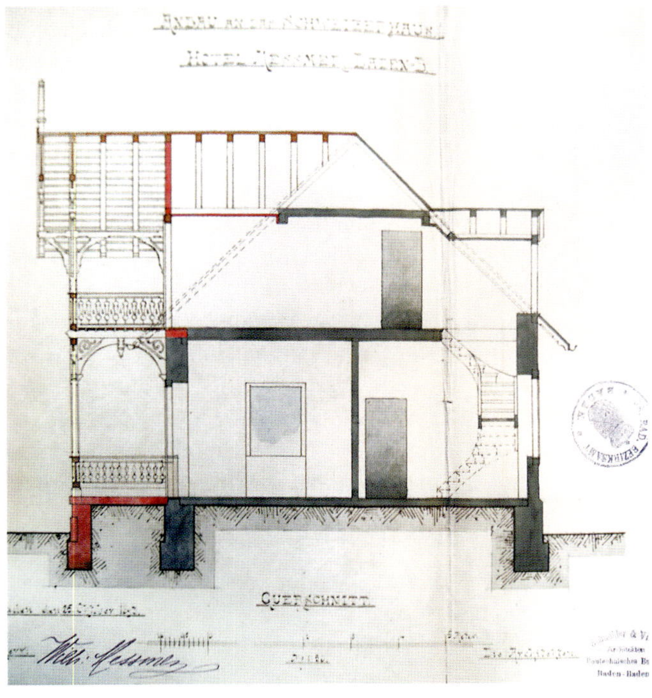

Abb. 18. Baden-Baden, Planzeichnung „Anbau an das Schweizerhaus, Hotel Messmer", Schneider & Vittali, Architekten/Bautechnisches Bureau, Baden-Baden, vom 15. Oktober 1893 (Bauakte Kaiser-Wilhelm-Straße 3–7) (Stadt Baden-Baden, Fachbereich Planen und Bauen)

Ende für saisonale Gäste mit entsprechender Zahlungskraft errichtet. 1838 erwarb der französische Spielbankpächter Jacques Bénazet die Villa, die nach seinem Tod nach langen Erbauseinandersetzungen 1864 an seinen Schwager Aymard Simon Dupressoir überging, weshalb sie auch unter dem Namen Villa Bénazet-Dupressoir bekannt wurde. Als letzterer nach Schließung der Spielbank 1872 nach Frankreich zurückkehrte, kaufte der preußische Parlamentarier Baron Adolf von Hansemann das Anwesen, um es acht Jahre später bereits wieder an den Hotelier Wilhelm Messmer zu veräußern, der die Villa und ihre Nebengebäude erneut zur Unterbringung von Kurgästen nutzte. Die bewegte Geschichte des Anwesens im 19. Jahrhundert ist an der Villa und ihren Außenanlagen nicht ohne Spuren geblieben (vgl. Abb. 16).

In Hanglage in nächster Nähe zum Kurhaus gelegen, war die Villa von Ende auf dem sogenannten Lindenbuckel zunächst nur auf drei Seiten von einem kleinen, landschaftlichen Garten umgeben. Die Hauptzufahrt erfolgte über einen steilen Anstieg von Norden. Nach Westen schloss sich hinter einem Ökonomiegebäude unmittelbar die freie Feldflur an, in die eine kurze Allee führte. Wohl noch unter dem zweiten Eigentümer Jacques Bénazet entstanden diverse weitere Bauten für Stallungen und als Wagenremise sowie zwei Gewächshäuser, die das Kurhaus mit Pflanzen, darunter zahlreiche Exoten und Orangenbäumchen, versorgten (Abb. 17).[34] 1864 folgte die Errichtung eines weiteren kleinen Nebengebäudes, auf das noch zurückzukommen sein wird, durch den Erben Aymard Simon Dupressoir. Das Grundstück war inzwischen großzügig nach Westen erweitert und als kleiner Landschaftspark mit geschwungenen Wegen, Wiesenräumen und Gehölzgruppen gestaltet worden.

Diese Situation änderte sich grundlegend, als durch den nachfolgenden Eigentümer der gesamten Liegenschaft, Adolf von Hansemann, eine neue Erschließungsstraße geschaffen wurde. Mit ihrer Fertigstellung 1875 ging diese „Hansemann'sche Privatstraße" in städtischen Besitz über und erhielt 1876 den Namen Kaiser-Wilhelm-Straße. Der Stadt kam Hansemanns Initiative entgegen, hatte das Badische Innenministerium in Karlsruhe doch schon in den 1860er Jahren die Stadt aufgefordert, Wohngebiete „zur Gewinnung von Bauplätzen für einzelstehende Villen" zu schaffen. Hansemann selbst profitierte von der Investition, konnte er doch den westlichen Grundstücksteil abtrennen und den Park aufgeteilt in mehrere kleine Villengrundstücke gewinnbringend verkaufen.[35]

Den verbliebenen östlichen Teil des Anwesens gestaltete dann in den 1880/90er Jahren das benachbarte Hotel Messmer, eines der führenden Häuser der Zeit in Baden-Baden,[36]

33 Vgl. Niemann 1953, S. 105–105a; Erhard 2007, S. 9–11 und 22–29; Fischer 2014, S. 66 f.

34 Erhard 2007, S. 15.

35 Ebd., S. 18.

36 Zur Geschichte des Hotels s. Leis 1988. Mit seinem 1957 im Insel-Verlag in Wiesbaden erschienenen Roman „Der Balkon. Aufzeichnungen eines Müßiggängers in Baden-Baden" hat der Schriftsteller Reinhold Schneider dem Hotel Messmer, seinem Geburtshaus, angeregt durch dessen Abbruch auch ein sprachliches Denkmal gesetzt.

Abb. 19. Baden-Baden, Hotel Messmer mit seinen Dependancen, Ansichtskarte 1904 (Archiv Volkmar Eidloth)

für seine Bedürfnisse nochmals um. Der verkleinerte Park erhielt durch Abbruch der alten Nebengebäude im Zentrum der Anlage mehr Freiraum. Die klassizistische Villa wurde aufgestockt und als „Villa Wilhelma" zur Hoteldependance umfunktioniert ebenso wie das schon früher zur Villa umgebaute und vergrößerte ehemalige Orangeriegebäude, das den Namen „Villa Helena" bekam.[37] Das kleine „Gärtner-Wohnhaus" von 1864, wie es um 1880 bezeichnet wird,[38] erhielt 1893 einen zweigeschossigen, mit Sägebrettarbeiten reich verzierten Loggienvorbau nach Plänen des Baden-Badener Architekturbüros Schneider & Vittali (Abb. 18). Es trug nun den Namen „Schweizerhaus".[39] In zeitgenössischen Stadtführern wird der Hotelkomplex (Abb. 19) als „Haus I. Ranges" beschrieben „mit Dépendancen ‚Villa Wilhelma', ‚Villa Helena' und ‚Schweizerhaus'. 200 Zimmer, 60 Balkons. Hervorragend vornehme Lage mit Blick auf den Kurgarten. Durch Neubau an Größe verdoppelt. Inmitten eigenen großen Parkes. Ausgestattet mit allem Comfort der Neuzeit."[40]

Erhalten blieb von dem Ensemble der früheren Villa von Ende das Hauptgebäude selbst, Fassadenreste der zur Villa ausgebauten ehemaligen Orangerie der Villa Bénazet-Dupressoir, das „Schweizerhaus" (Abb. 20) und der die Bauten verbindende Garten (Abb. 21) mit seiner historischen Einfriedung entlang der Kaiser-Wilhelm-Straße, der alten Erschließung und seinem Altbaumbestand. Zusammen bilden diese nach unserer Auffassung in Sachgesamtheit ein Kulturdenkmal gemäß dem baden-württembergischen Denkmalschutzgesetz. Diese Sachgesamtheit vermag noch immer sowohl die Repräsentativität des stadtgeschichtlich bedeutenden suburbanen Villenanwesens aus der Mitte des 19. Jahrhunderts zu dokumentieren und zu veranschaulichen als auch seine zeittypische Adaption und Umgestaltung durch ein renommiertes kurstädtisches Großhotel gegen Ende des Jahrhunderts.

Um ein Bestandteil dieses Kulturdenkmals, das „Schweizerhaus", entbrannten unlängst heftige Auseinandersetzungen – in Baden-Baden aber auch innerhalb des Landesamtes für Denkmalpflege. Das Gebäude war bei der Listenerfassung der 1980er Jahre nicht als Kulturdenkmal erfasst und im Ortskernatlas 1993 auch nicht als solches dargestellt worden. Anlässlich eines Bebauungsplanverfahrens wurde es zum Kulturdenkmal erklärt, um ein Jahr nach Inkrafttreten der Planung 2002 von der Inventarisation die Denkmaleigenschaft schriftlich wieder aberkannt zu bekommen. Als 2015 dafür ein Abbruchantrag gestellt wurde, erhielt das „Schweizerhaus" seinen Denkmalstatus zurück, verbunden mit einer Erhaltungsforderung. Vom denkmalfachlichen Sachzusammenhang mit der Villa von Ende/Bénazet-Dupressoir und dem Hotel Messmer, geschweige denn vom historischen Gartenraum, war in der ganzen Zeit nicht die Rede. So hätten örtliche Bürgerinitiativen und der zuständige Baudenkmalpfleger auch eher einem Neubau daneben zugestimmt, den der neue Eigentümer als Ausgleich für die Erhaltung in die Diskussion brachte, als den Verlust des sogenannten „Schweizerhauses" hinzunehmen. Wie das hätte aussehen können – in nächster Nachbarschaft gibt es hinreichend Anschauungsbeispiele – und was das für den Garten und die Wirkung des kleinen Gartenhauses innerhalb des Villengrundstücks bedeutet hätte, konnte oder wollte man sich nicht vorstellen.

Das wiederum rief die Städtebauliche und die Gartendenkmalpflege auf den Plan. In Abstimmung mit der Inventarisation wurde eine Denkmalbegründung formuliert, die, wie oben skizziert, das historische Villenanwesen als Ganzes würdigte. „Schweizerhaus" und Gartenanlage wurden damit gleichrangig bewertet und sollten in der denkmalfachlichen Abwägung auch nicht gegeneinander ausgespielt

Abb. 20. Baden-Baden, „Schweizerhaus" der früheren Villa Bénazet-Dupressoir, später Dependance des Hotels Messmer (Foto: Volkmar Eidloth, 2017)

werden. Die im Einvernehmen mit der Stadt Baden-Baden getroffene Entscheidung, Bedenken gegen den Abbruch des „Schweizerhauses" zurückzustellen, war denn auch keine für das Garten- und wider das Baudenkmal. Abgesehen von den Vorbelastungen aus der Verfahrensgeschichte kamen dabei vorrangig städtebaulich-denkmalpflegerische Belange zum Tragen, wonach die historische Struktur dieses frühen, zu allen Zeiten mit großzügig bemessenen Freiflächen ausgestatteten Villenkomplexes bewahrt und keine

37 Vgl. Wenzel 1991, S. 297; Deiseroth 1993, S. 51

38 Plan [mit Situationsplan] zum Umbau des Gärtner Wohnhauses des Herrn Wilh. Meßmer, undatiert (Bauakte Kaiser-Wilhelm-Straße 3–7) (Stadt Baden-Baden, Fachbereich Planen und Bauen).

39 Die Architekturmode des „Schweizerhauses" erfreute sich im 19. Jahrhundert insbesondere in Kurorten, Sommerfrischen (Pusch/Schwarz 1995) und Seebädern (Winands 2004) großer Beliebtheit. Allein in Baden-Baden gab es nach Markert (2000) um 1900 über einhundert Gebäude im „Schweizerstil".

40 Schnars 1909, S. 10.

Abb. 21. Baden-Baden, Garten der früheren Villa Bénazet-Dupressoir, später Park des Hotels Messmer (Foto: Volkmar Eidloth, 2017)

neuerliche bauliche Verdichtung in dem stadtbaugeschichtlich wichtigen Villengebiet „Beutig-Quettig" zugelassen werden sollten. So hätte ein Ersatzbau das Bauvolumen des Bestandes nicht wesentlich überschreiten dürfen und keine zusätzliche, in die Gartenfläche eingreifende Erschließung erhalten sollen.

Zurzeit ruht das Vorhaben. Unter Umständen kann das Villenanwesen sogar mit allen seinen Bestandteilen erhalten werden. „Schweizerhaus bleibt erst einmal stehen" lautete die Überschrift eines Artikels im „Badischen Tagblatt" vom 18. März 2017. Das wäre ein Wendepunkt im Umgang mit dem historischen Villenbestand in Baden-Baden, dessen historischer Wert sich weniger an einzelnen Villen oder Villengärten als vielmehr an den Villenanwesen und dem stadträumlichen Kontext der verschiedenen Villenquartiere festmachen lässt.

Literatur

COENEN 2008 – COENEN, ULRICH: *Von Aquae bis Baden-Baden. Die Baugeschichte der Stadt und ihr Beitrag zur Entwicklung der Kurarchitektur*, Aachen 2008

DEISEROTH 1993 – DEISEROTH, WOLF (Bearb.): *Stadt Baden-Baden. Stadtkreis Baden-Baden* (Ortskernatlas Baden-Württemberg 2.2), Stuttgart 1993

DIEDRICHS 2008 – DIEDRICHS, CHRISTOF L.: *Villen und Landhäuser in Badenweiler* (Architektour: Baden-Württemberg), Berlin/Wildeshausen 2008

DIEDRICHS 2009 – DIEDRICHS, CHRISTOF L.: *„... eine raffiniert humane Kur!" Hermann Hesse in der „diätetischen Kuranstalt Villa Hedwig" in Badenweiler*, in: Eine raffiniert humane Kur. Hermann Hesse in Badenweiler vor 100 Jahren, Schliengen 2009, S. 12–19

ECKERT 1989 – ECKERT, REINALD: *Zwei Parkanlagen des frühen 20. Jahrhunderts in Baden-Baden: die Gönneranlage und das Paradies von Max Laeuger*, in: Die Gartenkunst 2, 1989, S. 267–278

ERHARD 2007 – ERHARD, ROBERT: *Aus der Chronik der Kaiser-Wilhelm-Straße. 1876–2001* (Oostäler Geschichtle 3), 2. Aufl., Baden-Baden 2007

FISCHER 2014 – FISCHER, KLAUS: *Das Baden-Badener Villenjahrhundert. Lust am schönen Wohnen*, Baden-Baden 2014

JÖCHNER 1989 – JÖCHNER, CORNELIA: *Peter Joseph Lenné und die Geschichte des Kurparks Bad Oeynhausen* (Ausst. Kat.), Bad Oeynhausen 1989

KÖSTNER 1985 – KÖSTNER, BALDUR: *Bad Oeynhausen. Ein Architekturmuseum des 19. Jahrhunderts*, München 1985

KOFLER ENGL 2009 – KOFLER ENGL, WALTRAUD: *Die Gartenkunst der Meraner Villen*, in: Pixner Pertoll 2009, S. 185–209

LEHMANN 2016 – LEHMANN, HANS-DIETER: *Bad Oeynhausen. Alte Villen – neu gesehen* (Geschichte im unteren Werratal 7), 2. Aufl., Bielefeld 2016

LEIS 1988 – LEIS, HANNES: *Maison Messmer. Chronik des Hauses Werderstraße 1*, in: Aquae 88. Beiträge zur Geschichte der Stadt und des Kurortes Baden-Baden 21, 1988, S. 49–62

MARKERT 2000 – MARKERT, MICHAELA: *Schweizerhäuser in Baden-Baden*, in: Aquae 2000. Beiträge zur Geschichte der Stadt und des Kurortes Baden-Baden 33, 2000, S. 37–52

MEHLSTÄUBLER 2014 – MEHLSTÄUBLER, ARTHUR: *Von sachlicher Natur – die Gartenkunst Max Laeugers*, in: Mehlstäubler, Arthur (Bearb.): Max Laeuger. Gesamt Kunst Werk (Ausst. Kat.), Karlsruhe 2014, S. 259–281

MENGELE 2009 – MENGELE, HANS-PETER: *Palais Biron Baden-Baden. Eine Zeitreise durch zwei Jahrhunderte*, Ubstadt-Weiher/Heidelberg/Neustadt a.d.W./Basel 2009

NEZVAL 2008 – NEZVAL, BETTINA: *Villen der Kaiserzeit. Sommerresidenzen in Baden*, 2. Aufl., Horn/Wien 2008

NIEMANN 1953 – NIEMANN, LENI: *Landhäuser und Villen in Baden-Baden von 1800–1870. Eine Studie zur Baugeschichte des 19. Jahrhunderts*, 2 Bde., Diss.Ing. TH Karlsruhe 1953 [Msch.Mskr.]

PIXNER PERTOLL 2009 – PIXNER PERTOLL, ANNA: *Ins Licht gebaut. Die Meraner Villen, ihre Gärten und die Entwicklung der Stadt (1860–1920)*, Bozen 2009

POETSCHKI 2012 – POETSCHKI, LISA: *Die Stadtentwicklung Baden-Badens vor dem Hintergrund einer Bewerbung als UNESCO-Weltkulturerbe*, in: Eidloth, Volkmar (Hrsg.): Europäische Kurstädte und Modebäder des 19. Jahrhunderts. Internationale Fachtagung des Deutschen Nationalkomitees von ICOMOS, des Landesamtes für Denkmalpflege Baden-Württemberg im Regierungspräsidium Stuttgart und der Stadt Baden-Baden. Baden-Baden, 25.–27. November 2010 (Regierungspräsidium Stuttgart, Landesamt für Denkmalpflege, Arbeitsheft 24 / ICOMOS – Hefte des Deutschen Nationalkomitees LII), Stuttgart 2012, S. 69–80

POURADIER DUTEIL 2013 – POURADIER DUTEIL, FABIENNE: *Villas de la Belle Époque. L'exemple de Vichy*, 2. Aufl., Saint-Pourçaine-sur-Sioule 2013

PUSCH/SCHWARZ 1995 – PUSCH, EVA/SCHWARZ, MARIO: *Architektur der Sommerfrische*, St. Pölten/Wien 1995

REICHEL/KISSLING 1864 – REICHEL, F.M./KISSLING, H[EINRICH] K[ONRAD]: *Illustrierter Führer für Baden-Baden und Umgegend*, Baden-Baden [um 1864]

RUSS 1988 – RUSS, SIGRID: *Wiesbaden II – Die Villengebiete* (Denkmaltopographie Bundesrepublik Deutschland. Kulturdenkmäler in Hessen), Braunschweig/Wiesbaden 1988

SCHNARS 1909 – SCHNARS, KARL WILHELM: *Baden-Baden und Umgegend. Neuester zuverlässiger Führer*, Kleine Ausgabe, 16. Aufl., Baden-Baden 1909

WENZEL 1991 – WENZEL, MARIA: *Palasthotels in Deutschland. Untersuchungen zu einer Bauaufgabe im 19. und frühen 20. Jahrhundert* (Studien zur Kunstgeschichte 64), Hildesheim/Zürich/New York 1991

WINANDS 2004 – WINANDS, KLAUS: *Der Schweizer Stil und seine Rezeption in Ostseebädern*, in: Denkmalschutz und Denkmalpflege in Mecklenburg-Vorpommern 11, 2004, S. 1–7

ZEMAN 1998 – ZEMAN, LUBOMÍR: *Karlovarský Westend. Počátky vilové architektury v Karlových Varech*, Karlovy Vary 1998

ZIMMERMANN 1992 – ZIMMERMANN, ANETTE: *Das Villenviertel „Friedrichshöhe" in Baden-Baden*, in: Aquae 92. Beiträge zur Geschichte der Stadt und des Kurortes Baden-Baden 25, 1992, S. 73–86

Autorinnen und Autoren

Dr. Anke Borgmeyer
Bayerisches Landesamt für Denkmalpflege
Hofgraben 4, 80539 München
E-Mail: anke.borgmeyer@blfd.bayern.de

Dipl.-Ing. Wenzel Bratner
Landesamt für Denkmalpflege Hessen
Schloss Biebrich/Westflügel, 65203 Wiesbaden
E-Mail: wenzel.bratner@lfd-hessen.de

Prof. Dr.-Ing. Swantje Duthweiler
Pflanzenverwendung
Fakultät Landschaftsarchitektur
Hochschule Weihenstephan-Triesdorf
Am Hofgarten 4, 85350 Freising
E-Mail: swantje.duthweiler@hswt.de

Dipl.-Geogr. Volkmar Eidloth
Landesamt für Denkmalpflege
im Regierungspräsidium Stuttgart
Berliner Straße 12, 73728 Esslingen a. Neckar
E-Mail: volkmar.eidloth@rps.bwl.de

Dr. Detlef Knipping
Bayerisches Landesamt für Denkmalpflege
Hofgraben 4, 80539 München
E-Mail: detlef.knipping@blfd.bayern.de

Prof. Dr. Iris Lauterbach
Zentralinstitut für Kunstgeschichte
Katharina-von-Bora-Straße 10, 80333 München
E-Mail: I.Lauterbach@zikg.eu

Dipl.-Ing. Petra Martin M.A.
Landesamt für Denkmalpflege
im Regierungspräsidium Stuttgart
Berliner Straße 12, 73728 Esslingen a. Neckar
E-Mail: petra.martin@rps.bwl.de

Dr.-Ing. Rainer Schomann
Niedersächsisches Landesamt für Denkmalpflege
Scharnhorststraße 1, 30175 Hannover
E-Mail: Rainer.Schomann@nld.niedersachsen.de

Dipl.-Ing. Gesine Sturm
Landesdenkmalamt Berlin
Fachbereich Gartendenkmalpflege und Archäologie
Klosterstraße 47, 10179 Berlin
E-Mail: Gesine.sturm@lda.berlin.de

Dipl.-Ing. Heike Tenzer
Landesamt für Denkmalpflege und Archäologie
Sachsen-Anhalt
Richard-Wagner-Straße 9, 06114 Halle (Saale)
E-Mail: htenzer@lda.stk.sachsen-anhalt.de

Dipl.-Ing. Torsten Volkmann
Brandenburgisches Landesamt für Denkmalpflege
und Archäologisches Landesmuseum
Wünsdorfer Platz 4, 15806 Zossen-Wünsdorf
E-Mail: torsten.volkmann@bldam-brandenburg.de

VILLENGÄRTEN

Villengärten 1830–1930: Geschichte, Bestand, Gefährdung

Fr, 5. Mai	**Vormittags:** Bayerisches Landesamt für Denkmalpflege, Hofgraben 4, München, Säulenhalle
9.00 Uhr	**Walter Irlinger** und **Iris Lauterbach**, München: Begrüßung und Einführung
9.15 Uhr	**Anke Borgmeyer** und **Detlef Knipping**, München: Recht, Raum, Landschaft
10.00 Uhr	**Gerhard Schober**, Starnberg: Der Garten, ein „brennendes Thema" im Landkreis Starnberg
10.45 Uhr	Kaffeepause
11.30 Uhr	**Iris Lauterbach**, München: „Das Ergebnis schönster kameradschaftlicher Zusammenarbeit von Architekt, Bildhauer und Gartengestalter": Villengärten der 1920er- und 1930er-Jahre von Alwin Seifert
12.00 Uhr	**Swantje Duthweiler**, Freising-Weihenstephan: Aspekte der Pflanzenverwendung 1830-1930
12.30 Uhr	Mittagspause
	Nachmittags: Zentralinstitut für Kunstgeschichte, Katharina-von-Bora-Str. 10, München, Vortragssaal 242, II. OG
14.30 Uhr	**Rainer Schomann**, Hannover: Sind großflächige Villengärten überhaupt zu retten?
15.00 Uhr	**Torsten Volkmann**, Zossen-Wünsdorf: Die Instandsetzung des Gartens der Villa Henckel in Potsdam und der Faktor Mensch
15.30 Uhr	**Gesine Sturm**, Berlin: Das gartenkünstlerische Erbe der Villenkolonie Grunewald. Aktuelle Entwicklungen in Berlin
16.00 Uhr	Kaffeepause
16.30 Uhr	**Wenzel Bratner**, Wiesbaden: Von Wiedergewinnung bis Nachverdichtung – Beispiele verschiedener Lösungsansätze im Umgang mit Villengärten in Hessen
17.00 Uhr	**Heike Tenzer**, Halle: Villengärten in Sachsen-Anhalt – 100 Jahre später: zwischen Anspruch und Realität
17.30 Uhr	**Volkmar Eidloth** und **Petra Martin**, Stuttgart: Die Villengärten in Baden-Baden – eine gemeinsame Aufgabe von städtebaulicher Denkmalpflege und Gartendenkmalpflege
18.15 Uhr	**Abendvortrag: Christoph Hölz**, Innsbruck: Wohnen um 1900. Landhäuser und Gärten der Lebensreform
	Die Teilnahme ist frei. Wir bitten um Ihre Anmeldung unter villengarten@zikg.eu. Infos unter: www.zikg.eu.
Sa, 6. Mai	**Exkursion** (für geladene Teilnehmer)

Tagungsflyer und -programm